技能型紧缺人才培养培训教材

供中职护理、助产、检验、药剂、卫生保健、康复、
口腔工艺、影像技术、中医、中西医结合等相关
医学专业使用

康复医学基础

（修订版）

主　编　杨玉南　姜雪皎
副主编　蔡菊敏　刘海霞
编　者　（按姓氏笔画排序）
王　虹　（信阳职业技术学院）
刘海霞　（青岛市卫生学校）
杨玉南　（广州市卫生学校）
张　瑾　（青岛市卫生学校）
孟晓旭　（内蒙古兴安盟卫生学校）
姜雪皎　（吉林卫生学校）
蔡菊敏　（宁夏医学院）

科学出版社
北　京

内 容 简 介

本书是技能型紧缺人才培养培训教材之一。本书结合国内外最新资料和编者丰富的教学经验，从我国康复医学工作的实际出发，突出高等职业技术教育中护理专业培养目标，充分体现现代康复的理念，遵循康复医学的基本要求进行编写。全书共分6章，内容包括康复医学的基本概念、工作原则和服务方式；关节活动度检查、测量、步态检查和日常生活活动能力评定；关节活动度、肌力和步态异常情况的分析；康复治疗技术：物理治疗、作业治疗、语言治疗等；康复工程，介绍了假肢、矫形器、轮椅、助行器与自助具的选用和使用方法；社区康复的概念和任务；常见伤病的康复评定和康复治疗。本教材图表并茂，易学、易懂、易会。适合中高职护理、英护、助产、药剂、检验、卫生保健、康复、口腔工艺、影像技术、中医、中西医结合等相关医学专业学生使用。

图书在版编目(CIP)数据

康复医学基础/杨玉南，姜雪皎主编．—北京：科学出版社，2005.1
(技能型紧缺人才培养培训教材)
ISBN 978-7-03-013965-8

Ⅰ.康… Ⅱ.①杨… ②姜… Ⅲ.康复医学-专业学校-教材 Ⅳ.R49

中国版本图书馆 CIP 数据核字(2004)第074400号

责任编辑：吴茵杰／责任校对：朱光光
责任印制：赵　博／封面设计：卢秋红

科学出版社 出版
北京东黄城根北街16号
邮政编码：100717
http://www.sciencep.com
北京富资园科技发展有限公司印刷
科学出版社发行　各地新华书店经销
*
2005年1月第　一　版　　开本：850×1168 1/16
2024年1月第十三次印刷　　印张：11
字数：207 000

定价：35.00 元

(如有印装质量问题，我社负责调换)

《康复医学基础》审定专家

李小龙　岳阳职业技术学院

申惠鹏　遵义市卫生学校

全国卫生职业教学新模式研究课题组名单

（按汉语拼音排序）

安徽省黄山卫生学校
北京市海淀卫生学校
成都铁路卫生学校
重庆医科大学卫生学校
大连大学医学院
甘肃省定西市卫生学校
甘肃省武威卫生学校
甘肃省张掖医学高等专科学校
广东省嘉应学院医学院
广西桂林市卫生学校
广西柳州市卫生学校
广西南宁地区卫生学校
广西梧州市卫生学校
广西医科大学护理学院
广西玉林市卫生学校
广州市卫生学校
贵州省遵义市卫生学校
河北省沧州医学高等专科学校
河北省廊坊市卫生学校
河北省邢台医学高等专科学校
河南省开封市卫生学校
河南省洛阳市卫生学校
河南省信阳职业技术学院
黑龙江省大庆职工医学院
黑龙江省哈尔滨市卫生学校
湖北省三峡大学护理学院
湖北省襄樊职业技术学院
湖南省永州职业技术学院
湖南省岳阳职业技术学院
吉林省吉林卫生学校
吉林省辽源市卫生学校
江苏省无锡卫生学校
江西省井冈山医学高等专科学校
辽宁省阜新市卫生学校
内蒙古兴安盟卫生学校
山东省滨州职业学院
山东省聊城职业技术学院
山东省潍坊市卫生学校
山西省晋中市卫生学校
山西省吕梁市卫生学校
山西省太原市卫生学校
山西省忻州市卫生学校
山西省运城市卫生学校
陕西省安康卫生学校
陕西省汉中卫生学校
陕西省西安市卫生学校
陕西省咸阳市卫生学校
陕西省延安市卫生学校
陕西省榆林市卫生学校
上海职工医学院
沈阳医学院护理系
深圳职业技术学院
四川省达州职业技术学院
四川省乐山职业技术学院
四川省卫生学校
新疆石河子卫生学校
云南省德宏州卫生学校
中国医科大学高等职业技术学院

技能型紧缺人才培养培训教材

面向21世纪全国卫生职业教育系列教改教材

课程建设委员会委员名单

序　　言

雪，纷纷扬扬。

雪日的北京，银装素裹，清纯，古朴，大器，庄重。千里之外的黄山与五岳亦是尽显雾凇、云海的美景。清新的气息、迎新的笑颜，在祖国母亲的怀抱里，幸福欢乐，涌动着无限的活力！

今天，“面向21世纪全国卫生职业教育系列教改教材”——一套为指导同学们学、配合老师们教而写的系列学习材料，终于和大家见面了！她是全国卫生职业教学新模式研究课题组和课程建设委员会成员学校的老师们同心协力、创造性劳动的成果。

同学，老师，所有国人，感悟着新世纪的祖国将在“三个代表”重要思想的指引下，实现中华民族的伟大复兴，由衷地欢欣鼓舞与振奋。与世界同步，祖国的日新月异更要求每个人“活到老，学到老”，才能贡献到老，终生幸福。学习的自主性养成、能动性的发挥与学习方法的习得，是现代人形成世界观、人生观、价值观和掌握专业能力、方法能力、社会能力，进而探索人生与一生持续发展的基础、动力、源泉。面对学习，每个人都会自觉或不自觉地提出三个必须深思的问题，即为什么学？学什么？怎么学？

所以，教材的编写老师也必须回答三个相应的问题，即为什么写？为谁写？怎么写？

可以回答说，这一套系列教改教材是为我国医疗卫生事业的发展，为培养创新性实用型专业人才而写；为同学们——新世纪推动卫生事业发展的创新性专业人才，自主学习，增长探索、发展、创新的专业能力而写；为同学们容易学、有兴趣学，从而提高学习的效率而写；为同学们尽快适应岗位要求，进入工作角色，完成工作任务而写。培养同学们成为有脑子，能沟通，会做事的综合职业能力的专业人才。

为此，教材坚持“贴近学生、贴近社会、贴近岗位”的基本原则，保证教材的科学性、思想性，同时体现实用性、可读性和创新性，即体现社会对卫生职业教育的需求和专业人才能力的要求、体现与学生的心理取向和知识、方法、情感前提的有效连接、体现开放发展的观念及其专业思维、行为的方式。

纷飞的雪花把我们的遐想带回千禧年的初春。国务院、教育部深化教育改革推进素质教育，面向21世纪教育振兴行动计划和“职业教育课程改革和教材建设规划”的春风，孕育成熟了我们“以社会、专业岗位需求为导向，以学生为中心，培养其综合职业能力”的课程研究构思，形成了从学分制、弹性学制的教学管理改革，建立医学相关多专业的高职、中职互通的模块化课程体系，延伸到课程教学内容与教学模式开发的系统性课题研究。

新课程模式的构架，由“平台”和“台阶”性模块系统构成。其中，“平台”模块是卫生技术人员在不同专业的实践、研究中具有的公共的、互通的专业、方法与社会能力内容；而“台阶”模块则是各专业的各自能力成分的组合。其设计源于“互动整合医学模式”。现代医疗卫生服务是一个以服务对象——人的健康为中心的、服务者与被服务者、服务者(医学与医学相关专业工作者)之间协调互动的完整过程。医疗卫生服务是一个团队行为,需要不同专业人员从各自专业的角度提供整合性的专业服务,才能达到最佳效果。她是"生物-心理-社会医学模式"的完善、提升与发展。

系统化的课程开发与教材编写的依据是教育部职成教司"中等职业学校重点建设专业教学指导方案"(教育部办公厅[2001]5号文)和教育部、卫生部护理专业"技能型紧缺人才培养培训工程"指导方案(教育部教职成[2003]5号文),积极吸收国外护理教育与国外职教的先进教学理论、模式与方法。课程体系在国际平台上得到了同行的认可,她保证了课程、教材开发的先进性与可操作性的结合。教材的主编选自全国百余所卫生类职业院校与承担教学任务的高水平的医院,他们富有理论与实践经验。教材编写中,编写人员认真领会教育部、卫生部护理专业"技能型紧缺人才培养培训工程"的指导原则,严格按照"工程"方案的课程体系、核心课程目标、教学方法而完成编写任务。

使用本套系列教改教材,应把握其总体特点:

1. 相关医学专业课程体系的整体化

高职、中职不同教育层次、不同专业的课程结构形成开放性的科学系统。各"平台"、"台阶"课程教材之间、教材与学生的心理取向以及认知情感前提、社会、工作岗位之间,通过课程正文系统和"链接"、"接口"的"手拉手"互连,为学生搭建了"通畅、高速、立交、开放"的课程学习系统。学生可利用这一系统自主选择专业与课程,或转换专业、修双专业等,以适合自已的兴趣和经济状况、社会和专业岗位的需求,更好地发展自己。

每门课程的教材内部结构分为正文与非正文系统。正文部分保证了模块在课程系统中的定位,非正文部分的"链接"等对课程内容做了必要的回顾与扩展,保证学生的学习和教师的指导能在专业目标系统与各学科知识系统之间准确地互动整合,提高教学的有效性。

2. 学习的能动化

在学生的学习成长过程中,模块化教材体系为教师指导下的学生自主学习提供了基础。学生可以把岗位特征、社会需要与个人兴趣、家庭的期望和经济承受能力相结合,自主选择专业,调动学习的能动性,促进有效学习过程。这种作用已经在国际化职教课程研究中得到证实。

3. 课程学习向实践的趋近化

促进了医学相关专业的发展,缩小了教学与临床实践的距离。

"平台"与"台阶"的模块化课程结构,使护理等医学相关专业在医疗卫生大专业概念的基础平台上,能够相对独立地建构自己专业的学习与发展空间。于此,"台阶"的专业模块课程,可按照本专业的理念、体系、工作过程的逻辑序列与学生认知心理发展的发展序列,建构二者相互"匹配"的专业课程教学体系,特别是得以形成以"行动导向教学"为主的整合性专业课程,提高了课程的专业与应用属性,使专业教学更贴近岗位要求。

同时,"台阶"性专业课程系列的模块集群为校本课程开发留有空间。

4. 课堂教学活动与学习资源的一体化

学校在现代教学观念与理论引导下,可以按照不同的心理特点与学习方法、学习习惯,引导学生,可以组成不同班次,选择相适合的老师指导。

现代职业教育要求教师根据教学内容与学生学习背景,活用不同的教学模式、方法与手段，特别是专业课程通过“行动导向教学”的团组互动、师生互动，指导学生自学和小组学习，这样在情境性案例教学中，培养学生的综合职业能力。本套教材配合这样的教学活动，通过正文与非正文内容，恰当地处理重点、难点和拓展性知识、能力的联系，引导学生通过适当形式学习，使学生有兴趣学，容易学，学会解决实际问题，不再是“满堂灌”、“背符号”。

5. 科学性、工作过程与可读性的统一化

教材的正文系统是学习资源的主体信息部分，应当认真研读。正文外延与内涵以专业的科学性及其工作过程为基础，深入浅出，化繁为简，图文并茂。非正文系统，特别是“链接”、“片段”和“接口”的创新性设计，起到系统连接与辅助学习作用。“链接”的内涵较浅而小，而“片段”的内涵较“链接”为多。它们既是课程系统内部不同课程、专业、教育层次之间的连接组件，而且是课程系统向外部伸延，向学生、社会、岗位“贴近”的小模块，它帮助学生开阔视野，激活思维，提高兴趣，热爱专业，完善知识系统，拓展能力，培养科学与人文精神结合的专业素质。对此，初步设计了“历史瞬间”、“岗位召唤”、“案例分析”、“前沿聚焦”、“工具巧用”、“社会视角”、“生活实践”等7个延伸方向的专栏。各教材都将根据课程的目标、特点与学生情况，选择编写适宜内容。“接口”表述的内涵较深，存在于另一门课程之中，用“链接”不足以完成，则以“接口”明确指引学生去学（复）习相关课程内容，它是课程连接的“指路牌”。

我们的研究与改革是一个积极开放、兼容并蓄、与时俱进的系统化发展过程，故无论是课程体系的设计还是教材的编写，一定存在诸多不妥，甚至错误之处。我们在感谢专家、同行和同学们认可的同时，恳请大家的批评指正，以求不断进步。

值此之际，我们要感谢教育部职成教司、教育部职业教育中心研究所有关部门和卫生部科教司、医政司等有关部门以及中华护理学会的领导、专家的指导；感谢北京市教科院、朝阳职教中心的有关领导、专家的指导与大力支持。作为课题组负责人和本套教材建设委员会的主任委员，我还要感谢各成员学校领导的积极参与、全面支持与真诚合作；感谢各位主编以高度负责的态度，组织、带领、指导、帮助编者；感谢每一位主编和编者，充分认同教改目标，团结一致，克服了诸多困难，创造性地、出色地完成了编写任务；感谢科学出版社领导、编辑以及有关单位的全力支持与帮助。

“河出伏流，一泻汪洋”。行重于言，我们相信，卫生职业教学的研究、改革与创新，将似涓涓溪流汇江河入东海，推动着我们的事业持续发展，步入世界前列。

纷纷扬扬的雪花，银装素裹的京城，在明媚的阳光下粼粼耀眼，美不胜收。眺望皑皑连绵的燕山，远映着黄山、五岳的祥和俊美。瑞雪丰年，润物泽民。腾飞的祖国，改革创新的事业，永远焕发着活力。

全国卫生职业教学新模式研究课题组
《面向21世纪全国卫生职业教育系列教改教材》
课程建设委员会
刘晨

2002年12月于北京，2004年1月2日修

前　言

党的二十大报告指出："人民健康是民族昌盛和国家强盛的重要标志。把保障人民健康放在优先发展的战略位置，完善人民健康促进政策。"贯彻落实党的二十大决策部署，积极推动健康事业发展，离不开人才队伍建设。党的二十大报告指出："培养造就大批德才兼备的高素质人才，是国家和民族长远发展大计。"　教材是教学内容的重要载体，是教学的重要依据、培养人才的重要保障。本次教材编写旨在贯彻党的二十大报告精神和党的教育方针，落实立德树人根本任务，坚持为党育人、为国育才。

近半个世纪以来，康复医学发展迅速，它和预防医学、临床医学、保健医学一起，已经成为现代医学体系的四大支柱。康复医学的出现是现代社会物质文明、科学技术和社会进步的结果，它标志着人类对于自己健康和功能的认识，对于医疗卫生工作最终目标的理解，以及对改善残疾者生活质量的要求，都已经提高到一个全新的高度，基于这种认识、理解和高度，我们按照教育部、卫生部关于确定护理专业技能型紧缺人才培养培训工作的通知的要求，编写了本书，作为高职高专教育台阶课程中的公共知识模块。本书是结合国内外最新资料和编者丰富的教学经验，从我国康复医学工作实际出发，充分体现现代康复的理念，遵循康复医学的基本要求进行编写。全书共分 6 章，第 1 章重点介绍康复医学的基本概念、工作原则和服务方式；第 2 章介绍了关节活动度检查、测量、步态检查和日常生活活动能力评定等康复评定的方法，强调了关节活动度、肌力和步态异常情况的分析；第 3 章康复治疗技术，则突出了物理治疗、作业治疗、语言治疗等现代康复治疗技术方法的介绍；第 4 章康复工程简介，着重向同学们介绍了假肢、矫形器、轮椅、助行器与自助具的选用和使用方法；第 5 章简述了社区康复的概念和任务；第 6 章描述了常见伤病的康复评定和康复治疗。本教材图表并茂，易学、易懂、易会。

我们在编写过程中力求体现职业教育的三个贴近，即贴近社会对教育和人才的需求；贴近岗位对专业人才知识、能力和情感的要求；贴近受教育者的心理取向和所具备的知识、情感前提。在每章节之前列出学习目标，以便于在教学中目标明确，重点突出。学习内容之后有目标检测题，有助于师生在教学活动中及时测评。本教材之后还附有《康复医学基础》教学基本要求和学时分配表，以供在教学中参考使用。

本教材在编写、审定过程中，得到了广州卫生学校及各位编者所在单位的大力支持和帮助；全书七位作者，互勉互助，共同努力，在此一并深表感谢！

由于编者水平所限，本教材难免在内容上有所疏漏，在文字上有欠妥之处，恳请广大读者不吝赐教和指正，促进本教材日臻完善。

编　者

2023 年 8 月

目　录

第 1 章

绪　论

学习目标

1. 描述康复与康复医学的概念
2. 列举康复医学与临床医学的区别点
3. 简述康复医学的组织机构
4. 简述康复医学专业人员的主要职责
5. 说出康复医学的工作方式

康复医学是一门新兴学科。随着社会的进步和医学科学的发展，康复医学越来越受到重视，它与保健医学、预防医学、临床医学一起被认为是现代医学的四大支柱，成为一门具有强大生命力的学科。本书主要阐述的是康复医学的基本理论、基本知识和基本技能，以及常见伤病的康复治疗方法，为学生进一步学习相关医学专业课程奠定基础。

第 1 节　康复医学基本概念

康复是指伤病后的功能恢复。以促进功能恢复为目的的医学分支学科为康复医学。康复与康复医学关系密切，应该明确两者内涵的异同。

一、康　　复

康复(rehabilitation)一词最早来源于中世纪的拉丁语，rehabilitation 有“复原”、“重新获得能力”、“恢复原来的状态”之意。在第一次世界大战中，

rehabilitation首次具有“对身心残疾者进行治疗,使其重返社会”的含义。

(一) 定义

康复的含义不仅局限于伤残人的生理功能恢复,而且是其全部生存权利的恢复,即与正常人享有同等的权利。1942 年,在美国纽约召开的全美康复会议上给康复做出了第一个定义:“康复是使残疾者最大限度地恢复其身体的、精神的、社会的、职业的和经济的能力。”到了 1969 年,WHO 给康复下的定义为:“康复是指综合地和协调地应用医学的、社会的、教育的和职业的措施,对患者进行训练和再训练,使其活动能力达到尽可能高的水平。”

随着社会的发展,康复事业也得到了长足的进步。除了应用医学、社会、教育和职业措施外,还通过医学心理学、康复工程学等措施改善了残疾者的功能,这时人们就感到原来的康复定义已经不能准确地反映康复的内涵,因此,WHO 医疗康复专家委员会于 1981 年给康复下了新的定义:“康复是指采用各种有效的措施,以减轻残疾的影响和使残疾人重返社会。”新的康复定义其目标更侧重在使残疾人能够重返社会,对康复措施的提供较过去的定义有了明显的扩展。到了 20 世纪 90 年代,WHO 给康复下的定义是:“康复是指综合协调地应用各种措施,最大限度地恢复和发展病伤残者的身体、心理、社会、职业、娱乐、教育和周围环境相适应方面的潜能。”

(二) 内涵

根据康复的定义,可以理解到康复的内涵既有包括在医学之中的部分,也有超出医学范围的内容,主要有以下几方面的内涵:

1. 康复的对象　是残疾人,即各种先天的或后天的因素所造成的各种功能障碍者,包括肢体、内脏、精神的功能障碍、不全或残缺。

2. 康复的目标　是针对病伤残者的功能障碍,以提高功能水平为主线,提高生活质量,回归家庭和社会,获得职业,实现经济独立,成为社会独立的一员。但不能将获得职业,实现经济独立作为惟一的目标,这是由于康复对象具有功能障碍的程度不同,康复的目标会有差异,即使障碍相同,还因治疗、毅力、年龄、体质等不同,造成康复目标的不同。切实的康复目标是在康复评定的基础上制定的,即能挖掘康复对象的潜能,又能通过努力达到的客观目标。

3. 康复的措施　是指所有能消除或减轻身心功能障碍的措施,包括医学的、工程的、教育的、职业的、社会的等一切可利用的手段和方法。

4. 康复的领域　主要分为医学康复、教育康复、职业康复和社会康复四个方面。

(1) 医学康复:是指通过医学的方法和手段,帮助病伤残者实现康复目标的康复措施。其内容主要包括康复评定和康复治疗。

(2) 教育康复:主要是指对残疾儿童和青少年的特殊教育,通过教育和训练,提高功能障碍者的素质和各方面的能力。分为两个方面:①对视力残疾、听力残疾、智力残疾者的特殊教育,如对盲人的盲文教育,对聋哑人的手语教育等;②对肢体功能障碍者的普通教育,如九年义务教育、职业教育等。

(3) 职业康复:是为残疾人妥善选择能够充分发挥其潜能的适宜职业就业,实现经济独立而开展的一系列工作,包括就业咨询、就业能力的评定、就业前的职业心理教育、职业适应性训练、就业安置和就业后的随访。

(4) 社会康复:是协助残疾人解决经过医学康复、教育康复、职业康复后重返社会时,可能遇到的一切社会问题的工作。包括为残疾人建立一个无障碍的社会生活环境;制定有关的法律、法规,确立残疾人在社会中的平等地位和公正待遇;消除歧视残疾人的观念,建立理解、尊重、关心、帮助残疾人的良好社会风尚。

二、康复医学

(一) 定义

康复医学是现代医学的重要组成部分之一,是以功能为导向,促进病伤残者康复,研究有关功能障碍的预防、诊断、评定和治疗等问题的综合性医学学科。康复医学是康复学的组成部分,但不等同于康复学,因为康复学包括医学康复、教育康复、职业康复和社会康复等多方面。

暂时性和永久性残疾的概念

残疾可分为暂时性残疾和永久性残疾。当残疾状态持续12个月及以上时为永久性残疾;不到12个月为暂时性残疾。

链 接

(二) 内涵

1. 康复医学的对象 主要是残疾人、各种有功能障碍的急慢性患者和老年患者。

2. 康复医学的目标 尽可能地恢复残疾者生理和心理的整体功能,为他们重返社会创造基本的条件。

3. 康复医学的措施 主要应用医学和康复工程的技术,对各种暂时性和永久性残疾进行治疗。康复医学针对着病伤残者的功能障碍,康复治疗介入的时间越早越好,不仅在功能障碍以后,而应在出现之前预防残疾的发生,这是一个很重要的医学理念。

康复预防

康复预防就是残疾预防,可分为三级:一级康复预防,是预防各种致残性疾病、损伤、发育畸形、精神创伤的发生;二级康复预防,是在已发生伤病后,早期发现、早期治疗,以减少残疾的发生或防止残疾程度加重;三级康复预防,是当残疾出现后,采取措施防止残疾发展为残障。

链 接

4. 康复医学知识体系的构成 康复医学是一门综合性的医学学科,它的知识内容主要包括康复基础学、残疾学、康复评定学和康复治疗学。康复基础学的主要内容有运动学、运动生理学、人体发育学、神经生理病理学等;残疾学的内容有运动系统残疾、神经系统残疾、呼吸循环系统残疾、心理精神残疾等;

康复评定学的内容有躯体功能评定、言语听力功能评定、心理功能评定、职业能力评定等；康复治疗学的内容有物理治疗、作业治疗、康复工程、言语治疗、心理治疗、传统康复治疗、康复护理、职业康复和社会服务等。

（三）康复医学与临床医学的区别

康复医学与临床医学都是医学的重要组成部分，但侧重点不同。两者的主要区别：①临床医学治疗的对象是临床各个学科的各种疾病，而康复医学的治疗对象主要是伤残者和疾病引起的功能障碍。②临床医学的治疗着眼于抢救生命、治愈疾病，创造康复的必要条件。而康复医学治疗的重点放在功能障碍改善上，训练患者利用潜在能力、残余功能或应用各种辅助设备，最大限度地恢复功能，为其重返社会创造条件。

第 2 节　康复医学的重要地位和组织机构

国际残疾分类

根据 WHO 1980 年推荐的“国际残疾分类标准”，残疾被分为残损、残能、残障三类。残损是指疾病或外伤引起的解剖结构、生理功能及心理状态的异常或丧失，对独立生活、学习或工作有一定程度的影响，但个人生活能自理，属于组织器官水平的功能障碍。残能是指身体的组织结构和功能缺损较严重，造成身体、精神和智力活动明显障碍，存在生活自理和就业能力的减弱或丧失，以致独立生活困难，属于个体水平的能力障碍。残障是指形态功能缺陷和个体能力障碍程度严重，使患者不但个人生活不能自理，而且影响到学习、工作和社会生活，从而限制其社会职能的发挥，属社会水平的能力障碍。

链　接

现代应用医学包括保健医学、预防医学、临床医学和康复医学四个组成部分，康复医学在这个体系中占有十分重要的地位，是现代医学不可缺少的组成部分。

一、康复医学工作的重要地位

（一）疾病结构的变化

随着医学科学技术水平的不断提高，危重患者的抢救成功率明显提高，使免于死亡的残疾人数相应增加；人口的老龄化，必伴随着老年退行性变疾病的增加；公交事故和运动损伤等使意外伤残增多；慢性病逐渐增多，成为威胁人类健康和生命的主要危险，疾病的结构发生了慢性化、残疾化和老年化的变化。同时，随着社会经济、文化和科技的进步，人们的生活水平也在不断地提高，患病后不仅要求治好病、能生存，而且要求整体功能达到尽可能高的水平。残疾患者需要康傅医学，使他们残而不废，不但不成为社会和家庭的负担，而且还能以不同的方式为社会做贡献。随着社会的发展，康复医学对社会的重要性更为突出。

（二）医学模式的转变

随着疾病结构的改变，对健康要求的提高，医学模式由单纯生物学模式的病因和对症治疗转变为生物、心理和社会医学模式的病因、对症和功能治疗，其目标是全面康复，重返社会。康复医学的基本原则、工作方法和专业队伍均顺应了这种新模式的要求，其重要地位和发展前景逐步得到社会的普遍重视。

（三）我国康复医学的发展前景

我国康复医学是在政府的重视和领导下，吸取了国外康复医学的理论和技术，发挥了中国传统康复的优势，发展成为具有中国特色的康复医学。今后我国康复医学的发展趋势是：康复医学将向各个临床领域推广，紧密结合临床开展康复医疗和护理；提倡各个医院的有关临床科室都开展康复工作，使康复治疗贯穿于医疗的全过程；康复医学分科化的速度加快，专科建设也将不断加强；重视基层康复，多层次、多领域、多形式和多模式的社区康复工作将逐步开展；重视康复医学与康复工程学紧密结合，为补偿、增强和替代已有缺陷的功能提供帮助；充分发挥传统康复医学在康复医疗中的作用；强化全社会康复意识，加速康复技术信息化和社会化的过程。

二、康复医学的组织机构

（一）康复医学科

康复医学科为综合性医院或专科医院的一个独立的临床科室，设有康复病房、康复治疗室和康复门诊，主要康复对象是急性伤病后住院期间的患者，主要工作是开展急性伤病后的早期康复。教学医院康复科是康复医疗、康复科研和康复教学培训相结合的机构。康复医学科与康复医疗中心、社区康复站建立起康复医学网络，及时把完成早期康复的患者转送到康复医疗中心或社区康复站，以便得到继续的康复服务。

（二）康复中心

康复中心为一独立的康复医疗机构，有康复病房、康复门诊和较完善的康复设施，包括系统的功能测试设备和各种康复治疗科室。康复中心的主要康复对象是急症医院出院的恢复期患者，主要为患者进行综合康复治疗。部分康复医疗中心也承担康复医学的教学和科研任务。

按康复中心的收治范围可分为综合性和专科性两类。综合性康复中心收治各科康复患者；专科性康复中心以收治某一类残疾患者为主，例如，心血管康复中心、脑瘫康复中心、精神病康复中心等。

康复医疗中心通常都与一些急症医院和社区卫生服务中心有联系。大多数康复患者来自急症医院，少部分来自社区卫生服务中心。经康复医疗中心康复治疗的患者，有些需转诊到社区卫生服务中心，继续康复治疗。

（三）社区康复

社区康复是在社区的范围内，以简便实用的方式向残疾人提供康复服务。社区是指患者居住的地区，在我国相当于城市的街道或农村的乡镇。无论是急症医院或康复医疗中心出院的多数患者，还是社区内需要康复的对象，都需要社区层次的继续康复治疗和指导，以普及和提高康复的水平。现在全国已普遍建立起县、乡两级社区康复站，使社区康复工作得到迅速的发展。

第3节　康复医学专业人员的职责和工作方式

康复医学是一门多专业和跨学科的应用医学，所谓多专业是指康复对象常涉及内科、外科、老年科、儿科等各专业；所谓跨学科是指康复治疗涉及医学、心理、工程、教育和社会等学科。因此，康复治疗需要上述各方面人员的参与，以团队工作方式对患者进行康复评定、治疗和训练，以取得全面康复的效果。

全面康复的内涵

全面康复的内涵可以从两方面来理解，首先对于具体的残疾人的整体功能而言，从身体上、精神上、职业上和社会生活上进行全面的、整体的康复。另外，对于残疾人的康复工作内容而言，则是在医学康复、教育康复、职业康复和社会康复等领域都得到综合康复。对于康复对象的全面康复，应从上述两方面内涵进行理解。

链接

一、康复医学专业人员的职责

（一）康复医师

康复医师（rehabilitation physition，physiatrist）是康复治疗协作组的领导者。

1. 接诊病人、采集病史、体格检查，进行康复评定，列出需要康复的问题，制定康复治疗计划。
2. 负责住院病人的查房和会诊，开医嘱或做康复处理。对门诊患者进行复查及处理。
3. 指导、监督、协调各部门的康复治疗工作。
4. 主持病例讨论，决定患者能否出院，制定出院后的康复计划。
5. 主治或主任医师主持康复治疗协作组工作，负责领导本专业的康复医疗、科研、教学工作。

（二）康复护士

康复护士（rehabilitation nurse）在康复病区工作，负责住院患者的康复护理。

1. 执行康复护理工作　包括：①体位护理；②膀胱护理；③控制排便训练等

肠道护理;④压疮护理;⑤康复心理护理;⑥配合康复治疗部门,在病区为患者进行物理治疗、作业治疗等;⑦指导患者使用轮椅、假肢、矫形器、自助器等;⑧协助患者做体位转移。

2. 对患者及其家属进行康复卫生教育。

3. 协助进行社会工作,做好患者与家庭、患者与其工作单位、患者与居住社区之间的联系工作,反映患者的具体困难和要求。

4. 保持病区卫生、整齐,做好各项基础护理工作。

(三) 物理治疗师

物理治疗师(physical therapist,physiotherapist)主要负责肢体运动功能的康复评估和训练,特别是对神经肌肉骨关节和心肺功能的康复评估和训练。负责制定和执行物理治疗计划。

1. 进行运动系统功能评定,如关节活动范围、肌力测定、平衡功能、体位转移能力、步行能力、步态分析等。

2. 指导患者进行增强肌力和耐力的练习、关节活动训练、步行训练、矫正体操、医疗体操、牵引治疗、手法治疗和按摩推拿等。

3. 为患者进行电、光、水、热、磁、超声等物理因子治疗。

4. 对患者进行关于发展和保持运动的卫生教育。

(四) 作业治疗师

作业治疗师(occupational therapist)指导患者通过有目的的作业活动,恢复和改善生活自理、学习和职业工作能力。对永久性残障患者,教会其使用辅助器具,帮助改善家居和工作环境,以弥补功能的不足。

1. 功能检查及评定,包括:①日常生活活动能力;②认知能力;③感知觉能力;④家务活动能力等功能的检查及评定。

2. 指导患者进行日常生活活动训练、感知觉训练、家务活动能力训练、认知功能训练等。

3. 指导患者正确使用生活辅助器具、轮椅、假肢、矫形器等。

4. 指导患者进行职业劳动训练,对改变职业的患者,进行职业能力评定,并作职业咨询指导。

5. 了解患者居住和工作环境条件,提出改建意见。

(五) 假肢及矫形器师

假肢及矫形器师(prosthetist/orthotist)主要负责假肢及矫形器的制作工作。

1. 对患者进行肢体测量及功能检查,确定制作假肢/矫形器的方案。

2. 制作假肢或矫形器,并指导患者如何保养和使用假肢及矫形器。

3. 根据穿戴使用情况,对假肢或矫形器进行修整或修补。

（六）言语治疗师

言语治疗师（speech therapist）对有言语障碍的患者进行训练，以改善其言语沟通的能力。

1. 对患者的言语能力进行检查评定，如构音能力检查、失语症检查、听力检查、吞咽功能检查等。

2. 进行言语表达训练、听理解训练、阅读理解训练、发音构音训练、书写训练等。

3. 无喉言语训练（食管音、人工喉发音）及喉或舌切除术前言语功能咨询。

4. 对口腔缺陷（舌切除后、腭切除后）者进行言语交流训练；指导患者使用非语音性言语沟通器具；对有吞咽功能障碍者进行治疗和训练。

5. 对患者及家人进行言语交流及吞咽困难的康复卫生教育。

（七）心理治疗师

心理治疗师（clinical psychologist）对康复对象进行心理测验，提供心理咨询，进行心理治疗，使患者得到心理康复，促进全面康复。

1. 进行心理测验和评定，如人格测验、智力测验、职业适应性测验及精神状态测定等。

2. 根据心理测验结果，提供心理诊断和心理治疗计划。

3. 对患者提供心理咨询服务，特别是应如何对待残疾，如何处理婚恋家庭和职业问题。

4. 对患者进行心理治疗。

（八）中医康复治疗师

中医康复治疗师（chinese traditional physician）为我国康复医疗机构特有的专业人员。能够在康复治疗过程中更好地贯彻中西医结合的原则，充分地发挥传统中医学的优势。

1. 参加康复协作组病例讨论会，从中医学的观点，对制定患者康复治疗计划提出建议。

2. 负责中医会诊，对需要使用中医方法进行康复的患者，提出中医康复的治疗方案。

3. 对患者进行针灸、按摩、推拿等传统康复治疗手段，促进患者康复。

（九）社会工作者

社会工作者（social worker）是促进患者社会康复的工作人员。

1. 了解患者的生活方式、家庭状况、经济情况及社会处境，评估其回归社会需要解决的问题。

2. 了解患者的愿望和要求，共同探讨出院后如何适应家庭生活和回归社会。

帮助患者正确对待现在和将来，同时向患者家属做同样的解释说服工作。

3. 帮助患者与其家属、工作单位、街道、乡镇、福利、保险、救济和社会团体取得联系，求得支持和帮助，为患者回归社会创造条件。

(十) 职业咨询师

职业咨询师（vocational counselor）是促进患者职业康复的工作人员。

1. 对新就业或改变职业的患者提供就业咨询服务。

2. 进行就业能力的评定。

3. 进行就业前的训练和教育，包括就业前职业心理教育、职业适应性训练、职业技能训练等就业前训练；开展工作态度、劳动纪律等方面的教育。

4. 向患者提供就业信息，帮助就业安置，并进行就业后的随访。

康复治疗效果评定

评定康复治疗效果的标准分为六个等级：①完全恢复：治疗后的功能独立状态达到完全独立的水平，日常生活活动能力评定中，所有项目均达到独立水平；②显著有效：治疗后的功能独立状态虽然达不到完全独立的水平，但其级别较治疗前有两级或两级以上的进步；③有效：治疗后的功能独立水平较治疗前仅有一级的进步；④稍好：治疗后日常生活活动能力水平虽然有所增加，但功能独立级别的变化达不到进级水平；⑤无效：治疗后功能独立水平与治疗前比较无变化；⑥恶化：治疗后功能独立水平与治疗前比较更差，甚至死亡。

链　接

二、康复医学的工作方式

康复医学涉及多个学科，要靠多个学科的专业人员共同组成康复治疗组，围绕全面康复的目标，综合协调地应用各种康复措施，完成康复任务。一般情况下，康复治疗组的组长是康复医师，其他成员由康复护士、物理治疗师、作业治疗师、假肢及矫形器师、言语治疗师、心理治疗师、中医康复治疗师、职业咨询师、社会工作者等组成。

康复治疗组在康复医师的领导下，各专业人员对康复对象的功能障碍进行全面评定，由康复医师进行归纳，制定出一个较完整的康复治疗计划，由各专业人员分头实施。在治疗的中期，再次召开治疗组会议，对前一阶段治疗效果进行阶段性评价，根据患者功能恢复的情况和存在的问题，对治疗计划进行调整和补充。在治疗结束时，还要召开治疗组会议，对康复治疗效果进行总结，评定患者出院时的功能状况，对出院后进入家庭和社会的继续康复治疗提出建议。

对于康复治疗组的团队工作方式，优点有康复治疗全面，技术精良，效率较高。缺点则是分工过细，需要专业人员太多，康复事业不发达的国家不易做到。WHO对发展中国家提倡培养一专多能的康复治疗师，以解决分工过细，人员编制太多的问题。在我国，康复治疗组主要由康复医师、物理治疗师、作业治疗师、康复护士组成主体，可根据实际需要邀请假肢及矫形器师、言语治疗师、心理治疗师、中医康复治疗师等专业人员参加。

小结

康复是指综合协调地应用各种措施，最大限度地恢复和发展病伤残者身体、心理、社会、职业、娱乐、教育和周围环境相适应方面的潜能。康复医学是以功能为导向，促进病伤残者康复，研究有关功能障碍的预防、诊断、评定和治疗等问题的综合性医学学科。康复医学与临床医学都是医学的重要组成部分，但侧重点不同。康复医学的组织机构主要包括综合医院的康复医学科、康复中心和社区康复。康复医学是一门多专业和跨学科的应用医学，康复治疗的工作方式为团队工作方式，以综合协调地发挥各学科和专业的作用。康复治疗组的组长是康复医师，其他成员由康复护士、物理治疗师、作业治疗师、假肢及矫形器师、言语治疗师、心理治疗师、中医康复治疗师、职业咨询师、社会工作者等组成。

目标检测

一、名词解释

1. 康复　　2. 康复医学　　3. 残损　　4. 残障

二、选择题

1. 关于康复领域的内涵，下列哪一项不妥？
   A. 医学康复　　B. 教育康复
   C. 职业康复　　D. 康复预防
   E. 社会康复
2. 下列哪一项不属于现代医学的组成部分？
   A. 保健医学　　B. 预防医学
   C. 临床医学　　D. 社区医学
   E. 康复医学
3. 永久性残疾通常是指残疾状态持续时间超过：
   A. 12 个月　　B. 10 个月
   C. 8 个月　　D. 6 个月
   E. 4 个月
4. 康复医师的工作职责哪项有错误？
   A. 接诊病人、采集病史、体格检查
   B. 负责住院患者的查房和会诊
   C. 指导、协调各部门的康复治疗
   D. 制定出院后康复计划
   E. 为患者进行物理治疗

5. 下列哪项不属于物理治疗师的工作职责？
   A. 关节活动训练
   B. 步行训练
   C. ADL 训练
   D. 矫正体操
   E. 物理因子治疗
6. PT 是指：
   A. 康复医师
   B. 物理治疗师
   C. 作业治疗师
   D. 言语治疗师
   E. 心理治疗师
7. OT 是指：
   A. 作业治疗师
   B. 物理治疗师
   C. 言语治疗师
   D. 假肢及矫形器师
   E. 社会工作者
8. ST 是指：
   A. 职业咨询师
   B. 物理治疗师
   C. 作业治疗师
   D. 言语治疗师
   E. 心理治疗师
9. 康复治疗组的组长由谁担任？
   A. 康复医师
   B. 物理治疗师
   C. 作业治疗师
   D. 作业治疗师
   E. 社会工作者

三、简答题

1. 康复医学与临床医学有何区别？
2. 请写出康复医学的工作方式。
3. 康复治疗组通常由哪些人组成？

（杨玉南）

参考文献

胡永善. 2001. 康复医学. 北京：人民卫生出版社
李茂松. 2002. 康复医学概论. 北京：人民卫生出版社
姜贵云. 2002. 康复护理学. 北京：人民卫生出版社

第 2 章

康复评定

学习目标

1. 解释康复评定的概念,说出康复评定的目的
2. 描述康复评定的基本内容
3. 列举关节活动度检查常用方法
4. 举例说明通用量角器检查方法及注意事项
5. 描述常用的徒手肌力检查法
6. 列举肌力测定注意事项
7. 简述步态检查方法,步行的基本参数,常见异常步态的评估
8. 学会运用日常生活活动能力(ADL)评定量表做评定练习
9. 学会采用问卷方式进行社会性日常生活活动能力(IADL)评估
10. 说出 FIM 评定内容

第 1 节　康复评定概述

一、概　　念

康复评定是评估患者现有的病残状况以及身体各种生理功能,注重在康复

的各个阶段利用评定指标,以规划、调整治疗方案和评价治疗效果。康复评定是用客观量化的方法有效地和准确地确定残疾者功能障碍的种类、性质、部位、严重程度、发展趋势、预后和转归。例如脑出血导致瘫痪的患者,康复评定关注的是患者运动功能障碍、语言功能是否有障碍、日常生活能力是否有问题、心理是否有问题、参与社会能力如何等等有关功能性问题。康复评定也是劳动力鉴定和残疾分级的依据。

二、康复评定与临床检查的区别

康复评定在临床检查的基础上进行,但与临床检查有区别(表2-1)。临床检查侧重于疾病本身,而康复评定不是确定疾病的性质和类型,而是客观评估目前患者的功能状态。

表2-1 康复评定与临床检查的区别

	临床检查	康复评定
对象	广泛,一切患者	局限,有功能障碍的伤、残、病患者
病情	多变、简单、复杂	稳定、波动小
目的	诊断、治疗疾病	掌握、改善、恢复功能
手段	实验室、仪器为主	观察、测量、询问为主
费用	多	少
范围	器官—组织—细胞—分子	个人—家庭—社会

三、康复评定的内容和方法

(一)评定内容

从广义上讲,全身各个脏器或系统伤病后,均可以出现功能障碍,都存在功能评定的问题,故评定的内容很广泛。根据世界卫生组织(WHO)2001年5月正式颁布的"国际功能、残疾和健康分类"(International Classification of Functioning Disability and Health, ICH)的分类法,通过对个体的功能进行评定,来判定个体是健康的还是有残疾的,以及残疾的程度。分别从"损伤程度"—"活动受限"—"参与受限"三个方面来进行。

1. 损伤程度 如昏迷程度、运动功能(关节、肌力等)、感觉功能(疼痛、语言)、心理功能(焦虑、忧郁等)。

2. 活动受限 如学习能力、一般任务完成能力、交流能力、个体活动能力、生活自理能力等。

3. 参与受限 如观察参与社会的能力、恢复家庭生活能力、人际交往相处能力、受教育和就业能力等。

（二）评定方法

评定指标的种类有以下两种：

1. 定性指标　如症状和体征的有无、轻重，治疗后有无改善，疗效的好坏等。常通过问诊、体检确定功能损害的部位、性质，为进一步功能评定确定检查的方向和项目。

2. 定量指标　如血压、脉搏、身高、关节活动、肌力、认知能力、生活能力等。应按功能检查常规操作，配备必要的检测设施。

定性指标缺乏客观数量变化的测量方法，精确度比较差，结果不容易比较分析，不是康复评定中的主要评估手段。而依照一定的标准化程序来进行评定的量化评估普遍被临床采用，称之为康复评定量表。

按照评定方式，可分为自评量表和他评量表。按照量表的编排方式，可分为数字评定量表和描述性评定量表。康复医疗中要根据患者实际情况选择有效的（经过循证医学检验的）评定量表。

本章介绍一些常用的康复评定的方法包括关节活动度检查法、肌力测量方法、步态检查与分析、日常生活活动能力评定。

第 2 节　关节活动度检查方法

关节活动度（ROM）是指关节运动时所通过的最大运动弧度，常以度数表示，分为主动关节活动和被动关节活动两种。前者是指受试者以自力能够移动的关节活动范围；后者是用外力能够移动的关节活动范围。关节活动度（ROM）的检查是肢体运动功能检查中最常用的项目之一，通常采用通用量角器检查法。

一、通用量角器检查法

（一）检查的目的

1. 发现关节活动障碍的因素。
2. 判断障碍的程度。
3. 提示治疗的方法。
4. 作为治疗与训练的评价手段。

（二）方法及注意事项

通用量角器为临床应用最普遍的测量工具。如图 2-1 所示，由一个半圆规连接一个固定臂和一个活动臂构成。

(1) 肢体用　　(2) 手指用

图 2-1 通用量角器

使用通用量角器测量的方法及注意事项如下：

1. 患者体位适宜，符合检查要求。对要测量的关节必须暴露，特别是对女性患者检查时必须有第三者在场。

2. 耐心说明，使受试者采取放松姿势。

3. 量角器圆规的中心点与关节旋转轴心点吻合，并固定在相应的骨性标志点上。角度计轴与关节轴取得一致，不要妨碍轴的平行移动。

4. 固定好量角器的固定臂，以此为0°位的开始，对大多数运动来说，解剖位既开始位，放置固定臂的方向注意三点：①对向一端肢体上的骨性标志；②沿一端肢体的纵轴（关节的近端或远端位）放置；③处于水平或垂直的标准位置。

5. 将移动臂随待测关节运动到最大幅度后，再移向另一端肢体的骨性标志，然后读出关节所处角度。

6. 通常应先测量关节的主动活动范围，后查被动活动范围。

7. 记录活动前与活动后两次测量结果，并注意与健侧（对侧）对照。

8. 避免在按摩、运动及其他康复治疗后立即进行检查。

（三）主要关节通用量角器检查法

见表 2-2。

表 2-2 通用量角器检查法

		图 示
关节运动	肩：屈、伸	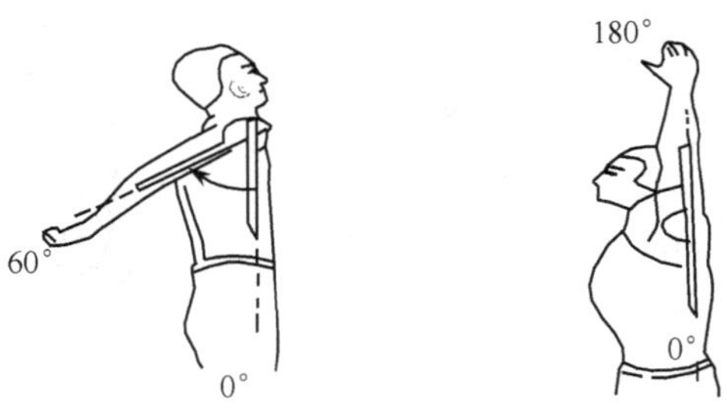 图 2-2
受检者体位	坐、立、卧	
轴心	肩峰	
固定臂	与腋中线平行	
移动臂	平行于肱骨纵轴	
0°位	两臂下垂	
正常范围	屈 180°，伸 60°	

续表

		图示
关节运动	肩:外展	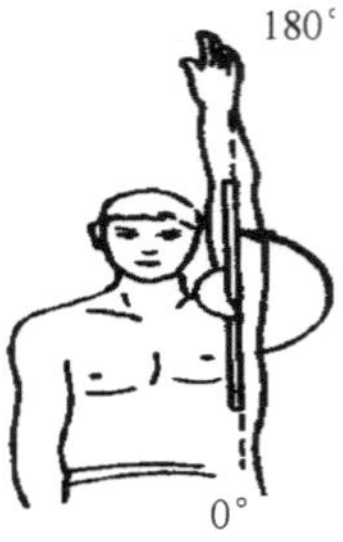 图 2-3
受检者体位	坐、立、仰卧	
轴心	肩峰	
固定臂	与身体中线平行	
移动臂	平行于肱骨纵轴	
0°位	两臂下垂	
正常范围	外展 180°	
关节运动	肩:内旋、外旋	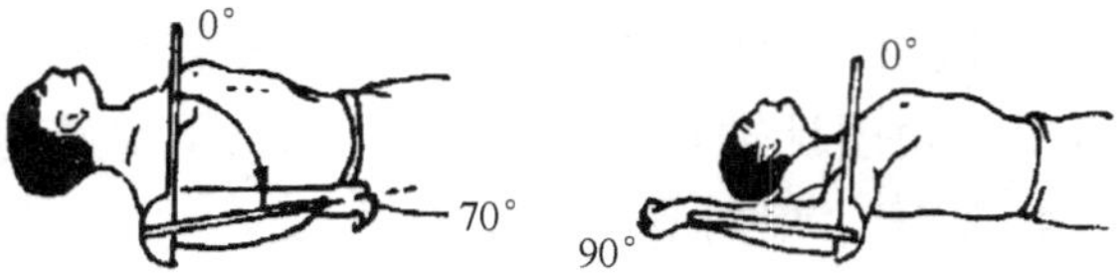 图 2-4
受检者体位	坐、立、仰卧肩外展90°,屈肘 90°	
轴心	尺骨鹰嘴	
固定臂	与腋中线平行	
移动臂	平行于尺骨纵轴	
0°位	两臂下垂	
正常范围	内旋 70°,外旋 90°	
关节运动	肘:屈、伸	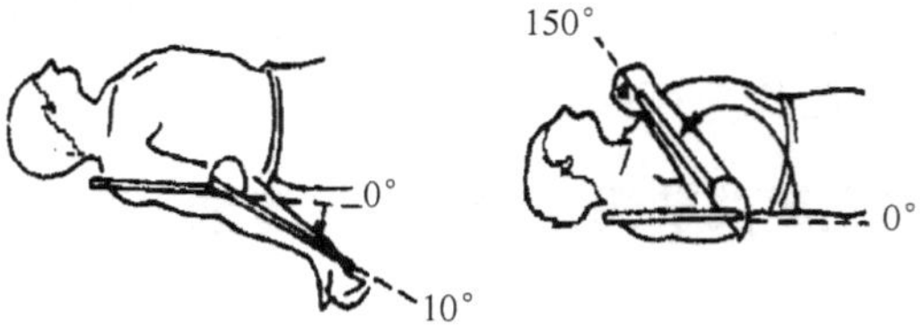 图 2-5
受检者体位	坐、立、仰卧	
轴心	肱骨外上髁	
固定臂	于肱骨纵轴平行	
移动臂	于肱骨纵轴平行	
0°位	两臂呈一直线	
正常范围	伸 10°,屈 150°	
关节运动	前臂:内旋、外旋	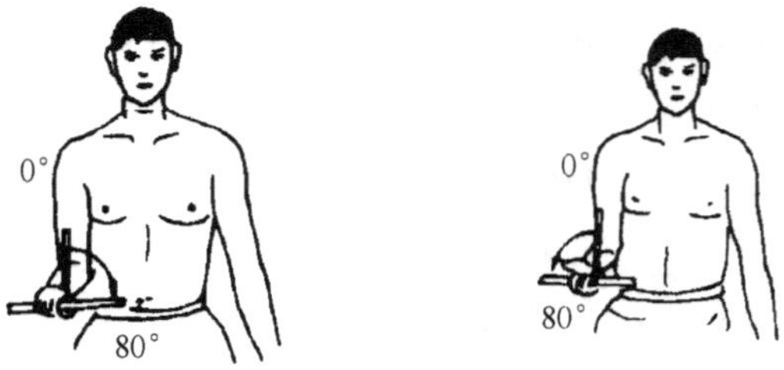 图 2-6
受检者体位	坐、立、肘屈 90°	
轴心	中指末端	
固定臂	垂直线	
移动臂	平行于掌心横纹	
0°位	中立位	
正常范围	内旋 80°,外旋 80°	

续表

		图示
关节运动	腕:掌屈、背屈	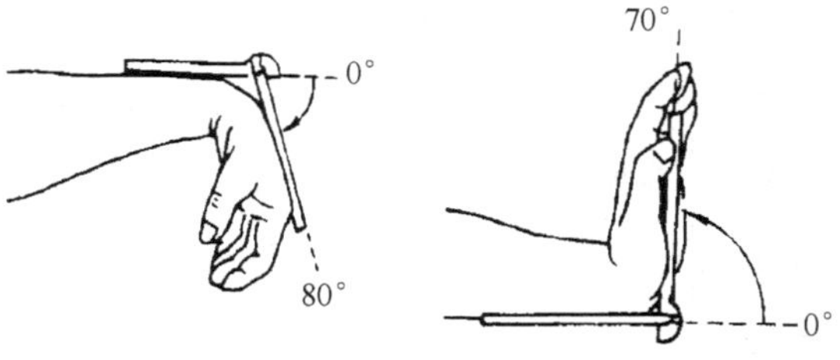 图 2-7
受检者体位	坐、立、肘屈 90°	
轴心	腕关节	
固定臂	桡骨纵轴	
移动臂	平行第二掌骨纵轴	
0°位	中立位	
正常范围	掌屈 80°,背屈 70°	
关节运动	腕:桡屈、尺屈	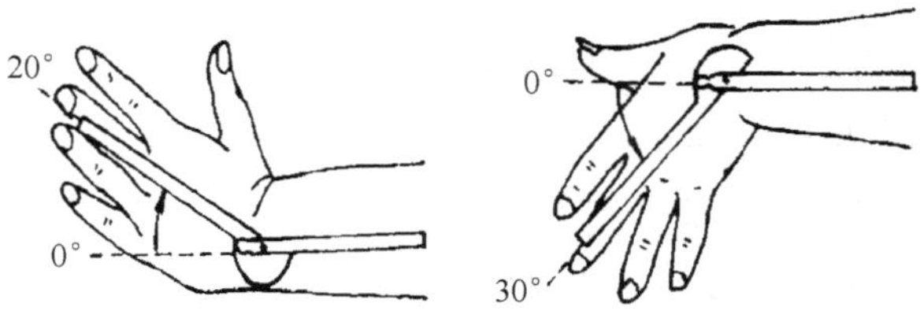 图 2-8
受检者体位	坐、立、肘屈 90°	
轴心	腕关节	
固定臂	前臂纵轴	
移动臂	平行第三掌骨纵轴	
0°位	中立位	
正常范围	桡屈 20°,尺屈 30°	
关节运动	髋:屈、伸	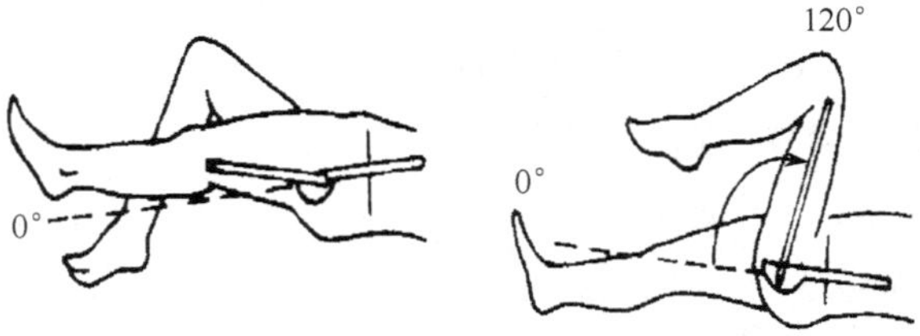 图 2-9
受检者体位	仰卧、侧卧	
轴心	大转子	
固定臂	躯干纵轴	
移动臂	平行于股骨纵轴	
0°位	中立位	
正常范围	伸 15°,屈 120°	
关节运动	髋:内收、外展	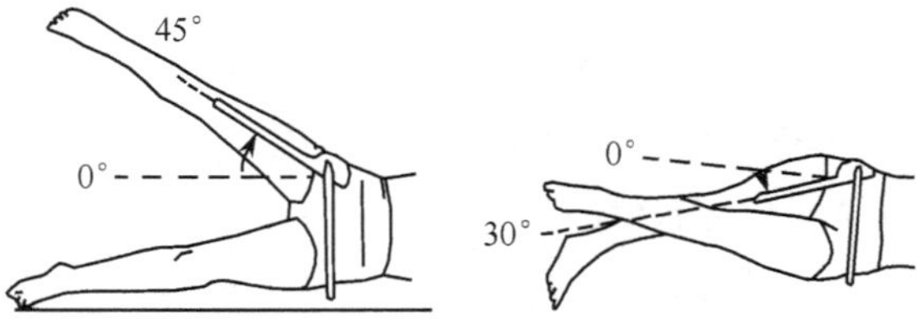 图 2-10
受检者体位	仰卧	
轴心	髂前上棘	
固定臂	左右髂前上棘连线	
移动臂	股骨纵轴	
0°位	中立位	
正常范围	外展 45°,内收 30°	

续表

		图　示
关节运动	髋:内旋、外旋	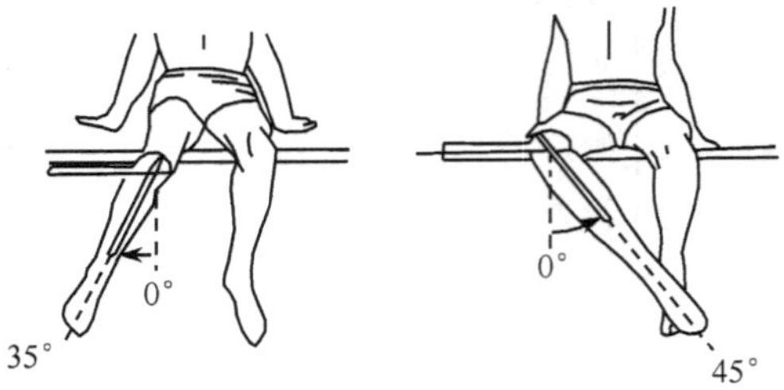 图 2-11
受检者体位	坐、膝屈 90°	
轴心	髌骨	
固定臂	水平线	
移动臂	小腿纵轴	
0°位	中立位	
正常范围	外旋 45°,内旋 35°	
关节运动	膝:屈、伸	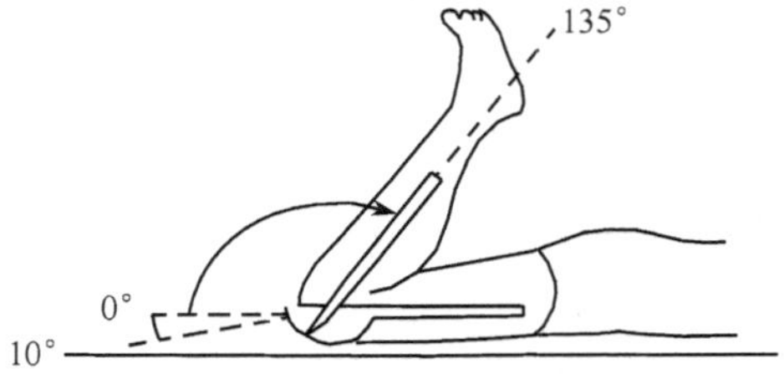 图 2-12
受检者体位	俯卧位	
轴心	膝关节	
固定臂	大转子与股骨外髁连线	
移动臂	腓骨小头与外髁连线	
0°位	两臂呈一直线	
正常范围	屈 135°,伸 10°	
关节运动	踝:背屈、跖屈	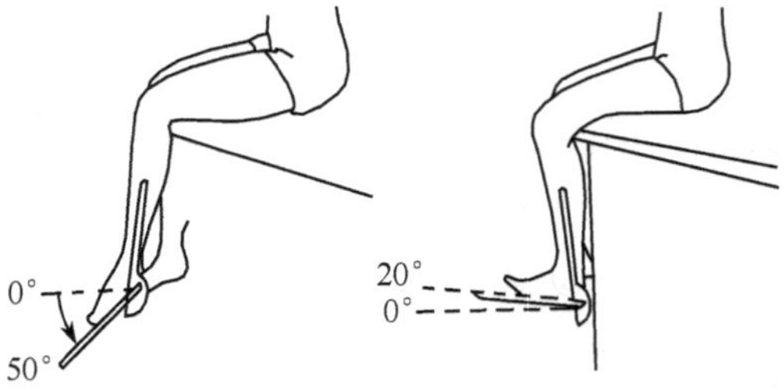 图 2-13
受检者体位	坐位、仰卧位	
轴心	足底	
固定臂	小腿纵轴	
移动臂	足底外缘	
0°位	中立位	
正常范围	背屈 20°,跖屈 50°	
关节运动	指关节:拇指掌指屈	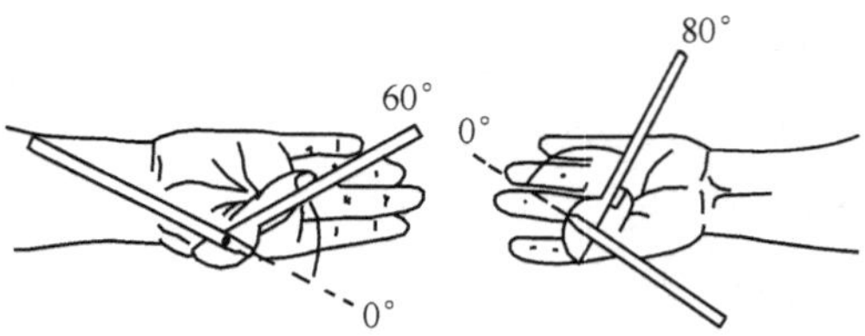 图 2-14
受检者体位	手指自然伸展	
轴心	掌指关节	
固定臂	其余四指纵轴	
移动臂	拇指近端纵轴	
0°位		
正常范围	指关节伸直时屈 60° 指关节屈曲时屈 80°	

续表

		图 示
关节运动	指关节:近、远指间屈	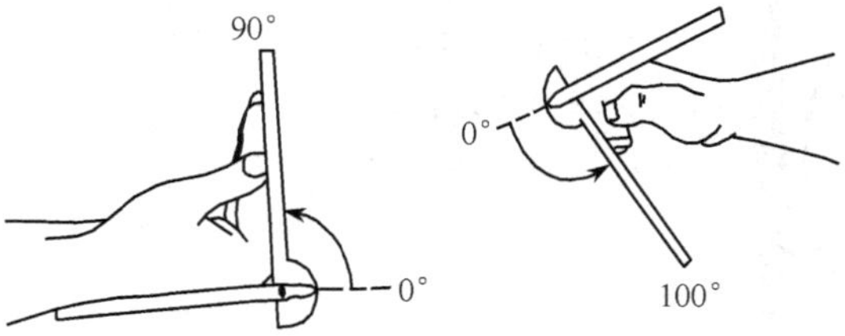 图 2-15
受检者体位	手指自然伸展	
轴心	指指关节	
固定臂	平行于手背长轴 或四指近端长轴	
移动臂	四指长轴或远端长轴	
0°位	相应指关节伸直时	
正常范围	近指间屈 90° 远指间屈 100°	

二、关节活动度异常分析

> **链接**
>
> **肢体用通用量角的小制作**
>
> 材料:半圆形量角器一个;直尺两个;铝铆钉一个。
>
> 方法:
>
> 1. 首先用胶将一个直尺平行固定在普通量角器的直径边(180°端)构成量角器的固定臂。
> 2. 在半圆形的圆心点钻个孔,留作与活动臂结合的轴心。
> 3. 在另一个直尺的一端平行与尺臂刻出一道直线作为指针,这就是活动臂。
> 4. 将活动臂铆在量角器轴心上,使之灵活运转,同向平行与固定臂时,指针必须指向0°。
>
> 用板纸还可以制作更简便可练习用的通用量角器。
>
> 手指用通用量角器可以直接用两个半圆形的普通量角器,正面朝外在半圆形的圆心点钻个孔,将两者铆在一起,活动自如。
>
> 有了自己制作的测量工具,可随时练习,既方便,又愉快,记忆深刻。你想试一试吗!

测量骨关节功能后,要对关节活动受限的原因进行分析,方可有针对性地制定康复计划。常见关节活动受限的原因如下:关节内外软组织损伤后疼痛所致的肌肉痉挛;关节内组织损伤引起的积液水肿;关节周围肌腱、韧带、关节囊、滑膜等组织的挛缩粘连;关节内骨与软骨等破裂后形成的游离体的存在;关节结构异常;神经与肌肉疾病引起的肌肉无力等。

关节活动度检查,关节被动活动正常,但主动活动受限,应考虑为神经麻痹或肌肉、肌腱断裂。关节被动活动和主动活动同时存在部分受限,被称为关节僵硬,可能是关节内粘连,肌肉、肌腱、韧带挛缩所致。关节被动活动和主动活动均完全受限,称为关节强直,提示关节内存在牢固的纤维或骨性联结。

方盘量角器检查法

我国范振华教授20世纪70年代研制出一种方盘量角器,实用性很强,方盘中心有一个可以旋转的指针,受重力影响,其指针永远指向正上方。它如同通用量角器的活动臂,在测定肢体处在水平(或垂直)位置时,只要根据需要确定好0°指向的方向,在肢体运动到最大幅度时,既可以在刻盘上读出该关节所处的角度见图2-16。

图2-16 方盘量角器

链 接

第3节 肌力测量方法

握力测试

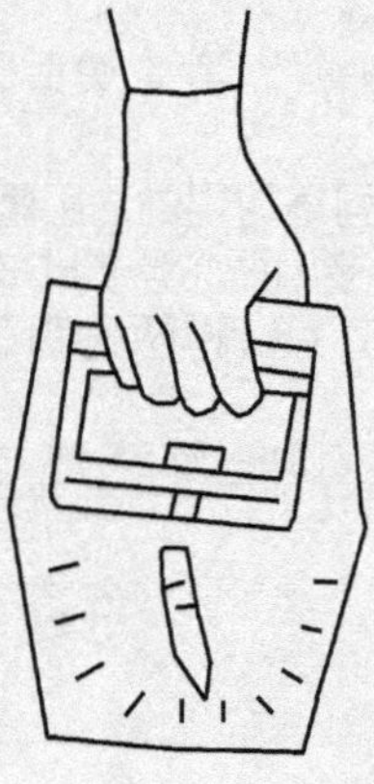

图2-17 握力计

链 接

肌力是指肌肉主动收缩时产生的最大力量。测量受试者肢体或某肌群的功能状态、损害范围及程度是运动功能检查的重要项目之一。

一、常用肌力测定方法

常用的肌力测定方法有徒手肌力检查(manual muscle test, MMT)、腹背肌等长肌力检查、等张肌力测试等。

(一) 徒手肌力检查法(MMT)

1961年,Lovertt提出此法,如今已有较大的改进,具体检查方法见表2-3“徒手肌力检查”。MMT检查是通过判断受试者在特定的条件下,完成规定动作的程度来进行分级的。此法简便实用,测试者通过触摸肌腹,观察肌肉运动,及做抗阻运动的能力,来决定肌力的大小,各级肌力占正常肌力的百分比值见表2-4“肌力分级的标准”。

表 2-3 徒手肌力检查

关节运动	体 位	主动肌及神经支配	测试手法图解
肩肱：			
前屈	坐、立、俯卧位	三角肌前部：腋，$C_{5\sim6}$ 喙肱肌：肌皮，C_7	 图 2-18
后伸	俯卧位	大圆肌：$C_{6\sim8}$ 背阔肌：臂丛后束 三角肌后部：肩胛下，C_6 腋，C_5	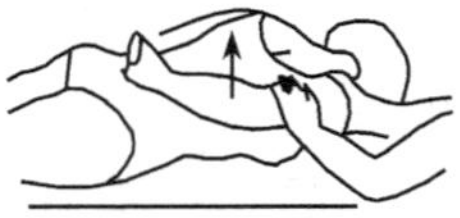 图 2-19
外展	坐、立位	冈上肌：C_5 三角肌中部：腋，C_5	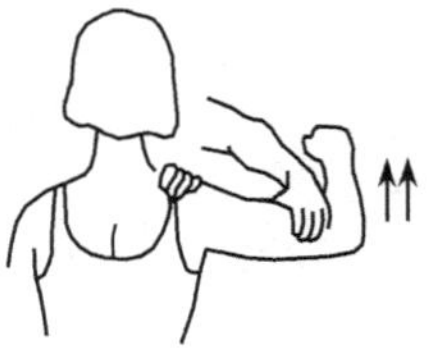 图 2-20
后平伸	俯卧位	三角肌后部：腋，C_5	 图 2-21
肩胸：			
内收	坐、立位	斜方肌：副，$C_{3\sim4}$ 菱形大、小肌：肌皮，C_5	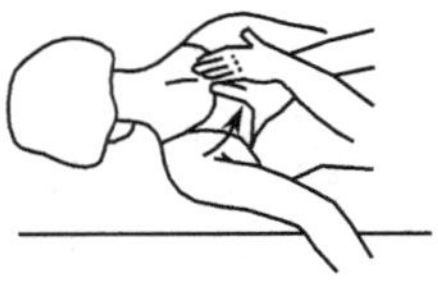 图 2-22

续表

关节运动	体　位	主动肌及神经支配	测试手法图解
耸肩	坐、立位	斜方肌上部：副，$C_{2\sim4}$	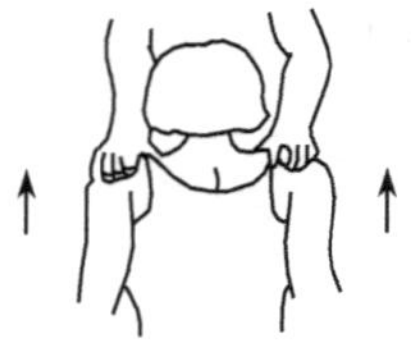 图 2-23
肘：			
屈	坐、立、卧位	肱二头肌：肌皮，$C_{5\sim6}$ 肱肌：桡，$C_{5\sim6}$	 图 2-24
伸	坐、立、俯卧位	肱三头肌：桡，$C_{6\sim8}$ 肘肌：桡，$C_{7\sim8}$	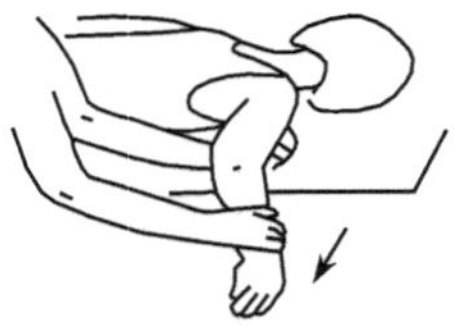 图 2-25
前臂：			
旋后 旋前	坐、立、卧位	肱二头肌：肌皮，$C_{5\sim6}$ 旋后肌：桡，C_6 旋前圆肌：正中，C_6 旋前方肌：骨间，C_8	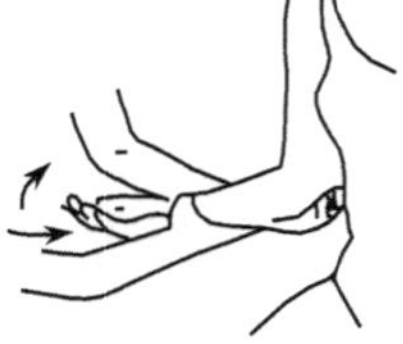 图 2-26
腕：			
掌尺屈	坐、立、卧位	尺侧屈肌：尺，C_8	 图 2-27

续表

关节运动	体　位	主动肌及神经支配	测试手法图解
掌桡屈 背尺伸 背桡伸	坐、立、卧位	桡侧屈腕肌：正中，C_6 尺侧伸腕肌：桡，C_7 桡侧伸腕肌：桡，$C_{6\sim7}$	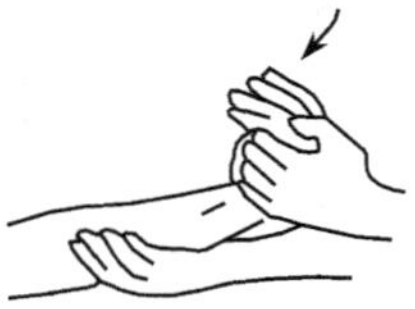 图 2-28
掌：			
指屈	坐、立、卧位	蚓状肌：正中，$C_{5\sim6}$ 侧背：$C_{7\sim8}T_1$ 侧骨间肌：尺，C_7	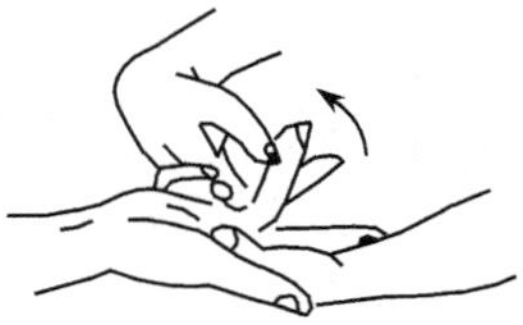 图 2-29
伸	坐、立、卧位	伸指总肌：桡，C_6 伸示指肌：C_7 伸小指肌：C_7	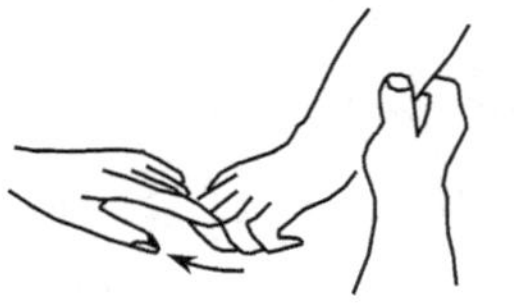 图 2-30
外展	坐、立、卧位	背侧骨间肌：尺，C_8 外展小指肌：尺，C_8 T_1	 图 2-31
内收	坐、立、卧位	掌侧骨间肌：尺，C_8T_1	 图 2-32

续表

关节运动	体　位	主动肌及神经支配	测试手法图解
近、远侧指间：			
屈	坐、立、卧位	屈指浅肌：正中，$C_{7\sim8}$ 屈指深肌：尺，骨间前神经，$C_{7\sim8}$ T_1	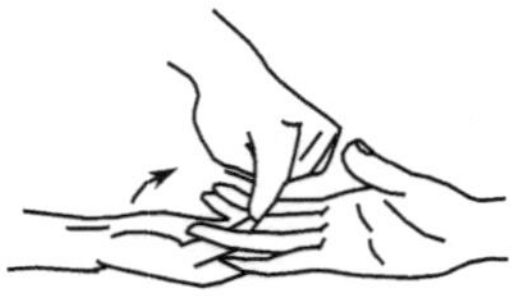 图 2-33
拇指腕掌：			
内收 外展	坐、立、卧位	内收拇肌：尺，C_8 外展拇长、短肌：桡，C_7	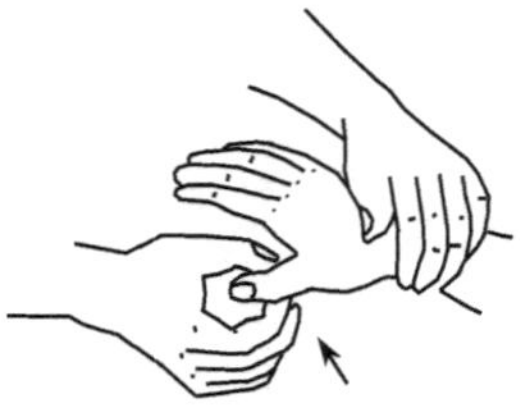 图 2-34
拇指腕掌：			
对掌	坐、立、卧位	对掌拇肌：正中，$C_{6\sim8}T_1$ 对掌小指肌：尺，C_8T_1 深肌：尺，C_8T_1	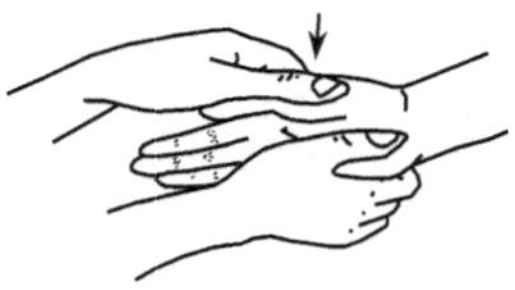 图 2-35
拇指掌指：			
屈 伸	坐、立、卧位	屈拇短肌：正中，$C_{6\sim7}$ 屈拇长肌：正中，$C_{7\sim8}$ 伸拇短肌：桡，C_7 伸拇长肌：桡，C_7	 图 2-36
髋：			
屈	卧位	髂腰肌：腰丛，$L_{2\sim3}$	 图 2-37

续表

关节运动	体 位	主动肌及神经支配	测试手法图解
伸	俯卧位	臀大肌:臀下,L_5 绳肌:坐骨神经 $S_{1\sim2}$	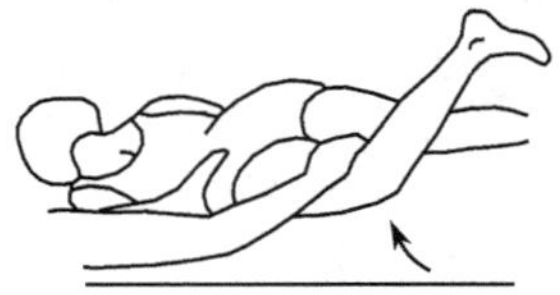 图 2-38
内收	卧位	内收肌群:闭孔,坐骨,$L_{2\sim5}$ 股薄肌:闭孔,$L_{2\sim4}$ 耻骨肌:闭孔,$L_{2\sim3}$	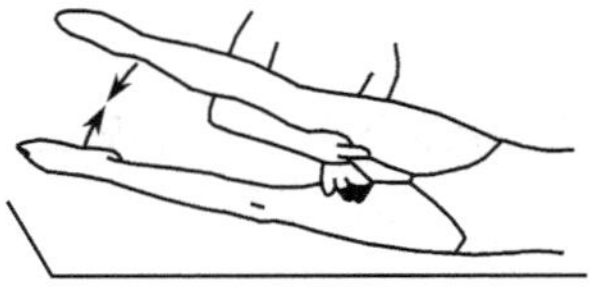 图 2-39
外展	卧位	臀中、小肌:$L_{4\sim5}$ 臀上肌:$L_{4\sim5}$ 阔筋膜张肌:$L_{4\sim5}$	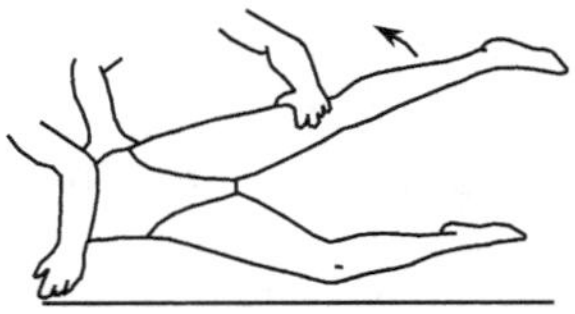 图 2-40
髋:			
外旋 内旋	坐位	股方肌:骶丛 梨状肌:$L_5\sim S_1$ 臀大肌:臀下,$S_1L_{1\sim2}$ 闭孔外肌:闭孔,$L_{3\sim4}$ 臀小肌:臀上,$L_{4\sim5}$	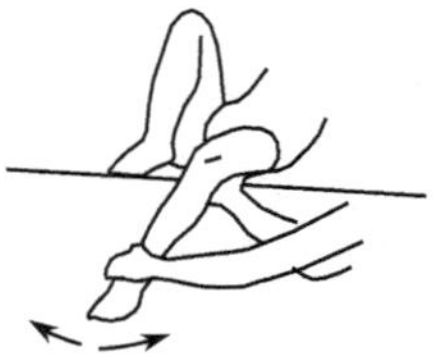 图 2-41
膝:			
屈	俯卧位	股二头肌:坐骨神经,$L_5S_{1\sim2}$ 半腱肌:坐骨神经,$L_5S_{1\sim2}$ 半膜肌:坐骨神经,$L_5S_{1\sim2}$	 图 2-42
伸	坐、平卧位	股四头肌:股神经,$L_{3\sim4}$	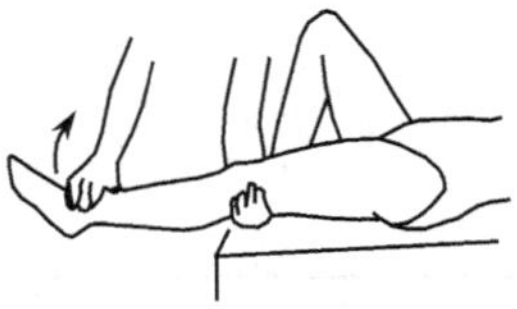 图 2-43

续表

关节运动	体　位	主动肌及神经支配	测试手法图解
踝：			
跖屈	坐、平卧位	腓肠肌：胫，$S_{1\sim2}$ 比目鱼肌：胫，$S_{1\sim2}$	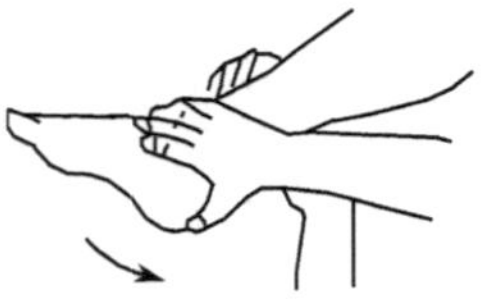 图 2-44
内翻背伸	仰卧位	胫前肌：腓深，$L_{4\sim5}$	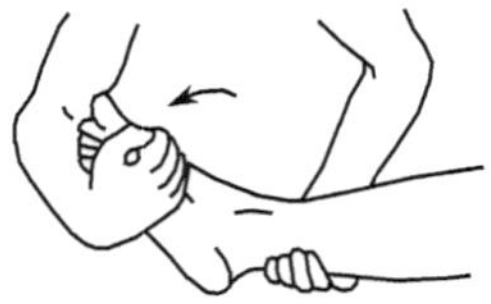 图 2-45
内翻跖屈	坐、平卧	胫后肌：胫，L_5S_1	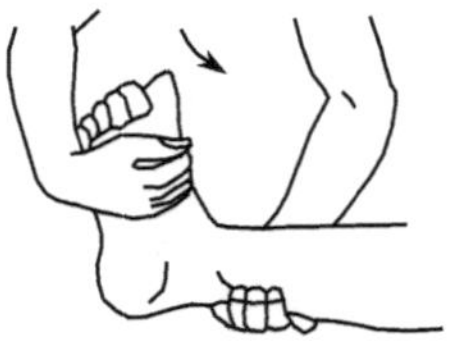 图 2-46
跖趾：			
屈	坐、卧位	蚓状肌屈踇短肌：内外侧跖神经，L_5	 图 2-47
伸		伸趾短肌：$L_{4\sim5}$ 伸踇短肌：L_5 S_1	
颈： 屈	平卧位	斜角肌：颈丛，$C_{3\sim8}$ 颈长肌：颈丛，$C_{2\sim6}$ 头长肌：颈丛，$C_{1\sim3}$ 胸锁乳头肌：副，$C_{2\sim3}$	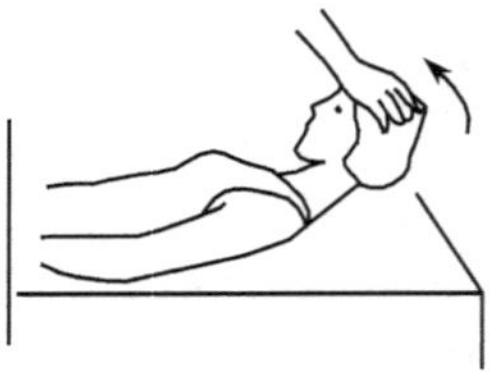 图 2-48

续表

关节运动	体　位	主动肌及神经支配	测试手法图解
伸	俯卧位	斜方肌:副,C_{2-4}	 图 2-49

(二) 腹背肌等长肌力检查

检查者俯卧体位,双手抱住头部,固定两下肢,上身脐以上部位悬于桌缘外,脊背伸直,处于水平位。维持此姿势达 60 秒以上为正常(见图 2-51,图 2-52)。

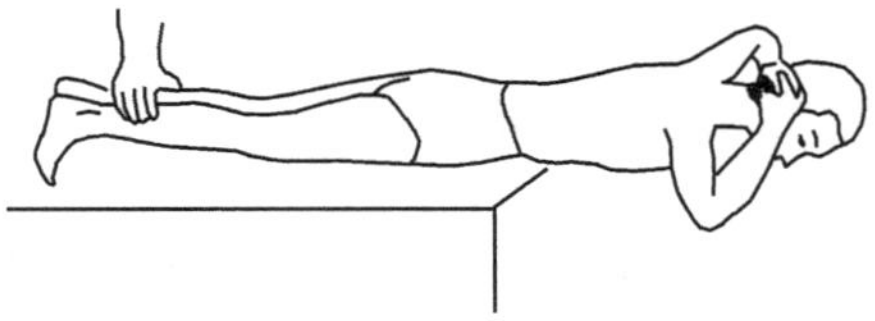

图 2-51　背肌等长肌力检查

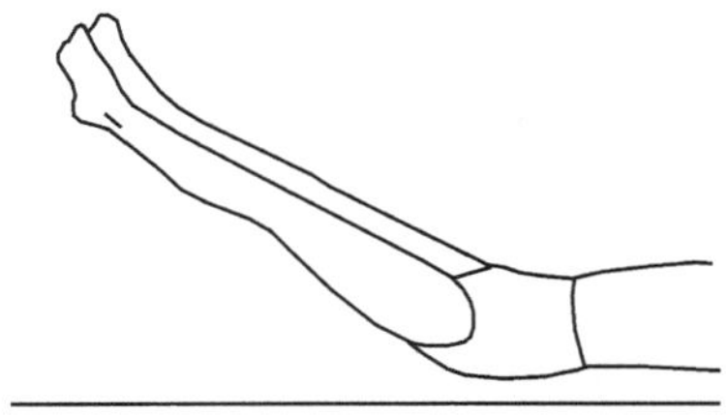

图 2-52　腹肌等长肌力检查

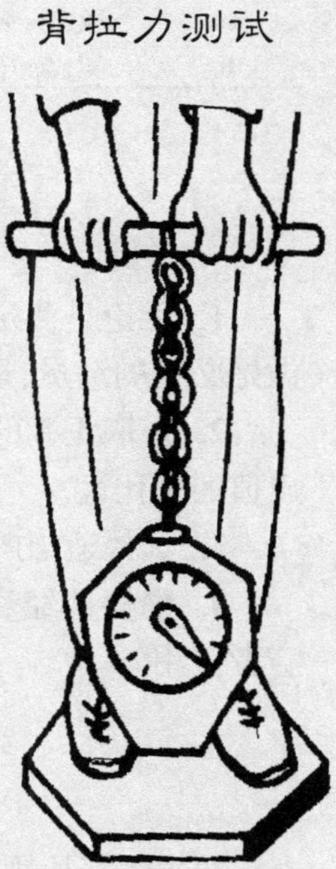

图 2-50　背力计

链 接

(三) 等张肌力检查(isotonic muscle testing, ITMT)

肌肉的等张收缩,是指肌肉收缩克服阻力所做的功。关节做全幅度阻抗运动时,阻力值不变。完成一次关节的最大幅度运动所克服的最大阻力称此关节屈或伸的 1RM(repeatic maximum)量;完成 8 次关节的最大幅度运动所克服的最大阻力称此关节屈或伸的 8RM 量。以此类推。

表 2-4 肌力分级的标准

等级	评 价	正常肌力的%	测试标准
5	正常,Normal, N	100	能抗重力,抗阻力运动正常,维持测试姿位时间较长
5^-	正常$^-$,Normal$^-$, N^-	95	能抗重力,抗阻力运动正常,维持测试姿位时间较短
4^+	良$^+$,Good, G^+	90	同上,能做中等阻抗运动
4	良,Good, G	80	同上,勉强能做中等阻抗运动
4^-	良$^-$,Good$^-$, G^-	70	同上,能做小阻抗运动
3^+	好$^+$,Fair$^+$, F^+	60	同上,仅能做小阻抗运动
3	好,Fair, F	50	能做抗自身重力运动,并保持一定时间此运动姿位
3^-	好$^-$,Fair$^-$, F^-	40	能做抗自身重力运动,不能保持此运动姿位
2^+	差$^+$,Poor$^+$, P^+	30	在消除重力运动后,可做中等幅度运动
2	差,Poor,P	20	在消除重力运动后,可做小幅度运动
2^-	差$^-$,Poor$^-$, P^-	10	无关节活动,可触到肌肉收缩
1	微,Trace,T	5	只能触到轻微肌收缩
0	零,Zero,Z	0	无可测知的肌收缩

二、肌力检查注意事项

1. 无论是测定最大肌力还是耐力,在肌力检查前,检查者都必须对受检者做好必要的动员,避免受试者主观努力程度不够,而影响测出值的可靠性。

2. 采取正确的测试姿势,防止其他肌肉对受试肌群的替代作用,以提高测出值的可比性。

3. 选择适当的测试时机,疲劳时、运动后或饱餐后不宜进行。

4. 中枢神经病损所致痉挛性瘫痪者不宜做 MMT。年老体弱,有心血管疾病者慎用。

三、肌力异常分析

肌力下降原因主要有三种:

1. 肌肉病变,如肌炎。

2. 失用性肌萎缩,如长期制动可引起肌萎缩。

3. 神经源性肌萎缩,如脑血管异常等中枢神经病变或周围神经病变所致的肌萎缩。

第 4 节 步态检查与分析

正常的步态是躯体和心理健康的一种体现,是和神经系统调整有关协同收缩或舒张带动双腿交替迈步,借助地面支力,推动人体不断前进的一种运动。

下肢的功能以步态为主。了解病态的步态对患者下肢功能评估很重要。

一、步态检查方法

(一) 正常步态及步行周期

1. 正常步态　正常步态在不同的情境下可表现为恒定步行、自由步行、规定步行、负荷步行、裸足步行等。恒定步态,从静止到迈步,步行速度恒定,是分析异常步态的重要参照对比指标。步行周期作为指标之一的特征,有基本参数,是分析步态的基础。

2. 步行周期　步行周期是从一侧足跟着地起,向前迈步到该侧足跟再次着地为止所用的时间。步行周期分两部分,摆动期(离地向前迈步的时间),支撑期(肢体与地面接触并负重的时间)。正常人支撑期约占整个步行周期的60%~65%,摆动期约占35%~40%,其中双足同处于支撑期是步行的特征,约占15%。

3. 步行的基本参数(见表2-5)。

表2-5　步行的基本参数

步行	特　征	正常参数
步长	行走时两侧足跟或两侧足尖先后着地两点间的距离	50~80cm
跨步长	同侧足跟或同侧足尖先后着地两点间的距离	100~160cm
步宽	为两足纵线之间的距离	5~11cm
足角	足的长轴与纵轴之间的夹角	6.75°
步频	单位时间内行走的步数	95~125步/min
步行速度	单位时间行走的距离	1.2m/s

(二) 步行周期的 RLA 分期法(如图2-53所示)

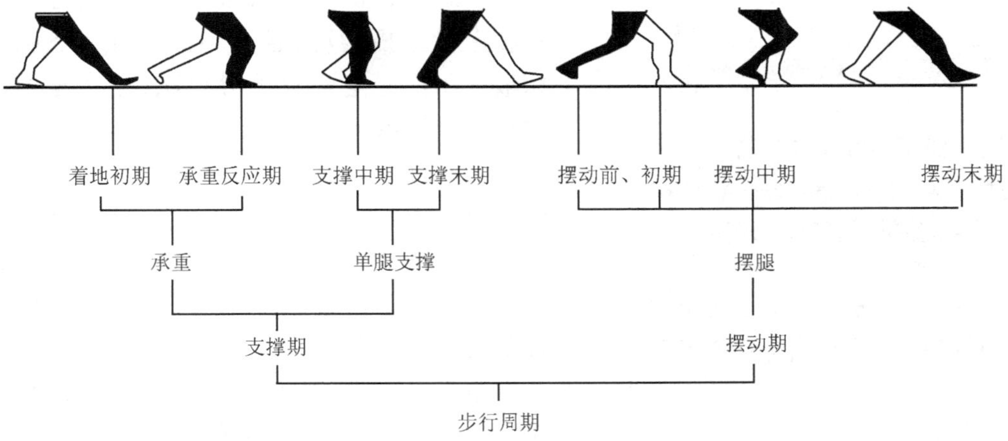

图2-53　步行周期

1. 支撑期

(1) 着地初期:足跟或足底的其他部位初次着地。

(2) 承重反应期:从一侧足跟着地后,到对侧下肢离地时。

(3) 支撑中期:从对侧下肢离地后,到躯干位于支撑腿正上方时。

(4) 支撑末期:从支撑中期,到对侧下肢足跟着地时。

(5) 摆动前期:从对侧足跟着地后,到支撑腿离地时。

2. 摆动期

(1) 摆动初期:从支撑腿离地到该膝关节弯曲最大时。

(2) 摆动中期:从膝关节弯曲最大向前迈步,到该侧小腿与地面垂直时。

(3) 摆动末期:从小腿垂直地面迈步开始,到再次着地之前。

(三) 解析正常步态中骨盆与下肢关节活动的关系(表 2-6)

表 2-6 正常步态中骨盆与下肢关节的活动

分　期	骨盆	髋关节	膝关节	踝关节
支撑期				
着地初期(首次)	旋前 5°	屈曲 30°	屈曲 0°~15°	跖屈曲 5°~15°
承重反应期	旋前 5°	屈曲 30°	屈曲 5°~15°	跖屈曲 5°~15°
支撑中期	中立位	屈曲 30°~0°	屈曲 5°	跖背曲 10°~15°
支撑末期(足跟离地)	旋后 5°	伸展 0°~10°	屈曲 5°~15°	跖背曲 5°~10°
摆动期				
摆动前期(加速)	旋后 5°	屈曲 0°~20°	屈曲 15°~35°	跖屈曲 10°~20°
摆动中期	中立位	屈曲 20°~30°	屈曲 30°~60°	跖屈曲 0°~10°
摆动末期(减速)	旋前 5°	屈曲 20°~30°	屈曲 30°~0°	中立位

二、步 态 分 析

步态分析的方法很多,主要有定性分析和定量分析两种,各有不同的侧重。临床最常用的是定性目测分析法,主要是通过观察身体各部位的情况来了解步态的改变,如身体的姿势、运动方式、关节的即时活动等。步行的基本参数、关节的角度、肌力用于定量分析。

异常步态出现的原因有多种情况,生理结构、关节、肌肉、神经系统调节的任何一方面有欠缺,都无法正常协调骨盆运动、肌肉关节运动,从而导致重心移位,出现异常步态,详见表 2-7“常见异常步态分析”。

常用步态检查方法

步态检查方法有:①步行基本参数的测量,包括步行速度的测量、步幅长的测量、步行周期和步频的测量;②下肢关节角度的测量:使用电子角度计来动态测量下肢关节角度的变化;③其他测量方法:步行功能检查台、跛行计、肌电图检查等。

链 接

表 2-7 常见异常步态分析

病变部位	异常表现
生理结构异常	
截肢,小儿麻痹后遗症	短腿步态:行走时健侧肩抬高,患侧骨盆下沉,健侧髋、膝和踝关节过度屈曲
关节、组织病变	
髋关节强直	腰段脊柱和健侧髋关节过度运动代偿患侧运动
臀大肌臀中肌功能障碍	鸭状步态:仰胸挺腹,上身摇摆,提胯提臀
膝关节强直	健侧髋部下沉,足尖步行,患侧划弧回旋代偿
踝关节畸形	马蹄足:行走时患侧摆动期延长,髋膝过度屈曲
疼痛	患侧支撑期短,减少负重期,缩短步长
神经系统损伤	
脑卒中	偏瘫步态:患侧肌张力高,膝关节僵硬伸直,患足下垂、内翻,摆动期患者骨盆上提,髋关节外展外旋,使患侧下肢经外侧划一个弧形向前迈进,又称划圈步态
脑性瘫痪	剪刀步态:髋肌内收痉挛,行走时摆动腿向前内侧迈出,双膝内侧相互碰撞摩擦,又称交叉步
帕金森综合征	慌张步态:行走时上肢交替动作消失,下肢阵发性加速,不能骤停或急速转弯,慌张前冲
小脑病变	醉汉步态:左右摇摆,不走直线,双上肢外展以助平衡

第5节 日常生活活动能力评定

日常生活活动(activities of daily living, ADL)是指人们在每日生活中,自我照料衣、食、住、行,个人卫生、独立的社区生活等一系列活动。这种反复进行的,最基本的生活能力,反映了在不同阶段患者身心康复的基本状况与生活质量。确定患者日常生活活动是否独立,独立程度,对判断预后、分析治疗效果和修订治疗计划有非常重要的意义。

一、日常生活活动能力评定方法

(一) 日常生活活动能力

日常生活活动能力是人在独立生活中反复进行、最必要的基本活动能力。常用的ADL评价内容包括体位转移能力、个人活动自理能力、行走能力等基本的日常生活活动(basic activities of daily living, BADL)。这是一种狭义的ADL,广义的ADL应包括一个人在家庭、工作单位及社会里管理自己的能力,与人交往能力以及在经济上、社会上和职业上合理安排自己生活方式的能力,又称社会性日常生活活动能力(instrumental activities of daily living, IADL)。

ADL能力的评价有助于确定病人的自理能力,制定和改善康复训练计划,评定训练效果,以及对安排返家后的生活、训练、就业均有重要意义。

(二) ADL评价的注意事项

1. 评价要考虑患者的许多实际情况,如生活条件、假肢、矫形器、家庭及社区条件等。

2. 评价量表设计要有个性化,如对有精神、视力、听力、语言等障碍,而不具有运动障碍的人,应根据各自的特点,设计不同的评价方法。

3. 实施评价时,采用直接观察法,即观察病人实际生活中的动作完成情况,而对于大小便控制等难以直接观察的项目,可采用询问病人或知情人的方式进行,以取得较准确的结果。

(三) 日常生活活动能力评定量表

1. BADL评定　Barthel指数分级法(Barthel index of ADL)是1965年由美国Barthel和Mahoney发表,已被大多数国家康复医疗机构所采用。Barthel指数评定方法简单,可信度、灵敏度高, 实用性强。目前常用Barthel指数分五级10项评分法(表2-8)。

表2-8　Barthel指数评分法

项目	评分标准	得分
1) 大便	失禁或昏迷	0
	偶尔失禁(每周<1次)	5
	能控制	10
2) 小便	失禁或昏迷需导尿	0
	偶尔失禁(每24小时<1次)	5
	能控制	10
3) 修饰	需帮助	0
	独立洗脸、梳头、刷牙、剃须	5
4) 入厕	依赖别人	0
	需部分帮助	5
	自理	10
5) 吃饭	依赖别人	0
	需部分帮助(夹菜、盛饭、切面包)	5
	全面自理	10
6) 转移	完全依赖别人,不能坐	0
(床←→椅)	需大量帮助(两人)能坐	5

续表

项目	评分标准	得分
	需少量帮助(1人)或指导	10
	自理	15
7）活动(步行)	不能动	0
	在轮椅上独立行动	5
	需1人帮助步行(体力或语言指导)	10
	独立步行(可用辅助器)	15
8）穿衣	依赖	0
	需一半帮助	5
	自理(系、开钮扣、关、开拉锁和穿鞋)	10
9）上楼梯	不能	0
	需帮助(体力或语言指导)	5
	自理	10
10）洗澡	依赖	0
	自理	5
总分		
ADL能力缺陷程度		
评定者		

Barthel指数记分法将ADL能力分为五个等级:0~20分,极严重功能缺陷;25~45分,严重功能缺陷;50~70分,中度功能缺陷;75~90分,轻度功能缺陷;100分能自理。

此表是用来评定日常生活活动(ADL)能力的,是康复医学的常用量表之一。可在治疗前、中、后对患者进行评价,以患者日常实际表现作为评分依据。

2. IADL评定　社会性日常生活活动能力(IADL)评估多采用问卷的方式进行,常用的评定患者在社区和家庭独立能力的量表是功能活动问卷(FAQ),其内容和评分如表2-9。

表2-9　社会功能活动问卷(FAQ)

评定项目 (包括做过,或未做过的)	正常或能做 (0分)	困难但可独立完成(1分)	需要帮助 (2分)	完全依靠他人 (3分)
1）每月平衡收支的能力,算账的能力				
2）患者的工作能力				
3）能否到商店买东西				
4）有无爱好？会不会下象棋或打扑克等				
5）会不会做简单事情,扫地,泡茶等				
6）会不会准备做饭菜				
7）能否了解最近发生的事件(时事)				
8）能否参加讨论或看电视、书、报刊				
9）能否记住约会时间和吃药				
10）能否拜访邻居,独自乘公共汽车				

二、功能独立性评定

1. FIM评定内容　功能独立性评定(functional independence measure, FIM)量表由运动和认知两部分组成,共有18个项目,分别评定患者自理能力、括约肌控制、转移、行走、交流和社会认知六个方面的能力(表2-10)。总分126分,分为7个等级,分数越低,能力越低,反之能力越强。

表2-10 FIM量表评定内容

项目评分	项目评分	项目评分
1. 自我照料	7)大便管理	13)上下楼梯
1) 进食	8)小便管理	5. 交流
2) 修饰	3. 转移	14) 理解(听、看)
3) 洗澡	9) 床-椅转移	15) 表达(语言、非语言)
4) 上身穿衣	10) 进出厕所	6. 社会认知
5) 下身穿衣	11) 进出浴盆和淋浴间	16) 社会交往
6) 入厕	4. 行走	17) 解决问题
2. 括约肌控制	12) 步行/轮椅行	18) 记忆

2. FIM评定标准　在FIM评定的18项内容中,对每一项评定内容,应该按以下判断条件记分,最后得出判断结果(表2-11)。

表2-11 FIM评定标准

判断结果	得分	判断条件
独立	7分	规范而安全地完成活动,无需对活动进行修改或使用辅助器具
	6分	有条件的独立,如借助辅助器具;完成时间较正常延长;有安全顾虑
依赖	5分	需人监护、提示、或鼓励;但无需身体上的协助;或者需要帮助准备必需品和穿上矫形器
	4分	最小量的接触身体的辅助,所需帮助仅限于轻轻接触,能自己完成整个活动的75%或以上
	3分	中等帮助,所需帮助多于轻轻接触,能独立完成活动的50%~75%
	2分	需最大量的帮助,患者仅能完成整个活动的25%~50%
	1分	完全依赖他人,即自行完成整个活动的25%以下
	0分	完全依赖他人,除吞咽活动外,无任何自主活动

3. FIM评定各项积分结果分析　FIM评定各项积分结果分析在临床应用较为广泛,有较大的实用价值,详见表2-12。

表 2-12 FIM 评定各项积分结果分析参考表

积分范围	结果判定	积分范围	结果判定
126 分	完全独立	54~71 分	中度依赖
108~125 分	基本上独立	36~53 分	重度依赖
90~107 分	轻度依赖或有条件独立	19~35 分	极重度依赖
72~89 分	轻度依赖	19 分以下	完全依赖

4. FIM 应用中的有关问题

(1) 患者运动能力(FIM 前 13 项)与认知能力(FIM 后 14~18 项)可以分别累计积分,可获得更为准确而客观的评定结果。

(2) 该量表不能反映心理、职业等方面的主客观情况。

(3) 评分分值结果变化与功能变化幅度有差异时,是由于统计资料非等距值资料,应加以合理解释。

你知道吗?

从统计学角度而言,FIM 的评定得分是一种序数资料而非等距值,即各相邻的评分级别间并不表示同等意义的差距。比如进食项,评定得分从 5 分进步为 6 分和从 6 分进步为 7 分,虽然均提高了 1 分,但其所代表的功能上的变化幅度却是不一样的,因此,在解释时应予注意。

链 接

小 结

康复评定是制定康复计划,进行康复治疗的基础。在康复治疗的初期、中期、后期均需进行康复评定。康复评定是在临床检查的基础上,对伤、残、病患者的功能状态及其程度进行客观的、定量的描述(评估)。运动功能评定是康复评定中最基本而重要的内容之一。关节活动度检查(通常采用通用量角器检查法)、肌力测量方法、步态检查与分析、日常生活活动能力评定是最实用的评定项目,评定手段的选择包括观察、测量、试验、问卷等,要根据情况进行具体选择。

目标检测

一、名词解释

1. 康复评定 2. ROM 3. MMT 4. ADL
5. BAD 6. LFIM 7. 步长 8. 跨步长

9. 步宽　　10. 足角　　11. 承重反应期

二、填空题

1. 康复评定是确定残疾者功能障碍的______、______、______、______、______、______。
2. 康复评定的指标有______、______两种。
3. 通用量角器由一个半圆规连接一个______和一个______构成。
4. 常用的康复评定的方法包括______、______、______、______。
5. 康复评定的目的包括______；______；______；______。

三、选择题

1. 测量肘关节活动度时，通用量角器固定臂应放置在
   A. 桡骨横轴位置　　B. 桡骨纵轴位置
   C. 尺骨纵轴位置　　D. 肱骨横轴位置
   E. 肱骨纵轴位置
2. 正常肘关节伸展时，如果以上臂近端位固定零位，其正常范围应在
   A. 0°　　B. 5°
   C. 10°　　D. 15°
   E. 25°
3. 患者，男，57岁，测量右下肢髋关节屈伸运动时，0点定于中立位，其结果为屈95°，伸15°应判断为
   A. 髋关节强直　　B. 髋关节屈正常，伸受限
   C. 髋关节伸正常，屈受限　　D. 髋关节屈、伸均受限
   E. 髋关节屈、伸均正常
4. 检查肩关节伸展活动范围时，通用量角器固定臂的放置应平行
   A. 身体的垂直线　　B. 肩关节的水平线
   C. 上臂纵轴　　D. 前臂纵轴
   E. 以上均不是
5. 腕关节掌屈和背屈的正常范围是
   A. 掌屈90°背屈80°　　B. 掌屈80°背屈80°
   C. 掌屈80°背屈70°　　D. 掌屈90°背屈80°
   E. 掌屈90°背屈90°
6. 踝关节背屈和跖屈的正常范围是
   A. 背屈30°、跖屈50°　　B. 背屈20°、跖屈50°
   C. 背屈10°、跖屈45°　　D. 背屈50°、跖屈20°
   E. 背屈20°、跖屈20°
7. 患者，女，70岁，脑血栓，右侧下肢瘫痪6个月，经康复治疗后，右下肢肌力检查能抗重力，可维持测试姿位时间较短，但能做中等阻抗运动，肌力应定为
   A. 良，Good，G　　B. 良$^{+}$，Good，G^{+}
   C. 良$^{-}$，Good^{-}，G^{-}　　D. 好$^{+}$，Fair^{+}，F^{+}

E. 好,Fair, F

8. 患者,男,38岁,脑外伤后1年,经检查发现,行走时不能走直线,双上肢外展,躯干左右摆动,其步态为

A. 马蹄足
B. 偏瘫步态
C. 剪刀步态
D. 醉汉步态
E. 慌张步态

9. 下列哪项不是BADL评定所检测的内容

A. 修饰
B. 小便
C. 计算
D. 吃饭、活动
E. 穿衣

10. 患者,女,68岁。患高血压性心脏病五年,FIM评定为进出厕所需人监护、提示、或鼓励;但无需身体上的协助,该项得分

A. 7分
B. 6分
C. 5分
D. 4分
E. 3分

四、简答题

1. 请简述康复评定的种类和特点。
2. 用通用量角器测量某个同学的各关节的活动范围,并用表格的形式记录下来。
3. 写出使用通用量角器测量方法及注意事项。
4. 请写出肌力分级的标准(6级分法)。
5. 徒手检查某个同学的上下肢肌力(MMT),并说明具体检查方法。
6. 肌力测定的注意事项有哪些?
7. 请写出步行周期RLA分期法的主要内容。
8. BADL评定内容包括哪些?

(姜雪皎)

参考文献

胡永善. 2001. 康复医学. 北京:人民卫生出版社
李泽兵. 2004. 康复医学. 北京:科学出版社
南登崑. 2001. 康复医学. 第2版. 北京:人民卫生出版社

第 3 章

康复治疗技术

学习目标

1. 描述物理治疗、作业治疗的基本概念
2. 列举运动疗法的基本类型
3. 初步学会运动疗法的基本手法操作
4. 说出物理因子疗法的治疗作用
5. 能对患者进行日常生活活动能力训练及职业技能训练方法的指导
6. 简述言语治疗和康复心理治疗的基本方法
7. 简述社会工作者的作用和工作内容

康复治疗是康复医学的重要内容,常与药物疗法、手术疗法等临床治疗综合进行。进行康复治疗前应先对病、伤、残者进行康复评定,然后根据其康复需要与客观条件,制定一个切实可行的综合的康复治疗方案,康复方案的制定和实施通常以康复治疗小组共同协作来完成。在实施康复治疗的过程中,需要多次康复评定,根据康复对象的病情变化及时调整治疗方案。康复治疗的内容主要包括物理疗法、作业疗法、言语疗法、心理疗法、康复工程、中国传统康复、康复护理、文体疗法、职业训练、社会康复等。

第 1 节　物 理 治 疗

物理治疗(physical therapy,PT)包括应用力、电、光、声、磁、温热等物理因素来治疗患者的方法，通常分为运动疗法和物理因子疗法。

一、运动疗法

（一）定义

运动疗法又称为治疗性运动，是根据疾病的特点和患者的功能状况，利用生物力学原理，借助治疗器械或治疗者的手法操作以及患者自身的参与，通过主动或被动运动的方式来改善人体局部或全身的运动功能或感觉功能，提高身体素质，满足日常生活需求的一种治疗方法。它包括关节活动技术、肌力训练技术、软组织牵拉技术、平衡训练技术、牵引治疗技术、神经生理治疗技术等。

（二）常用治疗技术

1. 关节活动技术　主要用于改善和维持关节的活动范围，以利于患者完成功能性活动。根据是否借助外力分为被动运动、主动助力运动和主动运动三种；根据是否使用器械分为徒手运动和器械运动两种。

（1）被动运动：对不能进行关节主动性活动的患者，由治疗师或家属进行操作。如关节可动范围内的运动和关节松动技术，以及借助外力由患者自己完成的被动运动，如滑轮练习、关节牵引、持续性被动活动等。①关节可动范围运动是根据关节运动学原理，由治疗者实施的关节各个方向的活动，作用主要是维持关节现有的活动范围，预防关节挛缩。②关节松动技术指治疗者在关节活动允许范围内完成的一种针对性很强的手法操作技术，常利用关节的生理运动和附属运动被动活动患者关节，以达到维持或改善关节活动范围，缓解疼痛的目的。关节松动技术还有助于保持软组织的伸展性和增加本体感觉反馈。常用手法包括关节的摆动、滚动、滑动、旋转、分离和牵拉等基本手法。③持续性被动活动（CPM）：在1970年由加拿大著名骨科医生Albert Robert提出并运用于临床的一种治疗方法，该方法是利用机械或电动活动装置，使手术肢体在术后能进行早期、持续性、无疼痛范围内的被动活动。CPM可以促进伤口的愈合和关节软骨的修复和再生，加快关节液的分泌和吸收，促进关节周围软组织的血液循环和损伤软组织的修复，改善关节活动范围，防止粘连和关节僵硬，缓解疼痛，消除手术和制动带来的并发症。

片段

关节松动技术基本手法

摆动：关节的摆动包括屈曲、伸展、内收、外展及旋转等生理运动。摆动时要固定关节近端，关节远端做往返运动。摆动须在关节活动范围达到正常的60%时才可应用，如未达这一范围，应先用附属运动的手法来改善。

滚动：当一块骨在另一块骨表面发生滚动时，形态必然不一致，接触点同时变化而产生成角骨运动，滚动的方向总是朝向成角骨运动的方向。关节功能正常时，滚动并不单独发生，一般都伴随关节的滑动和旋转。临床应用时，滚动手法可能挤压关节，容易引起损伤，单独用得较少。

滑动：滑动方向取决于运动骨关节面的凹凸形状。运动骨关节面凸出，滑动方向与成角骨运动方向相反；运动骨关节面凹陷，滑动方向与成角骨运动方向相同。关节表面形状越接近，运动时，一块骨在另一块骨表面的滑动就越多，形状越不一致，滚动就越多。临床应用时，由于滑动可缓解疼痛，合并牵拉可以松解关节囊，使关节放松，改善关节活动范围，因此用的较多。

旋转：移动骨在静止表面绕旋转轴转动。旋转时，移动骨表面的同一点做圆周运动。旋转常与滑动和滚动同时发生，很少单独作用。不同关节旋转轴的位置不同，例如，盂肱关节的旋转轴经肱骨头中心并垂直于关节盂。这种旋转与生理运动的旋转不同，生理运动的旋转是肱骨围绕自身长轴转动。而前臂联合关节的旋转与生理运动中的旋转相同，都是桡骨围绕尺骨转动。

分离和牵拉：当外力作用使构成关节两骨表面呈直角相互分开时，称分离或关节内牵引；当外力作用于骨长轴使关节远端移位时，称牵拉或长轴牵引。分离和牵拉的最大区别在于分离时外力要与关节垂直，同时，两骨关节面必须分开；牵拉时，外力必须与骨的长轴平行，关节面可以不分开。例如，盂肱关节一牵拉时，外力与肱骨长轴平行，关节面发生滑动；而盂肱关节分离时，外力与关节盂垂直，关节面相互分开。

(2) 主动助力运动：常用的有器械练习和悬吊练习：①滑轮练习：利用滑轮和绳索，以健侧肢体帮助对侧肢体活动；②悬吊练习：是利用挂钩、绳索和吊带组合，将拟活动的肢体悬吊起来，使其在去除肢体重力的前提下主动活动，类似于钟摆样运动。悬吊练习的固定方法：一种为固定点位于肢体重心上方的垂直固定，主要用于支持肢体；另一种固定点位于关节上方的轴向固定，使肢体易于活动；③器械练习：是利用杠杆原理，以器械为助力，带动活动受限的关节进行活动。器械练习可以个人参加，也可以小组集体进行。应用时应根据病情及治疗目的，选择相应器械，如体操棒、肋木，以及针对四肢关节活动障碍而专门设计的练习器械，如肩关节练习器、肘关节练习器、踝关节练习器等。

手法分级

根据关节的可动范围和操作时治疗者应用手法的幅度大小，将其分为4级：Ⅰ级：治疗者在病人关节活动的起始端小范围、节律性地来回松动关节，即起始部分小幅度活动。Ⅱ级：治疗者在病人关节活动允许范围内，大范围、节律性地来回松动关节，但不接触关节活动的起始与终末端，即中间部分大幅度活动。Ⅲ级：治疗者在病人关节活动允许范围内，大范围、节律性地来回松动关节，且每次均接触到关节活动的终末端，即中末部分大幅度活动。Ⅳ级：治疗者在病人关节活动的终末端小范围、节律性地松动关节，即终末部分小幅度活动。Ⅰ、Ⅱ级手法主要用于治疗因疼痛引起的关节活动受限；Ⅲ级用于治疗关节疼痛伴僵硬；Ⅳ级用于治疗因关节周围软组织粘连、挛缩所致的关节功能障碍。

链 接

(3) 主动运动：具有温和的牵拉作用，能松解疏松的粘连组织，牵拉挛缩不严重的组织，有助于保持和增加关节活动范围，并可以促进血液循环。最常用的是各种徒手体操，一般根据患者关节活动受限的方向和程度，设计一些有针对性的动作，内容可简可繁，可以个人练习，也可以将相同的患者分组集体练习。主动运动适应面广，不受场地限制，但在重度粘连和挛缩时，治疗作用不太明显。

2. 肌力训练技术　肌力是肌肉在收缩时所表现出来的能力，以肌肉最大兴奋时所能负荷的重量来表示。增强肌力的方法很多，根据肌肉的收缩方式可以分为等长运动和等张运动；根据是否施加阻力分为非抗阻力运动和抗阻力运动。非抗阻力运动包括主动运动和主动助力运动；抗阻力运动包括等张性（向心性、离心性）、等长性、等速性抗阻力运动。

（1）肌力训练方法选择的原则：进行肌力训练时，要根据肌力测定的结果来选择不同的方法：①当肌力为1级或2级时，治疗者帮助患者进行被动运动或徒手助力运动。随着主动运动能力的改善，治疗者的帮助要逐渐减少。当肌力2级或稍低时，也可利用绳索、挂钩、滑轮等简单装置，将运动肢体悬吊起来，以减轻肢体的自身重量，然后在水平面上进行运动锻炼，即为悬吊助力运动。②当肌力3级或以上时，让患者将需训练的肢体放在抗重力的位置上，进行主动运动。③当肌力已达到4级或以上时可采用抗阻力运动，根据肌肉收缩类型分为抗等张阻力运动（也称为动力性运动）、抗等长阻力运动（也称为静力性运动），以及等速运动。

（2）肌力训练的常用方法包括：①抗等张阻力运动：肌肉在抵抗阻力收缩时，长度缩短（向心性）或被拉长（离心性），关节发生运动。根据肌力的大小，可采取徒手或借助器械如沙袋、哑铃、墙壁拉力器或专用的肌力练习器等加阻力。一般用于4级或4级以上的肌力训练。根据经验，重量大，重复次数少，有利于发展肌力；重量中等，重复次数多有利于发展肌肉耐力。②抗渐进阻力训练：训练前先测某一肌群对抗最大阻力完成10次动作的重量（只能完成10次，做第11次时已无力完成），这个量称为10RM（repeated maximum），以该极限量为基准，分3组训练。第1组取10RM的1/2量，重复练习10次。第2组取10RM的3/4量，重复练习10次。第3组取10RM的全量，重复练习10次。每组训练之间可休息1分钟，每天训练1次。其中前几组可作为最后一组的准备活动。每周重新测定1次10RM量，作为下周训练的基准。③抗等长阻力运动：肌肉收缩时，没有可见的肌肉缩短或关节运动。但肌肉能产生相当大的张力，故能增加力量，力量增加的范围只能在完成收缩的位置上。为了增加关节活动全范围内的肌力，必须把关节置于不同角度的位置上训练，每次抗阻力维持5~10秒为宜。④等速运动：采用等速训练器进行

> **链接**
>
> **等速测试系统**
>
> 等速运动的概念最早是在20世纪70年代被介绍到我国。等速测试系统主要由操作系统和电子计算机处理系统部分组成。操作系统可以提供肢体在预定速度下进行肌肉力量的测试；电子计算机处理系统可以记录不同运动速度下、不同关节活动范围内，某个关节周围拮抗肌群的肌肉峰力矩、暴发力、耐力、功率、达到峰力矩的时间、角度、标准位置和标准时间下的力矩、屈/伸比值、双侧同名肌肉的力量相差值、肌力占体重的百分率等等一系列数据，这些数据除了等速肌力测试外，其他测试方法均难以获得。因此，适用于脊柱和四肢肌肉的力量测试和训练，运动系统损伤的辅助诊断和预防，了解康复训练的疗效。

训练，可达到用力越大，阻力越大；用力越小，阻力也越小，始终保持运动的角速度相等。可以防止肌肉损伤，取得较好的训练效果。

3. 软组织牵拉技术　牵拉是指拉长挛缩或短缩软组织的治疗方法，其目的主要为改善或重新获得关节周围软组织的伸展性，降低肌张力，增加或恢复关节的活动范围，防止发生不可逆的组织挛缩，预防或降低躯体在活动或从事某项运动时出现的肌肉、肌腱损伤。根据牵拉力量来源，牵拉方式和持续时间，可以把牵拉分为手法牵拉、机械装置被动牵拉、主动抑制、自我牵拉几种。

（1）手法牵拉：治疗者对发生紧张或挛缩的组织或活动受限的关节，通过手力牵拉，并通过控制牵拉方向、速度和持续时间，来增加挛缩组织的长度和关节活动范围。与关节的被动活动不同，被动牵拉是使活动受限的关节活动范围增大，而关节的被动活动是在关节活动未受限、可利用的范围内进行活动，目的是维持关节现有的活动范围，但无明显增加关节活动范围作用。与机械被动牵拉相比，手法被动牵拉是一种短时间的牵拉，一般每次牵拉持续 10~15 秒，重复 3~4 次。这种牵拉不容易引起肌肉的牵拉反射和增加已经被拉长了的肌肉张力，有时也称为静态牵拉。

（2）机械装置被动牵拉：利用小强度的外部力量，较长时间作用于缩短组织的一种牵拉方法。其牵拉力量通过重量牵引、滑轮系统或系列夹板而发生作用。牵拉时间至少要 20 分钟，甚至数小时，才能产生治疗效果。

（3）主动抑制：在牵拉肌肉之前，患者有意识地放松该肌肉，使肌肉收缩机制受到人为地抑制，此时进行牵拉的阻力最小。这种牵拉主要用于肌肉的神经支配完整，能自主控制的患者，而对那些由于神经肌肉障碍引起的肌无力、痉挛或瘫痪，则无太大作用。临床上常用的主动抑制方法有以下几种，收缩-放松；收缩-放松-收缩；拮抗肌收缩。

（4）自我牵拉：由患者自己完成的一种肌肉伸展性训练，可以利用自身重量作为牵拉力量。

注意事项：①牵拉前，应先进行低强度的训练或热疗，以使组织适应；②先活动关节，再牵拉肌肉；③不超过关节的正常活动范围；④避免强力牵拉长期制动的肌肉与结缔组织，关节内或关节周围组织有急性炎症或存在创伤体征、组织水肿时应避免牵拉；⑤牵拉动作应缓慢、轻柔、循序渐进，避免暴力或冲击力；⑥如牵拉后关节与肌肉疼痛超过 24 小时，则提示牵拉力量过大；⑦手法牵拉的禁忌证：结核及化脓性感染的急性期；新近发生的骨折；新近发生的肌肉、韧带损伤，组织内有血肿或其他；神经损伤或神经吻合术后 1 个月；关节活动或肌肉被拉长时剧痛；严重的骨质疏松等为禁忌证。

4. 平衡训练技术　平衡训练的基本原则，主要是从最稳定体位，通过训练逐步进展至最不稳定的体位，从静态平衡进展至动态平衡，以逐步加大平衡难度。方法要领包括：逐步缩减人体支撑面积和提高身体重心；在保持稳定性的前提下逐步增加头颈和躯干运动；从睁眼训练逐步过渡到闭眼训练，为提高平衡能力，需要进行由易到难的系统训练。在训练过程中，还要有意识地从各方向推动病人以扰乱平衡来激发姿势反射，从而提高病人恢复平衡的能力。进行平衡训练前，要求病人学会放松，减少紧张或恐惧心理。如有肌肉痉挛，要先设法缓解。训练时，要注意保护病人，确保安全。

5. 牵引治疗技术　牵引治疗是应用力学中的作用力与反作用力的原理，将外力施加于患者身体的一定部位，通过牵伸关节和软组织达到治疗目的的一类治疗方法。目前临床上主要用于治疗颈椎、腰椎疾病，以及四肢关节的功能障碍。其作用在于：使相应的椎间隙和椎间孔增大，从而改变神经根受压程度，解除压迫症状；使紧张和痉挛的肌肉放松，牵伸挛缩肌群，改善血液循环，缓解疼痛；改善僵硬关节的活动范围。临床根据牵引部位不同，将牵引治疗分为颈椎牵引、腰椎牵引、四肢关节的功能牵引等。

(1)颈椎牵引：多采用颌枕吊带牵引法，牵引带由两部分组成：一条托住下颌，另一条托住后枕部，注意重量务必落到后枕部。如重量在前，常会导致下颌部的疼痛，牵引带不宜夹住颞部，否则会导致头部胀痛不适。通常采用坐位牵引，对于年老体弱、眩晕或病情较重者也可采用仰卧位牵引。坐位牵引时，头前倾约15°～20°，并以病人感觉舒适且能减轻症状为准，牵引重量由5kg开始初用时可由轻加重，牵引时间每次约20～30分钟，每日1～2次，两周为一疗程。

运动疗法常用设备

(1) 一般训练装置与器械：检查床、治疗床、治疗桌、体操垫、体操凳、肋木、体操棒、棒锤、哑铃。沙袋、医疗球（实心球）、大小球类、弹簧拉力器等。

(2) 上肢运动治疗器械：肩关节练习器、肩梯、肋木、滑轮及吊环组合练习器、墙壁拉力器、上肢悬吊牵引架、磨砂板、前臂旋转练习器、腕屈伸练习器、分指板、重锤手指练习器等。

(3) 下肢运动治疗器械：电动站立斜床、站立架、悬吊牵引架、平行杠、小台阶或小楼梯、学步车或架、各种拐和杖、轮椅、股四头肌练习器、坐式踏步器、踝关节屈伸练习器等。

(4) 牵引用设备：颈椎牵引器、腰椎牵引床、关节功能牵引器。随着电子计算机技术在康复医学领域中的应用，运动治疗器械也从单一功能的机械装置转变为多功能的电子计算机控制系统，用途日益广泛。

链　接

(2) 腰椎牵引：以卧位持续牵引应用最广，多采用仰卧位，用两个牵引套分别固定骨盆和胸部或腰部进行对抗牵引。每侧牵引的重量约是体重的1/4左右，一般两侧牵引的总重量是25～35kg左右。每日牵引1～2次，每次20～30分钟。牵引中病人应感到疼痛减轻或有舒适感，如疼痛反而加重或难以忍受，应检查牵引方法是否正确或是否适合应用牵引。

6. 神经生理治疗技术　常用的神经生理治疗技术包括神经发育疗法(NDT)和运动再学习技术(MRP)。

(1) 神经发育疗法(NDT)：又称神经肌肉促进技术，是20世纪40年代开始出现的治疗脑损伤后肢体运动障碍的方法，以神经生理与神经发育理论为基础，认为人体从婴幼儿发育至成年人，各种神经功能的形成和完善，均遵循一定的神经发育的规律。运动发育是动态的、有顺序的、从头端到尾端和从近端到远端发展的。早期的运动行为受反射活动所控制，婴儿期存在的反射活动至成人时并不完全消失，而是整合在各种神经系统功能之中。神经系统有病变时，其中枢神经系统的发育就停止在某一水平上不能进展，即出现刻板型的原始运动，不能完成技巧性运动。在临床上将神经生理学与神经发育学的基本知识运用到运动疗法的具体操作中，发挥易化作用，使动作便于完成，逐渐形成了一个改善神经损伤患者的运动控制能力的治疗技术体系，因而又称为神经生理与神经发育疗法（NDT），典型代表为：Rood 技术、Bobath 技术、Brunnstrom 技术、神经肌肉本体促进技术（PNF）。

各种神经肌肉促进技术的比较：神经肌肉促进技术的几种方法具有很多共同之处，概括起来包括以下几个方面：①治疗原则：都把神经生理与神经发育理论运用到神经系统损伤后运动障碍的康复治疗中。②治疗目标：都是为了改善神经损伤患者的运动控制能力，主张把治疗与功能活动特别是与 ADL 结合起来，在治疗环境中学习动作，在实际环境中使用已掌握的动作，并进一步发展技巧性动作。③治疗对象：都以神经系统作为治疗的重点对象，按个体发育顺序，通过对躯干和肢体的良性刺激，抑制异常的病理反射，引出并促进正常反射，建立正常运动模式。④治疗方法：都强调感觉对完成运动动作的重要性，应用多种感觉刺激，包括躯体、语言、视觉等，并强调重复进行对学习的必要性。但各自又有不同特点：Rood 方法以感觉刺激技术为主；Bobath 方法则主要通过控制关键点，运用反射性抑制模式，利用生理或病理反射调节反应；Brunnstrom 方法的核心为中枢兴奋扩散原理，早期充分利用一切方法及各种运动模式引出肢体的运动反应，再从异常模式中引导分离出正常的运动成分，最终脱离异常模式，形成正常模式。PNF 方法强调本体觉促进的作用。如何选用这些理论和方法是很多人关心的问题。一般认为：为使促进技术发挥最大效应，应将所有方法灵活结合使用，使其相辅相成，避免相互矛盾而抵消作用。

(2) 运动再学习疗法（motor relearning program，MRP）：该技术把中枢神经系统损伤后运动功能的恢复训练视为一种再学习或再训练的过程，以神经生理学、运动学、生物力学、行为科学等为理论基础，以脑损伤后的可塑性和功能重组为理论依据。认为实现功能重组的主要条件是需要进行针对性的练习活动，练习的越多，功能重组就越有效，特别是早期练习有关的运动。而缺少练习则可能产生继发性神经萎缩或形成不正常的神经突触。MRP 主张通过多种反馈（视、听、皮肤、体位、手的引导）来强化训练效果，充分利用反馈在运动控制中的作用。

MRP 由七部分组成，包含了日常生活中的基本运动功能。分别为：①上肢功能；②面部功能；③仰卧到床边坐起；④坐位平衡；⑤站起与坐下；⑥站立平衡；⑦步行。治疗时根据患者存在的具体问题选择最适合患者的部分开始训练，每一部分分为四个步骤：①了解正常的活动成分并通过观察患者的动作来分析缺失的基本成分；②针对患者丧失的运动成分，通过简洁的解释和指令，反复多次的练习，并配合语言、视觉反馈及手法指导，重新恢复已经丧失的运动功能；③把所掌握的运动成分与正常的运动结合起来，不断纠正异常，使其逐渐正常化；④在真实的生活环境中练习已经掌握的运动功能，使其不断熟练。

（三）治疗作用

运动疗法是按照科学性、针对性、循序渐进的原则，最大限度地恢复或改善患者已经丧失或减弱的器官功能，预防和治疗肌肉萎缩、关节僵硬等并发症。其治疗作用主要有维持和改善运动器官的功能、增强心肺功能、促进代偿功能的形成和发展、提高神经系统的调节能力、增强内分泌系统的代谢能力等。

（四）适应证和禁忌证

1. 运动疗法的适应证

（1）运动系统疾病：包括四肢骨折或脱位、脊柱骨折、关节手术后、颈肩腰腿痛、脊柱畸形、关节炎、烧伤后瘢痕形成、骨质疏松等。

（2）神经系统疾病：包括脑血管意外、颅脑外伤、脑性瘫痪、脊髓炎症或损伤、周围神经损伤、神经衰弱等。

（3）内脏器官疾病：包括高血压、冠心病、动脉硬化、支气管炎、肺气肿、支气管哮喘、内脏下垂、消化性溃疡、内脏手术后等。

（4）代谢障碍性疾病：包括糖尿病、高脂血症、肥胖等。

（5）其他：肿瘤术后恢复期、艾滋病、戒毒后等。

2. 运动疗法的禁忌证　过去认为重症患者或疾病的急性期不宜实施运动疗法，从现代运动治疗学的范畴来看，疾病的急性期或因各种原因卧床的重症患者，仍然可以实施适当的运动疗法。如急性心肌梗死的急性期患者可以自己完成远端肢体小关节的主动运动，以改善肢体的血液循环，防止静脉血栓形成。对一些强度比较大的运动治疗，特别是全身性的主动运动，如肌肉力量训练、耐力训练、医疗体操等运动疗法的相对禁忌证主要为：感染性疾病、发热，重要生命器官功能衰竭，严重衰弱等。

二、物理因子疗法

应用电、热、水、光、磁、超声波等物理因子治疗疾病的方法称为物理因子疗法。物理因子疗法既包括利用人工物理能的疗法，也包括利用自然物理因素的疗法，在习惯上，自然的物理疗法归入疗养学范畴，通常所称的物理因子疗法是指利用人工物理能的疗法，常简称为理疗。

物理因子疗法包括电疗、光疗、超声波疗法、磁疗、冷热疗、水疗等，具有无创、无痛苦、舒适，不良反应少，操作简便等特点。对某些急性炎症和许多慢性疾病的康复疗效较好，常与其他疗法联合应用。

（一）电疗法

应用电治疗疾病的方法称为电疗法。根据所采用电流的频率不同，电疗法通常分为以下几大类：①直流电疗法、直流电药物离子导入疗法；②低频电疗法：包括经皮电神经刺激疗法、神经肌肉电刺激疗法、功能性电刺激疗法等；③中频电疗法：包括等幅正弦中频电疗法、调制中频电疗法、干扰电疗法、音频电疗法等；④高频电疗法：短波疗法、超短波疗法、分米波疗法、厘米波疗法、毫米波疗法等。下面介绍几种常用的电疗法。

1. 直流电疗法、直流电药物离子导入疗法与电化学疗法　直流电是方向不随时间而变化的电流。以直流电治疗疾病的方法称为直流电疗法。借助直流电将药物离子导入人体以治疗疾病的方法称为直流电药物离子导入疗法。利用直流电极下的化学反应治疗肿瘤的方法称为电化学疗法。

（1）治疗作用：直流电的治疗作用是在直流电场作用下，人体组织内各种离子发生极向迁移而导致一系列生理改变：①细胞膜电位改变：阳极组织兴奋性下降；阴极组织兴奋性增高。②细胞膜通透性改变：阳极细胞膜通透性下降，消肿作用较明显；阴极细胞膜通透性增高，有消炎、软化瘢痕、松解粘连作用。③小血管扩张，促进组织再生。④产生电解产物：阳极下产生酸性电解产物，阴极下产生碱性电解产物。电化学疗法就是利用这种电化学作用改变肿瘤组织的微环境，促使肿瘤变性坏死。⑤静脉血栓退缩：直流电可促使静脉血栓机化、退缩，离开阳极，退向阴极而使血管重新开放。⑥促进骨生长：直流电阴极插入骨折处，有促进骨生长、加速骨折愈合作用。

直流电药物离子导入的治疗作用

直流电药物离子导入疗法兼具直流电与药物的作用。电解质溶于水中时，发生阴阳离子电离现象，根据直流电场内同性电荷相斥、异性电荷相吸的原理，将带正电荷的药物离子放在阳极下，带负电荷的药物离子放在阴极下导入人体。药物离子经皮肤上的汗腺、皮脂腺管口或黏膜、伤口的细胞间隙进入人体，导入的药量不多，一般在皮下1cm以内的深度形成“离子堆”，在局部存留数小时至数天，因此，作用表浅而缓慢，但局部药物浓度较高，在局部产生治疗作用。导入的药物也可随血液、淋巴液进入远离部位产生作用，或通过刺激神经末梢或穴位经络产生治疗作用。

链　接

（2）治疗技术

1）衬垫法：采用直流电疗机，铅片电极或导电橡胶电极，与电极形状相似稍大、厚1cm的吸水衬垫。治疗时先用两个电极和衬垫，以温水浸湿衬垫，需进行药物离子导入时，将药液洒在滤纸上，将滤纸、衬垫和电极依次放在患病部位皮肤上，是为作用极。另一衬垫和电极为辅极，对置或并置于相应部位。按照治疗需要和药物极性，通过导线将两个电极分别与直流电疗机的阴阳极相接，将电极、导线夹与衬垫妥善固定，避免电极与导线夹直接接触皮肤而发生灼伤。每次治疗15～25min，每日或隔日一次，10～15次为一疗程。

2）电水浴法：采用直流电疗机，陶瓷或塑料盆，炭律电极或铅片电极置于盆壁。治疗时盆内盛温水，需进行药物离子导入时，在盆水中加入药液，患者将需治疗的肢体放入盆水内，另一铅片电极与衬垫置于肢体近端或相应节段。单个肢体治疗时电流强度10～15mA，两个肢体治疗时15～20mA。其余治疗技术同衬垫法。

（3）临床应用

1）适应证：直流电与直流电药物离子导入疗法适用于周围神经伤病、自主神经功能紊乱、原发性高血压、关节炎、慢性炎症浸润、慢性溃疡、血栓性静脉炎、瘢痕、粘连、慢性盆腔炎等。电化学疗法适用于皮肤癌、肺癌、肝癌等。

2）禁忌证：恶性肿瘤（局部电化学疗法除外）、高热、昏迷、活动性出血、心力衰竭、妊娠、急性化脓性炎症、急性湿疹、局部皮肤破损、金属异物、戴有心脏起搏器者、对直流电过敏。

2. 经皮神经电刺激疗法　经皮电神经刺激疗法（TENS）是通过皮肤将特定的低频脉冲电流输入人体刺激神经达到镇痛的疗法。

（1）治疗作用：较低频率、较宽波宽的脉冲电流作用于皮肤后，神经冲动传入脑和垂体，引起脑内吗啡样多肽释放而达到镇痛作用，镇痛时间较长。较高频率、较窄波宽的脉冲电流作用于皮肤后，神经冲动传送到脊髓，通过“闸门控制”机制产生镇痛效应，镇痛时间较短。

离子导入用药品的选择

用于离子导入的药物应：①易溶于水，不易被酸、碱所破坏的药物；②能够电离成离子的药物；③必须明确导入药物的极性，如带正电荷多的药物从阳极导入，反之从阴极导入；④药物溶液的pH值应适合，从阴极导入的药物pH值不宜<6，从阳极导入的药物pH值不宜>8。

链接

（2）治疗技术：目前所采用的治疗仪输出的电流有较低频率、较高频率较窄波宽的常规型、较高频率较宽波宽的短暂强烈型三种类型。治疗时将两个电极对置或并置于痛点、刺激痛点、穴位或相应神经节段，电极下涂导电糊，根据病情及个人耐受性选择电流种类与强度，每次治疗20~30min，每日1~3次。治疗急性疼痛时，数天为一个疗程，治疗慢性疼痛的疗程较长。

（3）临床应用

1）适应证：各种急慢性疼痛，如：神经痛、头痛、关节痛、肌痛、术后伤口痛。分娩宫缩痛、癌痛、幻痛等，也可用以治疗骨折后骨连接不良。

2）禁忌证：戴有心脏起搏器者、颈动脉窦部位、妊娠妇女下腹部。

3. 神经肌肉电刺激疗法　以低频脉冲电流刺激神经或肌肉，使其产生被动性收缩，维持肌肉的功能和促进神经的再生，称为神经肌肉电刺激疗法（NMES），又称电体操疗法。

（1）治疗作用：对失去神经支配而发生变性的肌肉进行合适的电刺激，可以引起肌肉收缩，改善血液循环和营养代谢，从而可延缓肌萎缩，防止纤维化和挛缩；并可促进神经再生，恢复神经传导功能。

（2）治疗技术：采用三角波和方波的低频脉冲诊疗仪。首先进行强度-时间曲线检查，确定肌肉失神经支配的程度和应选用的脉冲电流参数，治疗时将接阴极的点状电极置于患肌或患肌的运动点上，另一个较大电极接阳极置于肢体近端或躯干，电极下均应放厚衬垫。治疗电流的强度以能引起肌肉的明显可见收缩而无疼痛为度，避免波及邻近肌肉或引起过强的收缩。肌肉收缩的次数以不引起过度疲劳为度。对大肌肉或病情严重的肌肉，应减少每分钟收缩的次数，刺激数分钟后休息数分钟，使每次治疗共收缩40~60次。随着病情好转，逐渐增加收缩次数，缩短休息时间，使每次治疗至少总共收缩80~120次；运动点的位置也可能会发生变化，需及时调整。

（3）临床应用：适应证为下运动神经元伤病引起的弛缓性瘫痪、废用性肌萎缩。禁忌证为上运动神经元伤病的痉挛性瘫痪、戴有心脏起搏器者。

4. 功能性电刺激　功能性电刺激(FES)是用电流刺激丧失功能的器官或肢体,以所产生的即时效应来代替或纠正器官或肢体功能的康复治疗方法。

(1) 治疗作用:在康复医学中,功能性电刺激较多用于中枢性瘫痪患者。上运动神经元发生病损时,下运动神经元是完好的,不仅通路存在,而且有应激功能,但失去了来自上运动神经元的运动信号,不能产生正常的随意肌肉收缩运动。这时给以恰当的电刺激,就可以产生相应的肌肉收缩,以补偿所丧失的肢体运动;同时也刺激了传入神经,经脊髓投射到高级中枢,促进肢体功能的重建以及心理状态的恢复。

(2) 治疗技术:采用有1~8个通道能输出低频电流的电刺激器,电流的基本波形为方波或其他波形,开始时每次刺激10min,每日数次;随着功能的恢复,逐渐延长刺激时间,调节电流参数,最后过渡到自主活动。

(3) 临床应用

1)适应证:脑卒中、脊髓损伤、脑瘫后的下肢、上肢运动功能障碍、马尾或脊髓损伤后的排尿功能障碍等。

2)禁忌证:带有心脏起搏者、下运动神经元受损、神经应激性不正常者等。

5. 等幅中频电疗法　应用频率为1000~5000Hz的等幅正弦电流治疗疾病的方法称为等幅中频电疗法。由于这种电流处于音频段,因此又有音频电疗法之称。

(1) 治疗作用:能使局部血管扩张,血流加快,组织的血液循环改善,从而达到镇痛、消炎、加速浸润吸收,促进血管功能恢复的作用。还有软化瘢痕,松解粘连和镇痛效应。

(2) 治疗技术:一般音频电疗仪输出的等幅中频电流的频率以2000Hz为多,有的达到4000~8000Hz。电极多为铅片、薄铜片或硅橡胶片。电极衬垫厚约3~4mm。治疗前选两个衬垫,以温水浸透,包电极片,对置或并置于治疗部位。治疗电流强度以患者耐受为度,通电时电极下有轻微震颤感。每次治疗15~30min,每日一次,15~30次为一疗程。

(3) 临床应用

1) 适应证:皮肤瘢痕增生、外伤或术后浸润、粘连、血肿机化、关节纤维性强直、肩关节周围炎、狭窄性腱鞘炎、注射后浸润、静脉炎后硬索条、声带肥厚、肠粘连、慢性盆腔炎、腹腔盆腔炎症浸润包块、神经痛等。

2) 禁忌证:恶性肿瘤、急性炎症、出血倾向、局部金属异物、心前区、孕妇腰腹部、戴有心脏起搏器者。

6. 调制中频电疗法　中频电流被低频电流调制后,其幅度和频率随着低频电流的幅度和频率的变化而变化的电流称为调制中频电流。应用这种电流治疗疾病的方法称为调制中频电疗法。

(1) 治疗作用:调制中频电流兼有低频电与中频电两种电流的特点和治疗作用,作用较深,不产生电解刺激作用,人体易于接受。其主要治疗作用为:镇痛;促进局部组织血液循环和淋巴回流;引起骨骼肌收缩,可锻炼肌肉,防止肌肉萎缩；提高平滑肌张力；作用于神经节与神经节段，可产生反射作用，调节自主神经功能。

（2）治疗技术：目前通用的电脑调制中频电疗仪（或称电脑中频电疗仪）应用微机与数控技术，内存多个多步程序处方，各个电流处方有不同的调制和组合。采用硅橡胶电极治疗，操作简便安全。可根据患者的病情，选用不同的电流处方，将两个电极对置或并置于治疗部位。通电时电极下有震颤、抽动感或肌肉收缩，易于耐受。一般每个处方治疗15~20min，每日一次，15~20次为一疗程。

（3）临床应用

1）适应证：颈椎病、腰椎病、骨性关节病、关节炎、肩关节周围炎、腰背肌筋膜炎、周围神经伤病、神经痛、胃肠张力低下、尿潴留、术后肠粘连、瘢痕增生等。

2）禁忌证：与等幅中频电疗法相同。

7. 高频电疗法　常用的有短波与超短波疗法。短波的波长10~100m，频率为3~30MHz。应用短波治疗疾病的方法称为短波疗法。超短波的波长1~10m，频率30~300MHz。应用超短波治疗疾病的方法称为超短波疗法。短波疗法与超短波疗法都属于高频电疗法。

（1）治疗作用：超短波疗法与短波疗法的治疗作用近似，但超短波的作用深度深于短波，可达到骨组织，在脂肪层中产热较多，其主要治疗作用为：①促进血液循环，改善组织血供，有利于增强组织营养，加速炎症产物和水肿的消散；②降低感觉神经的兴奋性而达到镇痛；③通过改善血液循环，有利于减轻缺血性疼痛，也有利于致痛物质的排除；④增强单核-吞噬细胞的功能，从而有利于病原菌的控制；⑤降低肌肉张力，缓解痉挛；⑥促进组织生长修复；⑦大剂量时所产生的温热效应，有抑制和杀灭肿瘤细胞的作用，并有与放疗、化疗协同治疗肿瘤的作用；⑧小剂量时非热效应明显，可影响神经的兴奋性、增强免疫系统的功能等。

（2）治疗技术：常用的短波治疗仪配有电缆电极、电容电极、涡流电极等。治疗时病患部位处于短波电流所产生的高频交变磁电场中。超短波治疗仪配有不同大小的圆形或矩形电容电极。治疗时病患部位处于超短波电极所产生的高频交变电磁场中。短波与超短波治疗法通常采取电感场法、电容场法方式治疗。

调节剂量时应首先使治疗仪的输出处于谐振状态，仪器的电流表指针上升达到最高，然后通过改变电极与皮肤之间的距离来调节治疗剂量。急性炎症每次治疗8~10min，每日一次，5~10次为一疗程；慢性疾病每次治疗10~15min，每日一次，5~10次为一疗程；恶性肿瘤高热疗法每次

短波与超短波治疗剂量的划分

治疗剂量按照患者治疗时的温热感觉程度来划分，可分为4级：无热量（Ⅰ级剂量）：无温热感，适用于急性炎症的早期、显著水肿或血液循环障碍的部位；微热量（Ⅱ级剂量）：有刚能感觉到的温热感，适用于亚急性和慢性炎症；温热量（Ⅲ级剂量）：有明显的温热感，适用于慢性炎症和慢性疾病；热量（Ⅳ级剂量）：有刚能忍受的强烈热感，适用于恶性肿瘤的高热疗法。

链接

治疗 0~60min，每周 1~2 次，5~15 次为一疗程，应与放疗、化疗的疗程基本同步。

(3) 临床应用

1) 适应证：主要适用于炎症和伤病的急性期与亚急性期，也适用于慢性期；高热疗法与放疗、化疗配合适用于皮肤癌、乳癌、淋巴结转移癌、恶性淋巴瘤、膀胱癌、宫颈癌、直肠癌、肺癌等恶性肿瘤。

2) 禁忌证：高热、昏迷、活动性肺结核、妊娠、局部金属异物、活动性出血。心肺功能衰竭、戴有心脏起搏器者。恶性肿瘤禁用Ⅰ~Ⅲ级剂量。

(二) 光疗法

应用人工光源或日光辐射治疗疾病的方法称为光疗法。通常用的光疗为红外线、可见光、紫外线三种。

1. 红外线疗法　红外线是不可见光，是光波中波长最长的部分，位于红光之外，可分为两部分：远红外线(长波红外线)和近红外线(短波红外线)，应用红外线治疗疾病的方法称为红外线疗法。

(1) 治疗作用：红外线辐射于人体时主要产生温热效应，故又有热射线之称。远红外线只达到表皮，近红外线可达皮下组织。有改善组织血液循环，增强组织代谢，促进炎症消散、镇痛、解痉的作用。

(2) 治疗技术：常用的红外线治疗仪有两种：一种是发光红外线灯即白炽灯和钨丝红外线灯，主要辐射近红外线和少量可见光；另一种是不发光的红外线灯，由电阻丝或有涂料的辐射板(棒)构成，辐射远红外线与部分近红外线。治疗时裸露病患部位，灯距取决于红外线灯的功率，以有舒适的温热感为宜。每日 1~2 次，10~20 次为一疗程。红外线治疗时严防眼部受红外线辐射，引起白内障或眼底损伤。

(3) 临床应用

1) 适应证：软组织损伤(24 小时后)、肌纤维组织炎、关节炎慢性期、神经炎。炎症浸润吸收期、延迟愈合的伤口、冻疮、压疮等。

2) 禁忌证：恶性肿瘤、高热、急性炎症、活动性出血、活动性结核。

2. 蓝紫光疗法　可见光在光谱中位于红外线与紫外线之间，波长 760~400μm，分为红橙黄绿青蓝紫七色光。蓝紫光是其中波长最短的部分，以蓝紫光治疗疾病的方法称为蓝紫光疗法。

(1) 治疗作用：蓝紫光照射人体后被血液所吸收，血液中的胆红素吸收蓝紫光后，在光和氧的作用下经过一系列光化学变化，变为水溶性、低分子量的、易于排泄的、无毒胆绿素，经胆汁，再由尿和粪便排出体外，使血液中过高的胆红素浓度下降。

(2) 治疗技术：采用 6~10 支 20W 白光荧光灯或专用的蓝光荧光灯，婴儿裸露全身，戴防护眼镜进行照射，在 1~3 天内连续或间断照射，总照射时间蓝紫光 24~48 小时，白光 24~72 小时。治疗过程中注意观察婴儿皮肤和粪便的颜色，检查血胆红素。如不退黄或血胆红素不下降，应改用其他治疗方法。

（3）临床应用：适用于新生儿的胆红素血症。

3. 紫外线疗法　紫外线在光谱中位于紫光之外，故称为紫外线。为光波中波长最短的部分，应用紫外线治疗疾病的方法称为紫外线疗法。

（1）治疗作用：紫外线照射于人体皮肤时，一部分被反射，一部分被吸收，人体吸收紫外线后，组织内形成血管活性物质，皮下微血管扩张，皮肤照射野中出现红斑。红斑持续数天后出现色素沉着，并有脱皮。紫外线照射产生治疗作用如下：杀菌、消炎、镇痛、脱敏，并能促进维生素 D_3 的形成，紫外线能影响细胞生长，小剂量紫外线可刺激细胞分裂增殖，大剂量照射则抑制 DNA 的合成和细胞分裂，使细胞死亡。紫外线血液照射充氧疗法还有改善血流动力学、降低血脂、提高氧合作用、提高机体免疫功能等作用。

（2）治疗技术：紫外线治疗灯有高压汞灯（又称高压水银石英灯）和低压汞灯（又称冷光水银石英灯）两类。高压汞灯主要产生中长波紫外线，主要用于体表照射。低压汞灯主要产生短波紫外线，用于体表照射，并可通过石英导管进行体腔内照射。

全身或局部紫外线照射时应将非治疗部位遮盖好，以避免不必要的超量照射；同时应戴墨镜或以布巾遮盖眼部，以免发生电光性眼炎。光敏治疗的患者在疗程中应避免日晒，保护皮肤和眼睛。

紫外线照射剂量

紫外线照射的剂量以最弱红斑量（MED）表示，即紫外线在一定距离下垂直照射皮肤引起最弱红斑所需要的时间。紫外线治疗的剂量按照射野皮肤红斑的强度分为亚红斑量<1MED、阈红斑量（1～2MED）、红斑量（3～7MED）强红斑量（8～10MED）、超红斑量（>10MED），共五级。

链　接

（3）临床应用

1）适应证：①全身照射适用于佝偻病、骨软化症、骨质疏松症、过敏症、疖病、免疫功能低下、玫瑰糠疹、银屑病等。②局部照射适用于皮肤皮下化脓性感染、急性神经痛、急性关节炎、急性支气管炎、肺炎、支气管哮喘、伤口感染或愈合不良等。③体腔照射适用于口腔、咽、鼻、外耳道、阴道、直肠、窦道等腔道感染。④光敏治疗适用于银屑病、白癜风等。⑤紫外线血液照射充氧疗法适用于高脂血症、高黏血症、脑梗死、冠心病、肺心病、突发性耳聋等。

2）禁忌证：恶性肿瘤、心肝肾功能衰竭、出血倾向、活动结核、急性湿疹、红斑性狼疮、日光性皮炎、光过敏性疾病、应用光敏药物（光敏治疗时除外）。紫外线血液照射充氧疗法还禁用于脑出血。

4. 激光疗法　激光是一种受激而辐射放大的人工光，既具有一般光所具有的物理特性，又具有亮度大、单色性好、走向性强、相干性好等特点。应用激光治疗疾病的方法称为激光疗法。

（1）治疗作用：①低强度激光对组织产生刺激激活作用，改善组织血液循环，刺激穴位；②低强度激光血管内照射有改善血液流变学与血流动力学、改善微循环、降低血脂的作用；③高强度激光对组织产生高热效应，可使组织止血、粘着、焊接或切割、分离；④光敏治疗时可用于对肿瘤的诊断定位和损伤杀灭肿瘤细胞。

（2）治疗技术：常用的有氦氖激光器（输出红光激光）、半导体激光器（输出红光、红外激光）、二氧化碳激光器（输出单色红外激光）。进行激光外科治疗时，将聚集光束对准病患部位，瞬间产生组织凝固、炭化、汽化，较小病灶可一次消除，较大病灶可分次处理，也可以通过内镜进行体腔内治疗。

激光治疗时应注意保护眼睛，戴防护眼镜（眼镜的性能与激光的种类相应）或用布巾遮盖眼部，避免激光直接照射。光敏治疗者于注射药物一个月内居住暗室，严禁日光直晒，以免引起全身性光敏反应。

（3）临床应用

1）适应证：①低强度激光体表照射适用于皮肤皮下组织炎症、伤口愈合不良、口腔溃疡、脱发、面肌痉挛、变态反应性鼻炎、耳郭软骨膜炎、带状疱疹、肌纤维组织炎、关节炎、支气管炎、支气管哮喘、神经炎、神经痛、外阴白色病变等。②低强度激光血管内照射适用于高脂血症、冠心病、脑梗死、脑损伤等。③高强度激光治疗适用于皮肤赘生物，宫颈糜烂，手术切割，止血等。④光敏治疗适用于皮肤及口腔、食管、胃、膀胱等体腔内肿瘤。

2）禁忌证：恶性肿瘤、皮肤结核、活动性出血、心、肺、肾功能衰竭。

（三）超声波疗法

超声波是每秒振动频率在20kHz以上的机械振动波。以超声波治疗疾病的方法称为超声波疗法。在超声波治疗的同时，以超声波将药物透入的疗法称为超声透入疗法。超声波在介质中传播时能量逐渐被吸收而衰减，在空气中衰减迅速。

1. 治疗作用　超声波对人体的作用主要有机械作用、致热作用和在组织内产生的理化作用。具有镇痛、解痉作用；松解粘连，软化瘢痕作用；消炎、消肿作用；刺激组织再生，加速骨折愈合的作用和改善内脏器官功能的作用。

2. 治疗技术　常用的操作方法有：直接法和间接法。直接法先在治疗部位上均匀涂布接触剂，进行超声透入疗法时可采用拟透入药物（如维生素、可的松等）的乳剂作为接触剂，或将药物加入接触剂中，再将声头置于治疗部位上，调节输出后，操作者手持声头固定不动（固定法）或缓慢做螺旋形或直线形反复移动（移动法），务必使声头紧压在皮肤上，不得留任何空气间隙。固定法适用于表面较平坦的部位。间接法有水下法、水囊法等，水下法适用于表面凹凸不平的手、足。水囊法适用于面积较小、表面不平的部位。

超声波治疗时声头与治疗部位之间不得有空气间隙，以免超声衰减，影响透入人体。切忌声头在空载时输出超声，以免损坏声头内的晶片。在骨表面治疗时，超声强度不宜过大。

3. 临床应用

（1）适应证：神经痛、软组织损伤、皮肤皮下粘连、关节纤维性强直、注射后硬结、血肿机化、狭窄性腱鞘炎、瘢痕增生、关节炎、冠心病等。

（2）禁忌证：恶性肿瘤、急性炎症、活动性出血，孕妇下腹部、眼、睾丸、小儿骨骺部。

（四）磁疗法

应用磁场治疗疾病的方法称为磁疗法，或称磁场疗法。磁疗法操作简便，便于应用。

1. 治疗作用　磁场作用于人体时可以改变人体生物电流与磁场的大小与方向，改变代谢与生物化学过程，也能通过穴位刺激影响经络的感传。降低神经末梢的兴奋性，提高痛阈，缓解疼痛。改善局部血液循环，促进渗出物吸收。使血管通透性增高，促进炎症产物排除，并增强免疫功能，促进炎症消散。加强大脑皮质的抑制过程，可改善睡眠，调节自主神经的功能。实验研究报告强磁场对癌细胞有抑制、杀伤作用。

2. 治疗技术与临床应用

（1）静磁场疗法：应用恒定磁场治疗疾病的方法称为静磁场疗法，包括直接敷磁法、间接敷磁法和耳磁法。

1）直接敷磁法：将直径 1cm 左右、表面磁感应强度为 0.05～0.1T 的磁片贴于治疗部位皮肤上，每个部位可敷贴 1～2 片，同名极并列或异名极并列，最多贴 6 片。适用于软组织损伤、软组织炎症、关节炎、神经痛等。

2）间接敷磁法：将磁片缝制于衣服或用品上成为磁疗用品，如磁疗腰带、磁疗腹带、磁疗乳罩、磁疗护膝等，磁片通过织物间接作用于治疗部位。适用于腰背肌筋膜炎、胃肠功能紊乱、乳腺小叶增生、关节炎等。

3）耳磁法：将磁珠或小磁片敷贴于耳部穴位上，适用于神经痛、溃疡病、支气管哮喘、胆石症等。

（2）动磁场疗法：应用动磁场治疗疾病的方法称为动磁场疗法。

1）旋转磁场疗法：采用旋磁治疗仪进行治疗的方法为旋转磁场疗法。仪器内有电动机带动磁片旋转产生动磁场，其磁感应强度为 0.06～0.15T，每次治疗 15～20min，每日 1 次，10～15 次为一疗程。适用于网球肘、软组织损伤、肋软骨炎、颞颌关节炎等。

2）电磁疗法：采用电磁治疗仪进行治疗的方法为电磁疗法。仪器内有电流通过线圈铁芯产生动磁场，治疗时可根据治疗部位及病情选用不同脉冲频率与磁感应强度，治疗局部可产生温热感，每次治疗 15～20min，每日 1 次，10～15 次为一疗程。适用于关节炎、扭伤、骨关节病、跟骨骨刺、神经痛等。

3. 注意事项

（1）少数人进行磁疗尤其头颈部磁疗后出现头晕、恶心、心慌、气短等反应。轻者不需处理，可继续磁疗；重者一般于减少所敷的磁片或减弱磁感应强度后或停止治疗后反应即消失，无后遗症。

（2）进行直接敷磁法或耳磁法后，每 5～7 天检查一次局部皮肤，如无不良反应，可在原部位连续敷贴；如出现水疱，可改用间接敷磁法或更换敷贴部位，在磁片下垫一层纸或纱布。

（3）其他：磁体磁片可反复使用多年，疗程结束后可妥善保存备用；磁片、磁头不得撞击、火烤，以免破坏磁场；勿使手表靠近磁片、磁头；磁疗禁用于带有心脏起搏器者。

(五) 水疗法

水疗是古老的物理疗法，应用水治疗疾病的方法称为水疗法。

1. 治疗作用　包括：①温度作用：冷水浴与凉水浴可使血管收缩，神经兴奋性升高，肌张力提高。不感温浴有镇静作用。温水浴与热水浴可使血管扩张充血，促进血液循环和新陈代谢，使神经兴奋性降低，肌张力下降，疼痛减轻。热水浴有较明显的发汗作用。浴水中加入适量气体可增加温度的刺激作用。②机械作用：水的静压可增强呼吸运动和气体代谢，可压迫体表静脉和淋巴管，促使血液和淋巴液回流。水的浮力可使浸入水中的身体或肢体重量减轻，更便于活动和功能训练。水流对皮肤有温和的按摩作用。水射流对人体有较强的机械冲击作用，引起血管扩张，神经兴奋性增高。③化学作用：水是良好的水溶剂，可以溶解许多物质，水中加入某种药物、化学成分或气体，使具有明显的化学刺激作用，致机体产生相应的反应。

全身药物浴简介

全身药物浴时在浸浴的淡水中加入适量药物，药物通过皮肤产生治疗作用，有的药物蒸气通过呼吸道吸入也产生治疗作用。如盐水浴适用于多性关节炎、肌炎、神经炎等。松脂浴时在浴水中加入松脂粉或松脂流浸膏，适用于兴奋过程占优势的神经症、高血压病等。苏打浴时在浴水中加入碳酸氢钠，适用于银屑病等皮肤角质层增厚的皮肤病。中药浴时在浴水中加入一定成分的中药，用以治疗皮肤病、关节炎等。

链　接

2. 治疗技术与临床应用　水疗法的种类很多，因所应用的水温、成分以及作用方式、作用压力与作用部位不同，其治疗作用及适应范围也大不相同。

(1) 浸浴：患者的全身或一部分浸入水中进行治疗的方法称为浸浴。全身淡水浴在浴盆内注入 2/3 水量(约 200～250L)的淡水，患者半卧于浴盆中，头颈胸部在水面以上。冷水浴(2℃以下)与凉水浴(20～33℃)每次 3～5min，隔日 1 次，适用于抑制过程占优势的神经症。不感温水浴(34～36℃)与温水浴(37～38℃)，每次 10～20min，每日 1 次，10～15 次为一疗程，有较明显的镇静作用，适用于兴奋过程占优势的神经症、痉挛性瘫痪等。热水浴(39℃以上)每次 5～10min，每日或隔日 1 次，有明显的发汗、镇痛作用，适用于多发性关节炎、肌炎等，治疗时需用冷毛巾冷敷额部，以防过热。

(2) 气泡浴：气泡浴时，用空气压缩机向浴盆底面或四壁压入气泡，使浴水中混合着气泡，兼有水浴和气泡作用，全身气泡浴适用于类风湿性关节炎、腰背肌筋膜炎等，局部气泡浴适用于骨折、扭挫伤、烧伤后遗症等。

(六) 冷疗法

利用低温治疗疾病的方法称为低温疗法。利用低于体温与周围空气温度，但在 0℃以上的低温治疗疾病的方法称为冷疗法。

1. 治疗作用　冷使组织温度下降、小血管收缩、血管通透性降低，可以止血、减少渗出、减轻水肿;可以减轻感觉的敏感性,减轻疼痛;可降低运动神经的传导速度,缓解肌肉痉挛;可使组织代谢降低,体温降低。

2. 治疗技术

(1) 冰水冷敷:将毛巾浸入冰水后敷于患部,持续数小时。

(2) 冰水浸浴:将肢体浸入冰水中浸浴 0.5~1 小时。

(3) 冰袋冷敷:将碎冰块放入橡胶囊中或使用化学冰袋,敷于患部,或缓慢移动摩擦,持续 15~20min。

(4) 冷气雾喷射:将装有氯乙烷等易蒸发的冷冻剂的喷雾器对准患部喷射,每次 0.5~3min,可间歇性反复使用,至皮肤苍白为止,但禁用于头面部。

(5) 冷疗机治疗:根据病患部位的大小和治疗需要,选用冷疗头和温度,将冷疗头放在患部皮肤上或缓慢移动冷疗头,每次 10~15min。

注意事项:①冷疗时要注意掌握温度,防止过冷而发生冷冻伤、组织坏死;②患者出现明显冷痛或寒战时应终止治疗;③冷疗时要注意保护冷疗区周围的正常皮肤;④冷气雾喷射禁用于头面部,以免造成对眼、鼻、呼吸道的损伤;⑤对冷过敏者接受冷刺激后出现皮肤潮红、重者血压下降、虚脱,应立即终止冷疗,保暖,给热饮料。

3. 临床应用

(1) 适应证:高热、中暑、软组织急性扭伤、肌肉痉挛、关节炎急性期、感染性炎症早期、鼻出血、上消化道出血等。

(2) 禁忌证:动脉硬化、动脉栓塞、雷诺病、红斑狼疮、原发性高血压、心肺肾功能不全、制冷血红蛋白尿、对寒冷过敏、感觉障碍、老人、婴幼儿、恶病质。

(七) 传导热疗法

凡以各种热源为介体,将热直接传至机体达到治疗作用的方法,称为传导热疗法。其特点是:取材广泛,设备简单,操作容易,应用方便,疗效较好,在各种医疗机构中或病人家庭中都能进行治疗。传导热疗法,除了各种传热介体的温热作用外,某些介体尚有机械的和化学的刺激等综合因素作用,以达到治疗疾病的目的。传导热疗法常用的方法有:石蜡疗法、泥类疗法、地蜡疗法、沙疗、坎离砂疗法、铁砂疗法、酒醋疗法、热敷疗法等,这些温热疗法对某些疾病有较好的疗效。

1. 治疗作用

(1) 对皮肤的作用:皮肤为温热治疗首先作用的部位。它有丰富的血管,扩张状态时能容纳全身循环血液的 30%,因而对机体血液分布有较大影响,热作用于皮肤,能使局部皮肤血管扩张充血,皮肤血液循环量增加,营养改善,代谢增强,分泌和排泄功能提高,修复与生长能力增强,免疫功能得以提高。

(2) 对神经系统的作用:当皮肤感受到温热刺激时,除支配该部位的自主神经受到刺激作用外,还能影响到脊髓上段和下段的自主神经中枢,甚至对大脑皮质的功能也有影响,从而引起复杂的相应脊髓的节段反应和全身反应。当传导热治疗时,局部短时间的温热作用可使神经感应性提高,作用时间长则神经感应性减低；若作用时间较长热量又高，则神经感应性受阻。温热作用于局部，通过反射又作用全身，这在温热治疗中具有重要意义。

（3）对心血管的作用：皮肤血管和内脏血管对温热的反应不同。受热皮肤血管收缩而内脏血管扩张，受热后心脏表现为心跳加快、心率增加，心肌收缩力增强、血压上升。而当温度显著增高达39℃以上，并较为持久地作用于机体时，则心率增加而心肌收缩力降低，甚至心脏扩大，发生心力衰弱。

（4）对肌肉系统的作用：热能使紧张的骨骼肌松弛，特别是能缓解病理性肌肉痉挛。因此适量的热，能松弛肌肉，改善血液循环，促进代谢产物的排泄，对肌肉（包括平滑肌）有解痉作用。

（5）对血液的作用：在一般情况下，热作用能很快增加血液中的抗毒素、溶菌酶及其他抗体。但若温度过高，时间过长，会出现大量排汗，而引起血液浓缩，血容量明显减少，甚至发生低血容量性休克。

（6）对代谢的作用：热作用于局部，使组织温度增高，组织细胞的生命力活跃，化学反应过程加速，氧化过程增加。血管扩张，血流加速，代谢旺盛，有利于炎症产物的分解吸收，对炎症后期组织再生修复有促进作用。若高温时间过长，使血液循环的调节功能丧失，可致局部组织发生代谢障碍，甚至引起组织破坏。

（7）对排泄功能的影响：热作用于人体后排汗增加，血流加快，代谢产物的排泄增加，适量的温热可使排尿增加。

2. 治疗技术　常用的传导热疗法有石蜡疗法、热袋温敷疗法等。

（1）石蜡疗法：石蜡是石油蒸馏后的产物，由多分子的碳氢化合物构成。利用加热熔解的石蜡作为导热体，施用于患部，将热传至机体以治疗疾病促进康复的方法称为石蜡疗法。治疗用石蜡的比重为0.9，其熔点为50～60℃，沸点为110～120℃，pH为中性，不含有水溶性酸碱，黏稠性良好。常温下为白色半透明的固体。采取间接加热法，用双层套锅隔水加热或在蜡槽底部水层上用电热加热。石蜡使用一段时间后会混入毛发等杂物而变黄，应定时清洁，将石蜡熔化后加入相当于石蜡量1/3或1/2的热水，搅拌混合后冷置，石蜡上浮，水与杂质下沉，然后取出石蜡即可清除底部杂质或由蜡槽底部将水与杂质排出。此外，还应根据使用情况，定时加入10%～20%的新蜡。

1）操作方法：石蜡治疗前应清洁治疗区皮肤，将汗液、污秽除去，有毛发处应涂凡士林，毛发较多时可剃去，然后根据疾病的性质、程度，病变部位和治疗目的不同，选用不同的方法进行治疗。每次治疗30～40min，每日一次，15～20次为一疗程。①蜡饼法：将加热后完全熔化的蜡液倒入铺有油布的搪瓷盘或铝盘中；厚度为2～3cm，待冷却至初步凝结成块时，用小铲刀将蜡块连同油布迅速取出，包好蜡的周边放于治疗部位，再用棉垫或塑料布包好保温。这种方法操作简单、迅速，蜡温恒定，适用于较大面积治疗。②浸蜡法：将熔化的蜡液置入一固定容器中，冷却至55～60℃时，将手或足浸入蜡液中后，立即提出，待蜡液在浸入部分的皮肤表面冷却凝成一层薄蜡膜，然后再浸入蜡液中，如此反复多次，直到蜡膜厚达0.5～1cm成为手套或袜套样，再持续浸入蜡液中。③刷蜡法：当石蜡熔化冷却至60～65℃时，用平毛刷迅速将蜡液均匀涂刷在病患部位，使蜡液在皮肤表面冷却，凝成一薄层蜡膜，如此反复涂刷直到蜡膜厚达0.5～1cm时，外面再加一块蜡饼，用塑料布及棉垫包裹保温。

2）注意事项：①切不可直接加热熔蜡，以免引起石蜡变质或燃烧；②注意防止水进入蜡液，以免引起烫伤；③蜡饼使用后要擦去表面的汗水、毛发等杂质，以免混入蜡液中；④蜡疗时要保持治疗部位静止不动，防止蜡块、蜡膜破裂而致热蜡液接触皮肤，引起烫伤；⑤感觉障碍、血循环障碍的部位进行蜡疗时应谨慎，蜡温应稍低，以免烫伤。

3）适应证与禁忌证：适应软组织扭伤、外伤性滑囊炎、腱鞘炎、骨膜炎、关节炎、瘢痕挛缩、术后或外伤后浸润粘连、胃及十二指肠溃疡、胃炎、关节纤维性强直、坐骨神经痛、慢性盆腔炎、冻伤及冻伤后遗症。

虚弱高热、恶性肿瘤、活动性肺结核、有出血倾向的疾病、重症糖尿病、甲状腺功能亢进、肾功能不全、妊娠、感染性皮肤病、婴儿等为禁忌证。

（2）热袋温敷疗法：将加热的特制吸水热袋施于患部以治疗疾病，促进康复的方法称为热袋温敷法或热包裹法。

1）设备与方法：热袋是用亚麻布等材料缝制成各种形状的布袋，并纵向缝线将其分隔成若干条块，类似子弹袋样，内装有吸水性强的硅酸盐等化学物质，加热后温度可保持30～40分钟。将热袋放入装有水的专用电热恒温箱内，可保持76～80℃ 2小时。

2）操作方法：将热袋从加热器内取出，挤出多余的水分、垫多层毛巾后置于病患部位，外包毛巾、棉垫、毛毯以保温。剂量：每次20～40分钟，每日一次，10次为一疗程。

3）注意事项：①治疗时热袋下要垫足够的毛巾，并固定好，防止热袋滑下造成烫伤。勿使热袋压在身体下面，以免将热袋内水分挤出导致烫伤。②治疗中，要经常询问患者的感觉，若病人感觉过热，可揭开敷布一角，放出部分热气或调整所垫毛巾和保温用的包裹品，然后压紧继续治疗。③对创面治疗时，最好在创面周围进行，同时注意无菌操作，避免感染。④经常检查加热器的恒温装置和温度指示，以免加热不足或加热过高。

4）适应证与禁忌证：热袋温敷疗法适用于神经炎、神经痛、风湿痛、关节炎、扭伤、挫伤、腱鞘囊肿、骨折后恢复期、瘢痕。禁忌证为高热、急性化脓性炎症、结核、妊娠、恶性肿瘤、出血倾向性疾病等。

（八）生物反馈疗法

应用电子技术将人在一般情况下感觉不到的肌电、皮肤温度、血压、心率、脑电等体内不随意生理活动转变为视听信号，通过学习和训练使患者对体内非随意生理活动进行自我调节控制，改变异常的活动而达到治疗疾病，促进康复的方法称为电子生物反馈疗法。生物反馈是通过操作性条件反射的原理，实现对骨骼肌和内脏器官活动的改造，故属行为疗法。

生物反馈环的建立需要两个必要条件：第一要有将生物信息转为声、光、图等信号电子仪器；第二要有人的意识（意念）的参与，才能构成反馈环。正因为有了人的意识参与故称生物反馈。生物反馈的形成不同于某些动物经训练而形成的条件反射。它需要发挥人的主观意识的作用。需要根据治疗要求而有意识地改变声、光等信号的强度。当患者掌握了用意念控制光、声信号时，就意味着他已学会了控制和调节自身的某些生理活动。

1. 常用电子生物反馈疗法

(1) 肌电电子生物反馈方法：肌电电子生物反馈疗法是将皮肤电极所采得的肌电信号转变为电压数值和光电信号，而测知肌肉紧张或松弛的情况，通过训练患者学会根据视听信号随意控制调节肌肉的紧张度，使肌肉放松或增强肌力的治疗方法。肌电电子生物反馈是发展最早、最为成熟及应用最广泛的生物反馈疗法。肌电反馈广泛用于放松训练，对身心疾病疗效显著。

操作方法：先用肥皂水清洁患者安放电极区的皮肤，再用75%酒精脱脂。角质层厚的部位先用细沙纸轻擦皮肤。在电极表面涂以电胶，放在皮肤上。电极放置的部位和方法因人因病而异。如治疗头痛、痉挛性瘫痪或弛缓性瘫痪时通常将电极放在额部，地极放在两个记录电极中间。连接导线，开启仪器后，仪器记录肌电基线，并发生灯光和声音信号，然后按照松弛或兴奋肌肉的需要，训练患者学会根据视听反馈信号随意控制肌肉的放松或收缩，调节肌电电压。

剂量与疗程：每回让肌肉收缩75~100次，约5分钟，休息5分钟，重复训练三回，每日训练1~2次。

适应证：头痛、截瘫、脑瘫、痉挛性斜颈、肺气肿、神经官能症、腰背肌筋膜炎等。

(2) 手指皮肤温度电子生物反馈疗法：该法是将温度传感器所采集的手指皮肤温度信号以数字与灯光、声音显示，通过训练患者学会根据视听反馈信号随意调节自主神经的兴奋性，控制手指皮肤温度升高或降低的治疗方法。

仪器：手指皮肤温度生物反馈治疗仪有一个温度传感器，能显示温度数值和不同颜色的灯光，发生声音信号，有的仪器带有供患者使用的耳机。

操作方法：将温度传感器置于患者食指或中指末节指腹上，连接导线，开启仪器后，仪器连续显示温度数值和曲线，并发出光声信号，按照升温或降温的需要，训练患者学会根据视听反馈信号随意调节手指皮肤温度。

剂量与疗程：每次训练10~15分钟，每日1~3次。

适应证：雷诺病、闭塞性动脉内膜炎、原发性高血压、偏头痛、自主神经功能紊乱、神经官能症、更年期综合征、过敏性疾病、疼痛综合征等。

(3) 血压电子生物反馈疗法：血压电子生物反馈疗法是将专用血压计所测得的血压值动态变化描记为曲线，通过训练患者学会根据曲线所显示血压的变化随意调节血压的治疗方法。

仪器：血压生物反馈治疗仪有自动打气、连续测量血压和描记血压曲线的装置。

操作方法：将测血压装置固定于患者上臂或前臂上，用多导生理记录仪摘记柯氏音出现的血压值，开启仪器袖带自动充气测压，记录仪描记血压曲线，训练患者学会按照治疗需要，根据曲线随意调节血压。

剂量与疗程：每次训练10~15分钟，每日1~3次。

适应证:原发性高血压。

2. 皮肤电阻生物反馈疗法 皮肤电阻与皮肤血管舒张及汗腺分泌有密切关系。在精神紧张和交感神经兴奋时,手掌心或足心出汗。皮肤血管的舒缩和汗腺分泌的多少直接影响皮肤电阻的高低,同时也反映交感神经的兴奋状态。皮肤电阻电子生物反馈疗法是将皮肤电极所反映的皮肤电阻,以数字、灯光及声音显示,通过训练患者学会根据视听反馈信号随意控制调节血管的张力,汗腺的分泌,调节自主神经的兴奋性的治疗方法。

仪器:皮肤电阻生物反馈治疗仪有两个皮肤电极,能显示皮肤电阻数值和不同颜色灯光,发出声音信号。有的仪器带有供患者使用的耳机。

操作方法:将两个电极固定在患者食指或中指末节的指腹或手掌表面,电极下涂少量导电胶,连接导线,开启仪器后,仪器能连续显示皮肤电阻数值并发出光声信号。训练患者学会按照治疗需要,根据视听反馈信号随意控制皮肤电阻,调节血管的舒缩和汗腺的分泌。

适应证:雷诺病、闭塞性动脉内膜炎、原发性高血压、血管神经性头痛、自主神经功能紊乱、神经官能症、更年期综合征、过敏性疾病、疼痛综合征等。

电子生物反馈疗法的注意事项:治疗前要找好最合适的测试记录类别和电极放置部位。治疗后在皮肤上作好记号,以便提高以后治疗的效果。治疗训练时要让患者注意力集中,密切配合治疗师的指导和仪器显示。治疗训练时治疗师用指导语引导,其速度、声调、音调要适宜,也可采用播放录音带的方式进行,待患者熟悉指导语后,可让患者默诵指导语。患者应在家里进行自我训练,把在治疗室的感受和自我控制技术在不使用仪器的情况下每天自己重复训练2~3次,每次15~30min,以强化和巩固治疗效果。

(刘海霞)

第2节 作业治疗

作业治疗(occupational therapy, OT)是指对由于各种原因造成的生活和劳动技能上障碍的患者,应用有目的、有针对性、经过选择的作业活动,指导患者进行训练,以增强躯体、心理、社会功能,达到最大程度的生活自理,恢复工作学习和适应社会的能力,预防残疾的发生和发展为目的的一种治疗技术。它是一门指导病人学会并参与选择性活动的科学与艺术,是康复治疗的重要组成部分。

作业治疗包括针对功能障碍的功能性作业训练和技能性作业训练,内容丰富,形式多样,具有较高的趣味性。由于作业治疗环境设施和训练氛围与家庭和工作场所的环境相近,不仅能激发患者治疗的兴趣,也能提高治疗的效果。目前随着康复医学的不断发展,作业治疗已广泛应用于病、伤、残者的功能训练和技能训练。

一、日常生活活动训练的内容和方法

日常生活活动(Activities of Daily Living, ADL)是每一个人达到生活自理而每天必须重复进行的、有目的的、一系列最基本的动作,包括起床、穿衣、进食、上厕所、个人卫生和移动等所必须的基本动作和技巧,是指一个人在家庭、工作及社区里自己管理自己的能力。除了最基本的生活能力之外,还包括与他人交往的能力以及在经济上、社会上、职业上合理安排自己生活方式的能力。主要内容及方法有:

1. 翻身训练　除了某些疾病(如:脊椎术后、脊髓损伤等)对翻身有特殊要求外,一般患者应定时翻身,白天每2小时一次,夜间每3小时一次,应尽量鼓励患者主动翻身。翻身可以改变对局部血管的持续压力,促进血液循环,预防压疮、关节挛缩、静脉血栓形成,还可以改善呼吸功能。

2. 合适体位　无论何种损伤或疾病,患者都有其需要的卧床体位,但总的原则是舒适的同时,保持肢体功能位,防止肢体挛缩畸形,防止不良体位造成患者康复受到影响。

3. 坐起训练　在病情许可的情况下,帮助长期卧床患者坐起时,先扶起来靠坐,然后安置端坐,坐稳后从侧方或后方推动患者,使其保持坐位的躯干平衡,再训练前屈、侧屈、旋转时的躯干平衡。坐位平衡良好而且双侧臂力良好的患者,可鼓励其进行主动坐起训练,坐在床上,然后外移两腿使双脚至床沿下,坐在床边。从卧位到坐位,再从坐位到卧位,如此反复训练。

4. 转移训练　功能障碍患者的转移多数发生在床与轮椅之间、轮椅与座椅之间、轮椅与坐便器之间、轮椅与浴盆之间及轮椅与汽车之间,是一个较为复杂的过程。训练时要特别注意的事项有:①患者要有一定的体力与支撑力时才可以训练;②转移过程轮椅必须紧贴患者原来所处的位置,不留空隙;③患者上下轮椅时必须先将轮椅固定好,勿使滑动;④转移时鼓励患者自己用力,注意保持身体平衡;⑤在患者操作尚未熟练时,要给予保护和帮助。

5. 进食训练

(1) 吞咽动作训练:患者意识清醒有吞咽困难但无误咽者,根据需要可指导经口进食。进行张口动作、舌部运动的训练;以冰冷棉棒反复刺激吞咽反射;进食时采取半卧位或坐位;调配食物的软硬度和黏稠度,一般开始先给予糊状,逐步过渡到半流食、软食,直至正常饮食。进食时动作要慢,每口量不宜过多,细嚼慢咽。

(2) 摄食动作训练:对上肢关节活动受限,肌力、肌张力异常所致不能抓握或动作不协调而不能正常进食者,一方面要进行上肢功能训练,练习摄食动作,如:拿筷子、勺,将食物送入口中;另一方面可使用自助餐具或加用辅助装置。

6. 洗漱动作训练　上肢功能训练的同时,练习洗漱动作。拧毛巾:将毛巾搭在水龙头上,用健侧手拧开水龙头,冲湿毛巾、拧干;刷牙、剃须、刷手、梳头、洗澡等均主要靠健侧手的功能,同时有意识教患者锻炼患肢。若双上肢功能障碍者训练洗漱时，必要时加用自助具或辅助装置。

7. 穿衣裤、鞋袜动作训练　在进行上下肢功能训练的基础上，训练穿脱衣裤。一般先穿患侧衣袖或裤腿，再穿健侧。穿套头衫时，用健侧手帮助提领口从头上套下。脱衣裤时动作顺序相反。利用健侧手穿脱鞋袜、单手系鞋带。为了便于穿脱，尽量不穿套头衫，上衣不用扣子，改用拉链或尼龙搭扣；裤子不用裤带，改用松紧带；不穿系带鞋。

8. 家务劳动训练　当患者认知功能和上肢功能恢复较好时，可以进行家务劳动训练。如清洁室内卫生：铺床、叠被、擦台面、拖地、室内布置、洗晒衣服等；厨房炊事：洗菜、切菜、和面、捏饺子、炒菜、餐桌布置、清洗锅碗等餐具；其他家务：开门锁门、抚育幼儿、选购物品、使用家电、收听广播、读书阅览、处理信件等。进行家务劳动时必须注意确保安全，不要登高，避免切割伤、电击伤等损伤，必要时使用自助具。

日常生活活动训练时可先完成分解动作，再完成整体动作；并尽量按照患者回归家庭的实际生活环境和情况，布置一间具有日常生活用具的模拟家庭环境的日常生活活动训练室进行训练，或者在家庭由康复治疗师指导，直至在家人的协助下进行训练。

二、职业技能训练的方法和内容

职业技能训练（vocational skills training）是作业治疗的重要组成部分，通过职业技能训练可以改善患者的躯体功能障碍和心理障碍，改善其职业能力，减少或治疗病理损害，增进和维持健康，为就业做好体力与技能的准备。

> **全面康复的核心——职业-社会康复**
>
> 被誉为世界“康复之父”的腊斯克博士强调了康复医学的社会内涵。他认为康复不是单纯的技术和方法问题，与社会因素密切相关。认为一个完整的人是一个兼有生理、情绪、职业、社会活动的人，应从以上各个方面促进残疾患者的康复。由此他提出了全面康复的概念。而全面康复的核心是职业-社会康复。职业康复是高层次的康复，它的出现是社会经济、科学、技术、文化发展到一定阶段的产物；它高度代表了人类的文明和进步。
>
> 链　接

1. 木工作业

（1）砂磨：用砂纸板打磨木板。可加大肩伸屈内收外展与肘伸屈活动范围，增强上肢肌力与眼手协调性。

（2）推拉锯：用木工锯锯木头。可以加大上肢诸关节的活动范围和躯干的伸屈功能，增强上肢和手的肌力与耐力，增强两手的粗大动作。

（3）刨削木：用木工刨刨木板或木条。可加大肩肘伸屈活动范围，增强上肢和手的肌力与眼手协调性。

（4）锤钉子：增强双上肢及不同部位的肌力、耐力和关节活动度，增强眼手的协调性。

（5）木刻：可增强眼手的协调性、手指的精细动作和手的肌力。

（6）旋拧螺钉：可加大前臂旋前旋后活动范围，增强手指的灵巧度及眼手协调性。

2. 橡皮泥作业

(1) 调和橡皮泥：可以改善两上肢粗大动作的协调性；改善肘关节伸展活动范围，增强上肢肌力与体力。

(2) 橡皮泥造型：可以改善拇指及四指的伸展、屈曲、对指、内收、外展的细微动作；增强手的肌力及手的灵巧度和协调性。

3. 编织刺绣缝纫作业

(1) 编织：用毛线、编织针进行编织毛线衣或毛线手套等，可以加大肩肘腕伸屈活动范围，增强眼手协调性。

(2) 刺绣：可以加强眼手协调性以及手指的精细动作和灵巧度。

(3) 缝纫：手摇缝纫可以加大肩肘腕伸屈活动范围，增强上肢肌力和眼手协调性；脚踏缝纫可以加大髋膝踝关节伸屈活动范围，增强下肢肌力以及眼手和上下肢的协调性。

4. 办公室作业

(1) 书写：可以加大腕关节伸屈活动范围，增进手指灵活度与眼手协调性。

(2) 打字与电脑操作：可以加强注意力、记忆力，加大腕屈伸活动范围，增强手指灵活度与眼手协调性。

就业咨询与就业前训练

在作业治疗疗程的中、后期进行就业咨询，根据患者原有技能、专长与兴趣、现在的身心功能以及未来的工作条件，提出就业意见和建议。针对未来工作的需要进行有关技能、认知、心理等方面的特别训练，提高其职业技能，为其重返社会创造条件。

链 接

(3) 珠算：可以加大腕关节伸屈活动范围，增强手指灵活度、眼手协调性与记忆力、计算能力。

(4) 资料管理：可以加大肩伸屈内收外展、肘腕伸屈活动范围。

(5) 电话通讯：可以提高听觉、注意力、反应速度、记忆力、社会交往能力。

5. 园艺作业　病人通过园艺活动，如：种植花草、制作盆景、植树、修剪草坪等，通过选种、栽培、浇水、造型等转移注意力，增强手的功能，增强患者肢体的肌力和耐力。同时，消除患者挫折情绪，促进生活和心理健康，并能使其感受到自己的劳动成果和由此带来的快乐与信心。目前，在发达国家，不少精神病院、康复机构、智力残损教育中心等单位，以及著名的植物园、花园都设有这类园艺治疗康复服务，尤其在近一二十年中国园艺治疗也有了较大进展。

此外，作业治疗还有休闲娱乐活动、教育性活动等训练方法。

三、作业治疗的实施原则

所选的作业治疗的活动，既要符合治疗的需要，同时又是患者可以接受的。

在具体实施时应根据以下原则:

1. 按治疗的目的选择 按照治疗的目标选择针对性强的作业。如为了增强手指精细活动,可选择编织、橡皮泥、写字等作业;为了增强肩肘伸屈功能,可选择推拉锯木、刨削、磨砂等作业活动。有时,为了一个治疗目标,需分阶段完成。如患者最终目标是使用轮椅达到生活自理,那就应先从增强上肢力量作业治疗开始,在此基础上再进行轮椅转移及熟练操纵的作业训练,包括床椅转移、上下坡、转弯、过障碍训练等,然后开始轮椅上日常生活活动训练。

2. 因地制宜 在选择作业治疗时,要考虑本地区、本社区的有利条件,如在制陶流行地区,进行制陶作业训练。在木工为主的工业区,开展木工作业治疗。因地制宜,就地取材,一方面方便易行,另一方面还可以达到就业前训练的目的。

3. 因人而异 选择作业治疗时,必须考虑患者的年龄、性别、疾病状况、工作背景、智能、精神状态、个人爱好、家庭环境、家人的支持力度。选择要符合个人爱好和具有实际应用价值的作业,容易使患者感兴趣而投入和坚持。

(蔡菊敏)

第3节 其他康复治疗技术

一、言语治疗

据20世纪90年代的调查统计,我国因听力、智力残疾导致的交流障碍患者约3000万人。此外,脑血管病、脑外伤、脑瘫等各种原因也导致不同程度的交流障碍。这对患者的日常生活、工作带来了很大的影响。所以要改善患者的言语功能,提高其交流能力和生活质量,对其进行言语治疗是一种重要手段。言语治疗又称言语训练或言语再学习,是指通过各种手段对有言语障碍的患者进行针对性治疗,以改善其言语功能的一种方法。

(一) 常见交流障碍的类型

1. 听力语言障碍 指先天性或获得性听觉通路的病变,使听力减退甚至丧失而造成的交流障碍。耳聋患者80%以上仍有残留听力,若不经过特殊治疗,一般都伴有不同程度的交流障碍。所以患者在学会语言后出现的听觉障碍可依靠听觉的补偿,如使用助听器;而在语言获得之前或语言发育阶段明显的听觉障碍除使用听觉补偿外,还需进行促进语言获得的训练。

2. 语言障碍

(1) 语言发育迟缓:指儿童在语言发育过程中,没有达到同龄儿童的语言发育水平(不包括构音障碍及听觉障碍引起的语言发育延迟),常见于智力低下、自闭症等患者。

（2）失语症：指大脑特定区域的病变，使已获得的语言功能损伤，造成对语言符号系统的理解和表达能力减退甚至丧失的一种障碍。根据病变部位和临床表现的不同可分为完全性失语、运动性失语、感觉性失语、命名性失语等多种。

3. 言语障碍

（1）构音障碍：由于中枢或周围神经系统损伤而引起的言语运动控制障碍。主要指运动性构音障碍，但器质性、功能性构音障碍也属于该类。其中：①运动性构音障碍：因神经肌肉病变引起的构音器官的运动障碍，如肌肉瘫痪、肌张力及协调性异常，使发音、共鸣、韵律等出现异常。②器质性构音障碍：因构音器官的形态结构异常而产生的构音障碍，如巨舌、腭裂 、后天咽部化学烧伤等。③功能性构音障碍：指构音器官的结构和功能无异常，听力正常，但产生的声音异常，多由于错误构音动作的固定，其发病机制目前尚不清楚。

（2）口吃：指构音和发声无异常，但重复说出最初的词语，及在说话中不适当的停顿、延长，不能流畅的说出一完整句子的功能性言语障碍。常于幼年模仿或环境压力至唇、面部及下颚的肌肉紧张等因素有关。

（3）发声障碍：即发声异常，包括音质、音调、声音的持续等异常。若由于声带炎症、麻痹、肿瘤、喉切除等各种原因造成的声带或与发声有关的组织不可逆的形态及病理变化导致的发声异常称器质性发声障碍；若因使用不当而造成的声带或其周围组织结构与功能的一过性异常（如水肿、一过性声带充血）称功能性发声障碍。

由此可看出，交流障碍的类型是很多的，下面我们就重点介绍临床上常见的失语症和运动性构音障碍的治疗方法。

你知道吗？

言语和语言是两个不同的概念，言语指个体利用语言进行口语交流的能力，言语障碍主要指构音器官的结构异常、神经肌肉病变等引起的构音器官的功能障碍等所致的发音障碍。而语言是指通过应用多种口头的或书面的文字以及体态语言来达到相互交流的能力。语言障碍指语言的理解、生成和获得障碍。言语障碍和语言障碍均能引起患者的交流障碍。

链 接

（二）失语症的言语治疗

1. 治疗时机 失语症的恢复随时间的推移呈负性加速，最显著的恢复时间是病后3~6个月内，但发病2~3年后的患者经过训练也会有不同程度的改善。所以要达到良好的效果应在急性期过后，患者身体、精神状态良好，能耐受集中训练30分钟以上时，就可以开始对其进行正规的语言训练，但对发病2~3年的病人也不能轻易放弃治疗。

2. 治疗目标 对轻度失语的患者要设法通过治疗改善其语言和心理障碍，适应职业需要；中度失语的患者目标是发挥残存的交流能力和改善其功能，适应日常交流需要；重度失语的患者以尽可能发挥残存的交流能力，实现减轻家庭帮助为目标，这类患者一般都不能达到日常生活自由交流的水平。

3. 治疗方法　首先为患者准备一温度、通风、光线均合适的训练室,并且要求能隔音以保持室内安静,这样可以有效地防止训练时因噪音干扰而造成患者注意力的分散。最好能做到一人一室,"一对一"训练。优点是患者容易集中注意力,外界的刺激条件对患者造成的影响可被及时发现并能随时控制。训练针对性强,可根据患者的情况具体调整。

室内应配备训练时用以纠正口形和表情模仿的大镜子,录音机、秒表、单词卡、图片等多种训练实物,时间最好选择在上午进行,每次在30分钟以内,防止训练时间过长引起患者的疲劳。训练内容应根据其文化程度、生活习惯、兴趣爱好等先易后难,循序渐进,只有充分调动患者的积极性使其主动地参与和配合,才能达到预期的训练效果。

(1) 听力理解训练

1) 单词的辨认:每次出示三个常用物品的图片,说出一个物品名称后让患者指出相应的物品图片。如有铅笔、毛笔、钢笔的三张图片,先后说"请指出我说的东西"让患者分别指出这三种不同的笔。口头指令由易到难,即物品的名称(铅笔)——物品的功能(铅笔是用来干什么的?)——物品的属性特征(铅笔是用什么东西做的?)——物品的数量(可以询问患者:"你能从文具盒中拿出三支铅笔吗?"以训练其对数量单词的理解)。

2) 执行命令:由治疗师发出口头指令让患者执行。如"请站起来"、"闭上眼睛"、"把书放在桌子上"等,逐渐增加语句中的信息成分。

(2) 阅读理解训练

1) 视觉认知:同时摆出三张画片,将相对应的文字卡让患者看后进行组合练习(即图片和对应的文字卡片放在一起),然后逐渐增加卡片的数量。

2) 听觉认知:将有单词的文字卡片三张一组摆出,治疗师读一个单词后让患者从这三张卡片中选出相应的字卡。

3) 短文理解:患者在阅读短文后,从多项选择问题中选出正确答案;或者由治疗师对其提问,患者用"是"或者"不是"进行回答。

(3) 口语表达训练

1) 单词练习:从最简单的数字、诗词或歌曲开始,让患者自动地、机械地从嘴里发出,如一张有一个电视机的图片,治疗师说:"这是一个电……",患者回答:"电视机"。还可以给患者一条线索,对其进行提问,如"6后面是哪个数字?""今天是星期几?"等。用正反义词、相关词对患者进行训练也是一条有效途径,如黑-白,里-外,跑-跳,丈夫-妻子等。这种方法需要治疗师与患者同时练习,治疗师说前一个词,患者说出对应的(反义或相关)词。进一步不给患者听觉刺激,只让其看图卡或字卡然后提问:"这是什么?"并让患者说出相互关联的单词。如字卡上是"冷",患者在说出"冷"这个单词后,再说出如"雪、冰、白色"等相关词。

2) 句子表达训练:患者能利用单词组成结构简单的无语法错误的句子,由治疗师说出一核心词(如教师),让患者说出相关词语(如学生、教室、作业等),然后将核心词与关联词联系在一起完成句子(如教师在教室里给学生上课)。

3）实用化练习：与患者一起讨论他身边的人、事物，鼓励他发表意见以训练其日常语言交流能力。

（4）朗读训练：开始出示单词卡，反复读给患者听，然后鼓励患者参与。当患者能自行读单词后，再从报纸或杂志中选出患者感兴趣的内容，与患者一起朗读。刚开始朗读的速度要慢，然后逐渐加速，患者即使跟不上也不等、不纠正，数次练习后鼓励他自己朗读。反复练习，持之以恒，以提高朗读的流畅性。

（5）书写训练：治疗师让患者从抄写和听写单词开始，从简单的短句到复杂的长句、短文；也可以让患者看图写单词、写叙述的语句及组合成文章，最后通过给朋友写信等多种形式来进行书写练习。

（6）补偿技术：失语症的恢复是有限度的，如果经过系统的言语治疗，患者的言语功能仍没有明显的改善，就应考虑让患者充分利用其他功能学会一些实用的、基本的、适合自己水平的交流技术：如手势语、画图、使用交流板或交流手册等。

（三）运动性构音障碍的言语治疗

链接

什么叫交流板或交流手册？

交流板或交流手册是指将日常生活中的活动通过常用的文字、图片或照片表示出来，患者通过指出交流板或手册上的字及图片来表明自己的意图。其中交流板的内容简单，携带不方便；交流手册内容丰富，患者可用手册与他人“交谈”。

在为运动性构音障碍的患者进行言语治疗前，首先应了解患者的病史，明确其构音障碍的严重程度、损伤部位和范围，然后准备适宜的训练方案，常用的训练方法有：

1. 放松训练　一部分运动性构音障碍的患者是由肌群过度紧张而引起的，所以应通过随意肌群的放松，使非随意的咽喉肌群放松来达到治疗效果。一般从足部放松开始逐渐向上到口面部肌肉放松为止：脚趾屈曲，踝旋转，跖屈，膝伸展，髋伸展，收腹做深呼吸运动，挺胸，握拳，上肢前伸，耸肩，颈旋转，皱眉闭眼，闭唇用力咬牙，下颌向不同方向移动旋转，舌用力抵硬腭，按此顺序让患者每个动作保持 3～5 秒，并重复十余次。

2. 呼吸训练　通过该项训练可改善呼气的气流量和对气流进行控制（对气流的控制训练包括鼻吸气、嘴呼气），这样有利于患者的元音（a 、o 、u 等）和摩擦音（s 、f 等）的发出。

3. 发音训练　可改善患者的声带和软腭等的运动，有利于发音功能的恢复。首先对患者进行发音启动训练：让患者深吸一口气，然后呼气时嘴张圆发“h”音，再改变口形发“a”音，或做发摩擦音口形再发元音口形如“s……u”，若患者喉紧张导致声音沙哑时，可让其做打哈欠动作，这样能使声门完全打开，停止声带的内收。若能正确的启动发音后,可进行持续性发音训练:一口气尽可能长时间地发元音,最好能持续15~20秒,再由一口气发单元音,逐渐过渡到发2~3个元音;接着指导患者持续发"m"音,"m"音与元音"a,i,u"等组合在一起发出,再逐渐缩短"m"音,延长元音;朗读声母为"m"的字、词、词组,利用该种方式练习患者对音调和音量的控制。

4. 发音器官的功能训练 治疗师指导患者进行下颌的上下、左右运动,舌的伸缩,抬高软腭,鼓腮,做用力叹气的动作或重复发元音、爆破音使软腭抬高。通过该项训练可以改善发音器官的肌肉力量、张力、协调性和速度。

5. 语言节奏的训练 语言的节奏由音色、音量、音高、音长四个要素构成。任何一个要素在一定时间内有规律地交替出现就可以形成节奏。音色形成的节奏主要表现在押韵上,音量形成的节奏主要表现在重音上,音高形成的节奏主要表现在语调上,音长形成的节奏主要表现在语句的速度和停顿上。构音障碍的患者均存在重音、语调、停顿的不当和不协调。对患者进行练习要强调关键词前后的停顿,关键词的重读,保持正常的间歇。让患者用疑问句、感叹句、命令句等表达不同的感情,或重读句子中的一个词,使语义改变:如"我今天坐火车去北京","我今天坐火车去北京","我今天坐火车去北京","我今天坐火车去北京"。

对于重度构音障碍的患者由于言语功能严重损害,当采用言语治疗效果不理想时,也可辅助采用补偿技术,近年来,国外采用计算机辅助交流系统,帮助重度构音障碍的患者改善言语交流障碍,取得了良好的疗效。

二、中国传统康复治疗

早在两千多年前,我国就开始应用针灸、体操、气功、按摩等方法进行身体功能的康复训练。现在经过多年实践经验的总结,已逐渐形成了具有中国特色的康复治疗方法。所以从中国国情出发,吸收西方现代康复医学的理论和技能,弘扬中国传统康复治疗方法的特长,创建有中国特色的康复医学体系,是我国康复医学发展的方向。

(一)传统的运动疗法

传统运动疗法是指躯体运动和意念、呼吸的调节相结合的医疗体操,主要包括太极拳、八段锦、易筋经等。其中太极拳运动轻松柔和,连贯均匀,协调完整,同时又要求意守丹田,动作和自然的腹式呼吸相配合。所以该项运动既练身又养神,对保持关节的活动度和柔韧性,克服精神紧张,降低血压,延缓衰老等都有积极作用。它适合于各种慢性病、老年病患者练习使用。八段锦和易筋经相对于太极拳运动量较大,通过训练可增强肌力和关节的活动度,调整内脏的功能,尤其适用于骨科患者恢复期的练习。

太极拳运动的疗效

据报道，太极拳由于动作缓慢，可使血小板聚集减少，降低血脂。同时它又要求"用意"练功，整套动作的整体性强，所以对中枢神经系统、心血管系统有良好的训练作用，可以改善心电图，使冠状动脉对致痉挛因素的敏感性降低，能起到温和的健身和康复作用。

链接

患者在训练时应选择空气清新的环境，身着宽松衣裤进行，饥饿或饱食后不宜马上练习。同时应防止患者急于求成的心理，使运动量过大。练功后若患者的病情、精神、食欲、睡眠均有明显改善，说明运动量适当，反之则应减量进行。只有持之以恒地训练，才能发挥明显的疗效。

（二）气功

气功是呼吸放松、默想入静相结合的健身项目，是训练患者主动控制自己的情绪和行为，调整自身的生理和心理状态以促进康复的一种训练方法。实验结果表明，随着气功入静程度的加深，对患者中枢神经系统的兴奋或抑制均有一定的调整作用。全身放松能使人体的交感神经的活动性减弱，能量消耗减少，基础代谢率降低，尤其适宜于年老体弱，久病需增强体质者练习。同时气功深长而缓慢的呼吸有助于调整患者的消化和吸收功能，腹式呼吸及缓慢的动作可改善机体的免疫能力，在心脏负荷不增加的情况下，可促进患者的血液循环。所以气功对高血压、冠心病、神经官能症、习惯性便秘等多种疾病均有肯定的疗效，同时对脑卒中的发生也起到一定的预防作用。

（三）针灸

针灸是应用针刺或艾灸刺激人体穴位以治疗疾病的方法。这种方法在我国有着悠久的历史，并且治疗效果也得到了实践的证实。针灸可随方法的不同产生兴奋和抑制两种效应，所以对人体各系统功能起着双向调节作用，它可以通过提高人体的免疫功能来增强机体的抗病力和治疗某些疾病，如偏瘫、周围神经损伤、面神经麻痹等造成的运动功能障碍、失语及其他视听功能障碍等。现已证明，通过针灸还可促使机体内神经介质（如5-羟色胺、乙酰胆碱）的释放，能起到明显的镇痛效果。这在世界许多国家得到了广泛的认可和应用。但应注意空腹和女性怀孕期间不宜针灸。

（四）按摩疗法

按摩疗法是通过治疗师的手、肘、膝、足或器械，以力的形式作用于人体表面的特定部位或穴位，达到防治疾病的一种方法。中医按摩又称推拿，是祖国传统康复治疗技术中的重要组成部分。通过按摩可调节神经系统的兴奋性，改善血液循环，有利于组织水肿及代谢产物的吸收；还能够松解软组织的粘连，解除或减轻挛缩，加速创伤组织的愈合，消除肌肉疲劳。如跟腱手术后实施按摩，可软化瘢痕，松解皮肤粘连，改善踝关节的活动范围，甚至通过推拿按摩能使脱臼的关节复位。所以该种方法广泛地应用于治疗关节、软组织的疾病和损伤以及偏瘫、神经衰弱等多种疾病。

三、康复心理治疗

康复不仅是增强残疾者躯体功能的训练,同时还应注重心理和行为方面的康复。良好的心理状态,可以促进康复的进程,使预后良好。而负性的心理反过来可以影响病损的转归,甚至出现新的残疾。

(一)概述

1. 概念 康复心理治疗是针对康复期的患者应用心理学的有关原则和方法,通过治疗者与被治疗者的相互作用,医治患者的心理、情绪、认知行为等方面的问题。

2. 心理因素与残疾的关系 康复心理治疗的主要对象是康复期的残疾人。在众多的致残因素(如疾病、意外伤害)中,社会心理因素也起着至关重要的作用。由于机体的残疾使患者在生活、工作、学习等多方面发生困难,残疾人特别重视周围人群对他们的态度(如怜悯、同情、歧视等),并由此产生各种心理行为方面的问题(如忧郁、愤怒、自暴自弃等)。

康复心理学认为:病损、残疾和心理行为这三者相互作用,相互影响,病损和残疾会使个体产生各种心理问题;反过来,心理行为问题也可以是产生病损和残疾的原因或加重病损和残疾。许多自杀未遂导致的残疾,其原因大多有心理社会问题(人际关系的紧张、婚恋挫折、躯体或精神疾病引发的抑郁心理状态等)。而过强的精神刺激、情绪的剧烈波动可诱发高血压患者发生脑出血,冠心病患者发生心肌梗死。有时心理因素还可以起到间接的致残作用,如在严重的心理应激之后可能诱发类风湿性关节炎。

康复对象中的残疾者、老年病患者、慢性病患者都有不同程度的心理障碍,只有充分了解心理和康复的关系,在对其躯体功能障碍进行医学康复的同时进行必要的心理康复,才能达到全面康复的目的,同时对防残、助残也具有相当重要的意义。

残疾与个性

残疾的发生与人的个性也有一定关系。据国内的研究表明:外伤患者中神经质所占比重(28.0%)明显高于一般人群(11.7%),冲动型性格者情绪常不稳定,可因小事发生强烈的情绪反应,易出现过激行为。对紧张和压力容忍性差的人,事故的发生率就高,所以容易造成残疾。当然性格坚强的人,在同样严重的损伤中所造成的伤残程度可能会轻一些,康复治疗的效果也可能会更加显著。

链 接

(二)疾病康复中的心理问题

1. 伤残后的心理反应阶段 由各种原因致残后,患者的心理变化大致可分以下几个阶段:

（1）震惊阶段：震惊是人对创伤的即刻反应，对突如其来的打击还未来得及调整心态以应对。当意外事故突然发生时，患者往往处于精神麻木状态，对巨大的打击表现出沉默。当然存在个体差异性，有些患者能表现出表面的冷静，也有的会发出歇斯底里的哭喊。

（2）否定阶段：由于对自己的病情和可能的残疾后果认识不足，患者常存在一种否定性的心理防御，认为自己能完全恢复并可像以前一样生活。他们把令人悲痛的现实和预后完全否定，以缓解心理压力。

（3）抑郁和愤怒阶段：随着治疗和康复的进行，患者逐渐认识到自己的创伤或疾病带来的残疾是长期的，甚至是终生的：如语言、听力的障碍，截肢带来的行动不便，瘫痪引发的大小便失禁等；另外，由于疾病引发社会地位、家庭角色的改变、经济状况的恶化，所以患者心理波动较大，有的表现为心情压抑、极度痛苦、悲观失望甚至有自杀的想法和行为，有的则迁怒于他人，易冲动，攻击性增强。

（4）心理、行为倒退阶段：患者充分认识到自身的残疾后，有时会表现为对他人过多的依赖，生活上本可自理的事也会过分地依赖家人或护士，进行康复训练不积极，不愿意出院，即使出院也过多地依赖家庭和社会，缺乏独立生活的心理和行为。

（5）适应阶段：经过对患者的综合治疗，使其逐渐认识并承认残疾这一现实，并从心理到行为上逐渐适应。患者表现为能积极主动地配合康复治疗，最大限度地发挥各系统残余功能，努力争取生活自理，尽可能地参加部分工作，回归社会。

上述各个阶段是无法截然划分的。在康复治疗过程中如何使患者尽快进入适应阶段是最重要的问题。康复治疗开始得越早，功能和能力恢复得就越好，这是一个不容置疑的问题。但要考虑到并不是所有的残疾人均能进入最后的接受和适应阶段。

2. 康复过程中患者的心理表现

（1）心理危机：指个体在遇到重大问题时，既不能回避，又不能通过常规方法来解决问题，以维持心理平衡的一种心理状态。患者在“残疾”这一重大应激源的刺激下，常出现手足无措、慌乱、否认、恐惧、焦虑等表现，进一步引发食欲减退、睡眠障碍、感觉过敏等现象，我们应采取积极有效的心理干预措施帮助病人度过心理危机。

（2）自卑和自悲：患者感到自己身体残疾，是家庭和社会的负担，因而常敏感多疑，产生自卑、自悲心理。

（3）抑郁与自杀倾向：患者难以忍受疾病的折磨，或对治疗效果失望，所期待的康复效果难以实现等都会使其陷入抑郁状态。一般病人在一定时期内都会出现抑郁心理，但严重的抑郁反应可导致患者极度的消极悲观，甚至有自杀倾向。

（4）依赖和退化心理：残疾早期出现的依赖现象，在病情稳定后可自行缓解。但部分患者在病情好转后依赖性反而更加严重，如果对这部分病人过分地关心,则会严重影响康复目标的实现。还有些残疾患者在心理危机过后,会出现心理和行为上的退缩,如儿童常表现出脏乱、遗尿、不配合等;成人则表现拒食、拒绝接受治疗、嗜睡等症状。其实退化心理是病人的适应性防御反应,要给予充分的关心和理解。

(5) 担忧和期望心理:患者面对自身的残疾会产生种种心理负担:如担心是否有更严重的病情被隐瞒,将如何面对今后的工作、生活等。此时应加强对患者的心理疏导,使其对康复治疗有一定的信心。当患者的康复治疗取得一定成效时,他们会对未来充满希望,希望通过医生、药物、自身的努力和周围人的支持,甚至幻想医学上创造奇迹,解决他的残疾问题。但应注意防止没有达到理想的效果,患者的心理由希望变为失望,进而出现情绪低落、意志消沉等现象。

(三) 康复心理治疗的方法

康复心理治疗是应用各种心理学方法使残疾人心理功能得到不同程度的补偿,以减轻或消除症状,改善心理状态。

1. 支持性心理治疗　通过治疗者对患者的指导、劝解、鼓励、安慰、疏导等多种方法来支持和协助患者正确的处理问题,适应所面对的现实环境,度过心理危机,这种方法称支持性心理疗法,主要的治疗过程如下:

(1) 倾听:通过倾听患者的陈述,可以了解病人的心理状态,同时能够使患者体会到治疗师在关心他们的疾苦,有助于患者树立战胜疾病的信念。

(2) 解释:患者在"说"的时候,选择适当的时机对患者目前的状况做出透彻的分析,提出解决问题的方法和劝告。这种解释有助于在医患间建立起充分信任的关系。但切忌急于解释而不恰当地打断患者的陈述。

(3) 指导:与患者共同分析问题的原因所在,指导患者调动自身内在的积极性,让病人逐渐领悟出能解决自己存在问题的某些方法,并鼓励其树立信心去解决。

2. 认知疗法　认知疗法是通过改变人的认识过程和在这个过程中产生的观念来纠正人的心理障碍,矫正不良的情绪和行为。在安排患者学习时,首先要帮助他发现错误的观念和赖以形成的认知过程,然后让患者通过学习,能对错误的认识加以分析和批判,代之以合理的、现实的认知,能以一种较客观的态度对待自己的现状。

3. 合理情绪疗法　合理情绪疗法是通过改变人的认识,用合理的信念取代对事件的不合理的信念,从而有效地指导生活、学习和工作。治疗师首先应了解引起患者出现心理、行为障碍的诱发事件:如伤

生物反馈疗法

对残疾人的康复心理治疗还可以通过现代生理科学仪器,训练患者学习利用反馈信息调整自身的心理、生理活动,使疾病得以治疗和康复,这种方法称生物反馈疗法。人在一般情况下,不能随意控制自己的内脏活动,利用生物反馈治疗仪采集不被患者感知的生理信息,如内脏活动和各种电生理活动,经仪器处理后输出可被患者感知的视听信号,使患者了解自身的生理变化,并学会有意识地调整和控制情绪,达到治疗和康复的目的。

链接

残、家庭或社会因素等和病人目前的不合理的情绪反应。然后设法让病人知道现在的信念和情绪反应是不正确的、消极的,必须用合理的信念来代替。目的是驱使病人学会用正确的思维方式来看待问题,分析和解决问题,以调整心态,最大限度地减少病人的自毁观念。

4. 社会技能训练　社会技能是指一个人有效地应对日常生活中的需求和挑战的能力。它能使一个人保持良好的精神状态,在与他人的交往中表现出正确的健康行为。它包括处理问题的技能、思维技能、人际交往技能、控制情感及行为技能。在进行合理情绪疗法和社会技能训练时,应为患者营造一个良好的氛围,避免忧郁、孤独的心理,对抗他所进行的治疗。因为残疾人的心理存在着很多共性问题,可以由心理专业工作者组织有共同问题的残疾人一起进行治疗。给他们与人交流,帮助别人的机会,以锻炼其合群心理;另外,也可以通过相互交流经验,共同鼓励,树立对生活的信心。同时要在社会上进行广泛宣传,消除人们对残疾人的偏见,营造一个关心、爱护残疾人的环境。

5. 康复心理咨询　是咨询者就病人康复中及康复后提出的心理问题进行分析和讨论,找出问题的症结,并有针对性地给予劝告、解释、启发和引导,以缓解心理危机,改善不良情绪,纠正错误行为,恢复社会适应能力,促进病人全面康复,以重返社会。

(1) 咨询对象:①康复病人:患者的心理障碍既有情绪障碍(如焦虑、抑郁等),也有心理困境(如伤残后如何进行工作、生活等),要改善和消除这些问题,需要进行心理咨询。②康复病人的亲属:疾病和伤残不仅对病人产生巨大的痛苦和精神压力,也给患者的亲属造成了很重的心理负担。在患病初期,亲属们会不惜重金,四处求医,对患者表现出百般的体贴,但过一段时间看到治疗效果不理想或恢复无望时又会灰心丧气,甚至采取放弃的态度,有的还会虐待、遗弃伤残者。家属的痛苦心理是可以理解的,但心理医生对这些来访者应做好必要的心理咨询工作,以防止不当行为的发生。③患者的单位领导和同事:患病初期,单位领导和同事都会对患者采取同情、爱护、支持治疗的态度,但当医疗费花销过大,疗效不明显时,有些领导会阻止治疗和康复训练的实施。当患者重返社会后,也有个别人有嘲笑、侮辱伤残者的不道德行为。对于上述情况,心理咨询者有必要采取有效的方式进行干预。

(2) 咨询内容:①危机干预:患者因为疾病、伤残而导致各种生活事件(如婚姻破裂,失业等)的发生,使躯体、心理上受到双重打击,造成严重的心理失衡,往往处于精神崩溃状态。危机干预就是及时帮助这些人群重新恢复心理平衡,引导他们更好地正视与适应现实。②指导伤残者家属:通过心理咨询,教育和引导患者的亲属、同事和领导能以正确的态度对待患者,使他们认识到家庭和社会的支持对患者治疗的重要性,所有帮残、助残的行为都是高尚的、人道的。任何虐待、遗弃残疾人的行为都是不道德的,甚至是违法的。③注意医源性影响:医护人员在病人的康复过程中起着非常重要的作用,他们的态度、言行、业务水平和工作作风常会影响康复者的心理治疗效果。所以必须对医护人员的心理素质、医德医风等进行职业教育。培养他们对患者“一视同仁”的态度，严防因为自身的行为举止，对患者造成的医源性伤害。④提供康复治疗的信息和有关政策、法令：咨询者在明确患者疾病的性质和预后以后，及时向患者及家属提供康复治疗的信息，可减轻因缺乏有关知识而产生的心理困惑。同时对他们提供必要的康复政策和法规，使患者认识到国家有关保障残疾人权利的特殊规定，以便于及时找到解决困难的方法和渠道。使他们得到社会的关怀，增加重返社会的信心。

四、社会工作者服务

（一）概述

康复的最终目标是使患者回归社会，恢复与人的正常交往，重新参与各种社会活动。社会康复是从社会的角度出发，采取各种有效措施为患者创造一个适合其生存、发展、实现自身价值的环境，并使患者能享受正常人的权利，达到参与社会生活的目的。患者在回归社会前和回归社会过程中所遇到的各种家庭和社会问题：一方面需要通过自己的努力去解决；另一方面则依靠社会工作者对其提供必要的帮助。社会工作者是指专为促进患者全面社会康复的专业技术人员，他们的工作目标就是运用各种方法帮助患者解决康复过程中遇到的家庭和社会问题，为其顺利回归社会创造条件。

（二）社会工作者的作用

1. 及时向有关医务人员了解患者的病情、康复治疗的方案和效果，与患者的家属、单位取得联系，了解患者的家庭情况、经济收入和在社会中的地位，以便于及时解决可能出现的家庭和社会问题。

2. 咨询患者及家属的意见，了解其愿望和要求，共同探讨在出院后如何适应家庭和社会生活。有条件时组织患者与健康人一起参加各种活动，通过加强人际交往，在全社会范围内形成理解、尊重、关心帮助患者的良好风尚，消除社会上对病残者的歧视和偏见，激励患者的自强自立精神，最终通过社会各界的关心和自身的努力来改善生活质量。

3. 协助政府部门制定法律、法规和各种政策，保护患者的合法权益，使他们在各方面受到公平的待遇，尤其要提高其经济自立能力并且在此基础上保障其政治权利。鼓励和促进患者积极地参与社会政治生活，提高他们的政治觉悟和地位，是伤残患者回归社会的重要标志之一。

（三）社会工作者的工作内容

1. 与医护人员和康复治疗师密切配合，组织有关的康复治疗项目并做好患者的心理疏导工作，使患者能积极的参与康复训练。

2. 组织患者参与各种形式的社会活动，加强与人的交往，为重返社会创造条件。

3. 用各种方式如书信、访视等与患者所属社区的负责人联系，为患者出院后，创造必要的生活居住条件，实施无障碍环境。

4. 因工伤、交通事故等各种意外原因造成的残疾，社会工作者应为患者协调解决，必要时提供法律依据。

5. 与其他职业康复工作者和有关部门协调，最大限度地解决患者的求学、就业等问题；另外，医疗费用、工资待遇等经济方面的问题也应协助患者解决。

患者在刚入院时，康复医师就应与负责患者所在病房的社会工作者及时取得联系，使他们早期介入对患者的治疗。在调查落实患者的发病情况、家庭背景等各种相关资料后，社会工作者有针对性对其进行康复治疗和各种形式的社会服务。当患者的问题基本解决，即将出院时，对前一段的工作进行必要的总结，包括患者出院前为其回归社会做出的相应安排，如家庭康复、就业、居室无障碍的改造等。患者在出院后应做好随访和复查工作，进行信息反馈以了解患者回归社会后的情况，并对出现的问题及时解决。

五、康复护理

康复护理是康复治疗中的一个重要组成部分。由康复护士配合临床医生、康复治疗师，针对残疾者和慢性病患者进行护理，除了一般的基础护理外，主要对功能障碍的患者进行特殊的护理，能有效地预防并发症，使患者的功能损害减至最低限度。同时训练和调动患者的残余功能，以替代或补偿残损的部分，引导、鼓励和帮助残疾人自己照顾自己，尽量做自己力所能及的日常生活活动，以满足病人“自我护理”的需要，恢复他们生活自理的信心和能力。

（一）康复护理的内容

1. 急性期的护理　①观察患者功能障碍的变化；②恢复功能手术的护理；③预防并发症的护理，如压疮、肌萎缩、关节僵硬、呼吸和泌尿系统的感染等。

2. 结合功能训练的护理　①残存功能的强化训练；②生活动作能力的训练，如饮食、入厕、更衣、移动等；③矫形器及生活辅助器具使用的训练，如指导患者穿脱假肢、使用轮椅等。

（二）康复护理的评价

康复护理的最终目的是使患者的残余功能得以改善或重建功能，最大限度地恢复其生活能力，使其能重返家庭和社会。为了达到这一目标，应在护理期间对患者的生活能力进行有关的评价。再根据障碍程度的不同实施具体的护理方法，协助病人最终实现生活自理。根据患者康复治疗的变化，可在治疗的初期、中期、后期进行评定，以便于及时确定所需要的康复护理内容和要求，并可随时修订前次的护理计划。在进行康复护理评价中应考虑以下问题：①患者生活自理能力的现状，其日常生活能力比入院提高的程度；②患者目前的心理状态，在自我护理方面有无主观能动性，已经掌握了哪些技能，哪些方面仍需进一步训练；③患者及家属受过哪些方面的指导？是否有一定的医学知识，程度如何？④患者回归社会尚存的问题及回归家庭、社会的康复护理计划的可行性；⑤预防压疮、尿路感染及长期卧床导致的便秘等各种并发症；⑥肢体关节活动度及残存肌力的简单训练、ADL训练；⑦各种矫形器的保管、保养方法；⑧定期复查。

（三）常用康复护理技术

1. 居室环境　要求房间的光线充足且通风良好，地面应防滑且无任何障碍，以便于患者乘轮椅通过。床椅的高度以60厘米为宜，洗浴室内安装坐式淋浴和便器，门外的阶梯最好能修成斜坡。总之，一切以保证患者安全，能最大限度地发挥其残余功能为原则。

2. 并发症的预防和护理

（1）保持正确的卧位：

1）脊髓损伤的患者为防止足尖下垂，仰卧位时在足底与床尾栏杆间横立一硬枕，为防止脊柱侧弯，应使头与身体呈一直线，为防止摩擦，两腿间可垫毛巾；侧卧位时，两臂自然曲肘，两手可分别放于枕旁和胸前，下腿稍伸直，上腿稍弯曲，在患者的上腿膝下、足底分别放置枕头。

2）偏瘫患者为达到伸屈肌张力平衡，仰卧位、健侧侧卧位、患侧侧卧位应交替进行。仰卧位时，在患侧臀部、肩胛骨下垫一软枕；健侧侧卧位时，健侧在下面，健侧下肢自然伸展，患侧下肢屈曲，两腿间垫一软枕，患侧上肢向前伸直，下垫一软枕；患侧侧卧位让患者的患侧上肢充分前伸，前臂旋后，手自然背屈，患髋伸展，轻度屈膝，患侧膝关节下垫一软枕。以上三种卧位的合理更换，还能有效地预防压疮的发生。

（2）褥疮的预防和护理：褥疮又称压疮，是由于局部组织长期受压，血液循环障碍形成的组织溃烂和坏死。局部长时间受压、潮湿、摩擦和营养不良等均可导致褥疮。

1）避免局部组织长时间受压：鼓励和协助患者经常更换卧位，一般每两小时翻身一次，若已出现褥疮早期症状者可1小时翻身一次，翻身时避免拖、拉、推等动作，翻身后在身体空隙处垫软枕、海绵垫等，能均匀地支撑体重，减少骨隆突部位皮肤所受的压力。

2）避免潮湿、摩擦、排泄物等的刺激：应勤对患者进行床铺的整理和皮肤的清洁；使用便盆时，应协助其抬高臀部，不可硬塞、硬拉，也不能使用破损的掉瓷便盆，防止擦伤皮肤。

3）促进局部血液循环：对长期卧床患者，每天应进行全范围关节活动，维持关节的活动性和肌张力，促进肢体的血液循环；也可采用按摩（必要时双手沾酒精）骨隆突处，以及温水擦拭的方法促进血液循环。

4）增进营养供给：病情许可时给予高蛋白、高维生素饮食，以增加机体抵抗力和组织的修复能力；对不能进食者，应考虑由静脉补充营养成分。

5）褥疮各期的处理：在褥疮早期（淤血红润期），每日应增加翻身次数，同时加强按摩；炎性浸润期注意水疱的保护，防止破溃形成的感染；坏死溃疡期应清除坏死组织，促进肉芽组织的生长。

6）自我护理：指导患者经常自我检查受压部位，并尽可能地抬起受压部位，如在轮椅上做引体向上。

（3）肺部感染的预防和护理：长期卧床的患者最常见的并发症之一是肺部感染。呼吸运动减弱，咳嗽动作减少、误吸，室内空气污染等均是形成肺内感染的原因。

1）保持室内的空气新鲜：定时开窗通风，禁止吸烟，室内温度维持在17～27℃，湿度在50%～60%左右为宜。

2）促进有效地咳嗽、咳痰：可通过体位引流、叩击震动法排痰，排痰后及时用棉球擦拭、温水漱口等方式清洁口腔。

3）雾化吸入和间断吸痰：当病人痰液黏稠不易排出时，使用超声波雾化吸入以稀释痰液，同时还具有消炎、镇咳、湿润气道、减少刺激的作用。对呼吸肌无力或昏迷患者可采用电动吸引器间断吸痰。

4）增加肺功能的训练：嘱病人做深呼吸、腹式呼吸、尽早离床活动及ADL训练均能锻炼肺功能，预防肺部感染的发生。

（4）泌尿系感染的预防和护理：女性尿道比较短，尿道外口易受到阴道分泌物及粪便污染。所以泌尿系感染的发病率比男性高8倍。老年男性因前列腺增生，膀胱排空不佳或大小便失禁，感染率也较高。另外，机体抵抗力下降，不注意会阴部的卫生，截瘫等均是诱发泌尿系感染的因素。

1）补充液体，酸化尿液：鼓励病人多喝水，保证白天液体的摄入量约2000～3000ml，因多喝水加速排泄可冲洗尿路。若患者被大肠杆菌、金黄色葡萄球菌、铜绿假单胞菌感染，在服用抗生素期间，让患者喝酸性饮料以酸化尿液，增强抗菌效果。

2）留置导尿管：保证引流管的通畅，每周换一次导尿管，每日更换引流管和集尿袋，尿道口周围每天用消毒棉球擦拭数次。若发现尿液浑浊、结晶或沉淀，应及时做膀胱冲洗。

3）每周尿常规检查一次，有条件者做尿培养。

3. ADL护理

（1）进餐护理：当患者能取坐位或半坐位时，即可训练其自行进餐的能力，指导患者健手持勺或筷子，患手扶碗，动作应慢，及时清理口中残余食物，以防引起呛咳。

体位引流

根据病变部位不同，让患者采取相应的体位即病肺处于高位，引流支气管开口向下的原则，以利于痰液流入大支气管而排出。例如：病变部位在右肺中叶和下叶则让患者采取头低足高位，病变部位在左肺上叶尖后段则取右侧卧位，每次的引流时间为15～30分钟，每天2～3次，宜在饭前进行。若痰液黏稠，可先用生理盐水超声雾化吸入，以稀释痰液，提高引流效果。

链接

扣击震动法排痰

操作者五指靠拢，屈曲成弓形，由背外侧向脊柱侧叩击，边叩边鼓励病人咳嗽，通过震动的方式协助病人咳痰。

链接

(2) 穿脱衣服：为患者准备的衣服应宽松，穿脱方便。先穿患侧，再穿健侧，脱时先脱健侧再脱患侧。

(3) 清洁：偏瘫患者练习用健手擦洗，用健手把毛巾缠在患手上擦洗，浴室内应有防滑设施，水温不可过高或过低，以38℃为宜。

(4) 床、椅转移：见第4章第3节。

以上各种动作均需护士指导并根据患者的具体情况，必要时协助其完成。

4. 心理护理　护士应及时了解患者的不同心理反应，以便对其进行支持性的、启发性的、诱导性的心理护理措施。最大限度的消除由于功能障碍对他们心理产生的负面影响，满足病人的生理、心理需要，使其能安全地度过心理危机，正视身体功能障碍带来的变化，争取早日回归家庭、回归社会。

六、职业咨询

(一) 概念

康复咨询始终贯穿于康复治疗和护理过程中，是患者、伤残者及家属对医学、心理学、经济、社会、教育等各方面的问题与专业咨询人员讨论的过程。即如何减轻患者的心理焦虑或恐惧，如何提高生活的独立性，如何表现自身价值等。通过咨询人员与患者合作，及时发现并解决患者现存的或潜在的问题，最终使患者能独立生活和工作。

职业咨询是康复咨询的组成部分，其对象是残疾人，即对因残疾而导致职业选择或职业行为受到某种限制的适龄人员（约18~60岁）的咨询，或康复医生提供有关职业康复方面辅导的过程。

(二) 职业咨询的方法

职业咨询工作主要是利用心理学的方法，唤起病人的就业期望，帮助患者了解自身喜欢做什么工作和能做什么工作；从实际出发，选择切实可行的行业，帮助患者最终实现就业。为了做好这项工作，职业咨询专家（即职业顾问）应向患者提供社会对某些职业需求程度的信息，同时应与职业介绍所或求职机构保持联系，向他们提供病人的就业潜力，已达到的职业康复目标等情况。在患者和求职机构间形成一个桥梁，起到沟通作用。

对残疾人的职业咨询是一个连续的、完整的过程，职业顾问必须尊重残疾人的愿望，在自己自由选择职业的基础上为其提供帮助，以使其在劳动中得到发展和满足。

(三) 职业咨询的内容

职业咨询工作包括信息资料的收集、职业性质的分析和就业前训练三方面。

1. 信息资料的收集

(1) 信息资料的内容：①残疾者在接受本次职业咨询之前所从事过的职业，以及时间的长短；②患者本人和家庭情况，包括生活环境及受教育情况（学校教育和其他各种教育训练经历）；③康复治疗的医学检查结果；能力、适应性检查和心理学检查；④符合就业条件的身体能力或能力改善的可能性分析；⑤社会对某些职业的需求情况。

（2）收集资料的方法：通过面谈、检查等多种方式收集残疾人的有关医学、心理、职业、社会等多方面的信息，以测定患者的职业能力，找到最合适的、最适应其本人情况的职业出路。

2. 职业性质分析 职业性质分析就是找出某一具体职业的特点和基本组成要素，根据对残疾人情况和对可能从事职业的分析，向其提供参考意见。如一项体力劳动为主的职业，要重点分析其负重能力、关节柔韧性、工作体位等，然后根据残疾者的自身情况，提出合理建议，为适应该工作还需做哪些方面的训练，或者需要重新更换工作，或对原工作环境做出一定的调整等。

3. 就业前训练 经过职业咨询后，向残疾人提供有关职业的指导性建议。并组织其在适当场所进行就业前训练，有助于残疾者更全面的了解即将进行的工作，更快地适应新生活的到来。

小结

康复治疗主要包括物理疗法、作业疗法、言语疗法、心理疗法、康复工程、中国传统康复、康复护理、职业训练、社会康复等内容。其中物理疗法分为运动疗法和物理因子疗法两方面，运动疗法主要包括关节活动技术、肌力训练技术、软组织牵拉技术、平衡训练技术、牵引治疗技术、神经生理治疗技术等。物理因子疗法包括直流电疗法，低、中、高频电疗法，光疗法，超声波疗法等。作业治疗是采用生活、工作或生产劳动、休闲游戏、社会交往等活动形式，使用工具或设备来进行作业训练，日常生活活动训练及职业技能训练是最常用的作业治疗。

目标检测

一、名词解释

1. 运动疗法　2. 作业治疗　3. 构音障碍
4. 失语症　5. 康复心理治疗　6. 社会康复

二、填空题

1. 常用关节活动技术手法包括______、______、______、______、______和______等。
2. 翻身训练时，要求患者定时翻身，白天每______小时一次，夜间每______小时一次。
3. 职业技能训练中常用的木工作业项目有______、______、______、

______、______。

4. 职业技能训练可以改善患者的躯体功能障碍和______，改善其职业能力，减少或治疗______，增进和维持______，为就业做好体力与技能的准备。

三、选择题

1. 下列哪项不是主动助力运动？
A. 滑轮练习　B. 悬吊练习器
C. 肘关节练习器　D. 关节牵引
E. 肩关节练习器

2. 当肢体肌力为 1 级或 2 级时，应采用的运动疗法是
A. 悬吊助力运动　B. 动力性运动
C. 静力性运动　D. 抗等张阻力运动
E. 抗渐进阻力运动

3. 训练上下肢协调的作业训练是
A. 砂磨　B. 拉锯
C. 钉钉子　D. 木刻
E. 脚踏缝纫

4. 促进前臂旋前旋后活动的作业训练是
A. 刨木　B. 缝纫
C. 旋拧螺钉　D. 写字
E. 编织

5. 对手功能障碍患者，最主要的作业训练是
A. 翻身训练　B. 家务劳动训练
C. 坐起训练　D. 日常生活活动能力训练
E. 编织作业

6. 以下哪项属于职业技能训练？
A. 坐起训练　B. 洗漱训练
C. 橡皮泥作业　D. 家务劳动训练
E. 转移训练

7. 失语症的言语治疗效果最显著的时间是病后
A. 1~3 个月内　B. 2~5 个月内
C. 3~6 个月内　D. 1~2 年内
E. 2~3 年内

8. 由喉切除造成患者的语言交流障碍属于
A. 失语症　B. 功能性构音障碍
C. 功能性发声障碍　D. 器质性发声障碍
E. 器质性构声障碍

9. 下列哪项不是形成语言节奏感的要素？
A. 音色　B. 音量

C. 音高　　D. 音长

E. 音调

10. 康复心理治疗的主要对象是

A. 残疾者　　B. 老年病患者

C. 慢性病患者　　D. 手术后患者

E. 以上均是

11. 长期卧床患者为预防褥疮的发生,一般应每间隔(　　)更换一次卧位

A. 半小时　　B. 1 小时

C. 2 小时　　D. 3 小时

E. 4 小时

12. 下列引发残疾的因素是

A. 疾病　　B. 意外伤害

C. 社会心理因素　　D. 年老体弱

E. 以上均是

四、简答题

1. 运动疗法常用治疗技术包括哪些内容?有哪些临床应用价值?
2. 物理因子疗法常用方法有哪些?
3. 作业治疗的实施原则是什么?
4. 简述转移训练的安全注意事项。
5. 简述失语症的言语训练方法。
6. 简述社会工作者的作用和工作内容。

五、病例分析

1. 赵某,男性,56 岁,因高血压脑出血住院治疗一个月余,该患者目前病情稳定,但仍有左侧上下肢瘫痪并伴有左侧面瘫。现患者准备转入康复治疗中心进行康复治疗。请为该患者制订恢复其日常生活活动能力的作业治疗方案。

2. 患者,男,25 岁,某大学毕业后应聘于一私营企业工作两年,工作业绩良好,即将结婚。半年前,下班途中突遇车祸,造成右下肢截肢,公司在为其支付部分费用后,解除对他的雇佣,女朋友也伤心离去。现患者出院在家休养,因一连串的打击,病人意志消沉,终日无话或对其家人发脾气,摔东西以发泄心中的不满,并自杀两次,未遂。请你为该患者设计一套合理的心理治疗方案。

(王　虹)

参考文献

缪鸿石. 2000. 康复医学理论与实践. 上海:上海科学技术出版社

南登昆,郭正成. 2000. 康复医学临床指南. 北京:科学出版社

李忠勤. 2001. 疾病康复学. 北京:人民卫生出版社

第4章

康复工程简介

学习目标

1. 简述安装上肢假肢的基本要求、分类和装配要求
2. 简述安装下肢假肢的基本要求和下肢假肢的分类
3. 列举各部矫形器的使用目的和装配适应证
4. 描述轮椅的适应证和选用原则
5. 初步学会无动力式助行器的选用方法
6. 简述自助具的使用目的和常用种类

康复工程是利用现代工程技术,对残疾者进行测量和评估,然后按照代偿和(或)适应的原则,设计和生产出能减轻他们残疾和改善他们独立生活能力的产品的现代工程学分支。在康复医疗工作中,最常用的康复工程产品有假肢、矫形器、助行器和轮椅等。

第1节 假 肢

假肢(prosthesis)是用于弥补截肢者肢体缺损和代偿其失去的肢体功能而制造、装配的人工肢体,使截肢者恢复一定的生活自理和工作能力。

一、上肢假肢

上肢包括手和臂,是生活和劳动的重要器官。任何部位的丧失都会给患者您知道吗?

装用假肢的最早记载可以追溯到公元前 848 年,欧洲被俘军人装的木腿。现在,在欧洲一些历史博物馆里,可以见到 15 世纪用铁制作的假腿。因二次世界大战造成了战伤截肢者的增多,促使德国、美国、英国、日本等国家假肢业的发展。随着科学技术的进步,用合金、塑料等新型材料制成各式现代假腿,在人体生物力学的启示下,专家们提出了假肢装配的理论,因此,假肢学已逐步成为一门学科,并不断地发展和完善。

链 接

造成生活、工作困难和精神负担。目前的上肢假肢功能还比较简单,远不能满足患者的要求,但装配上肢假肢的患者,经过训练和适应后,在日常生活、学习和用力轻的工作中,仍能起相当的辅助作用。对上肢假肢的基本要求是功能好,外观逼真,操纵随意,轻便耐用,穿脱方便。

(一) 上肢假肢的分类

1. 按假手功能和使用目的分类

(1) 机械手:正常人手取物有六种基本形式:捏、圆柱状抓握、指尖捏、球状抓握、钩状抓握、侧捏(如图 4-1)。机械手具有手的外形,并能完成抓取、握取、钩取等基本动作,是以截肢者自身肩关节运动为力源来操纵的能动手。目前国内常用的是随意张开式假手。

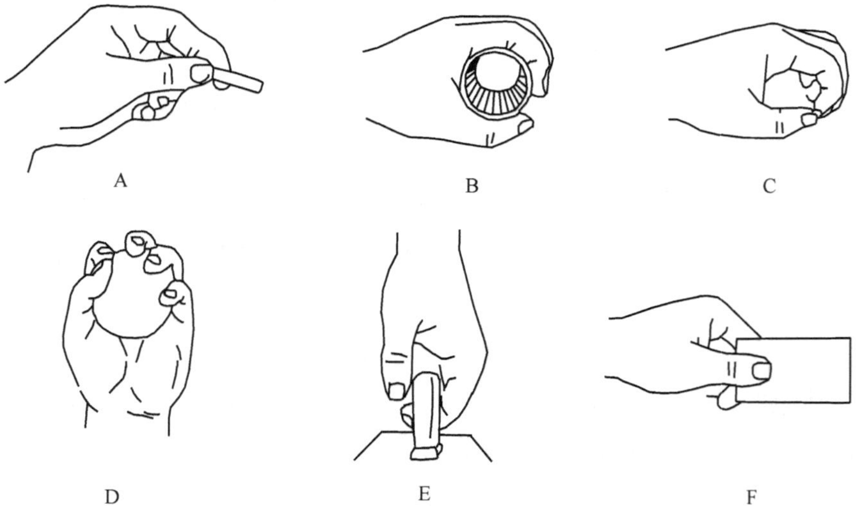

图 4-1 正常手取物的基本形式

A. 捏;B. 圆柱状抓握;C. 指尖捏;D. 球状抓握;E. 钩状抓握;F. 侧捏

(2) 工具手:外形不像手,是为了从事专业性劳动或日常生活专用而设计的多种代手工具,其结构简单,坚固耐用,使用性能好,可根据需要,通过工具衔接器换用各种专用的劳动工具和生活用具。

(3) 装饰手(或指):是为弥补上肢外观缺陷而设计的装饰性假手(指)。假肢的各个关节不能主动运动,没有从事劳动和生活自理的功能,只起到外观装饰及平衡肢体的作用。多用于难以发挥残肢功能,不便安装机械手的患者。

(4) 外部动力手：是指利用人体以外力源做动力的假手，目前主要有电动手和气动手两种。

2. 按不同的截肢部位分类

(1) 前臂假肢：由机械手、腕关节机构、残肢接受腔(前臂筒)及固定牵引装置构成。腕关节机构可以被动地屈伸和旋转，是一种代偿功能较好的上肢假肢。适用于残肢长度为前臂35%～80%的病人。

(2) 上臂假肢：手部、腕关节与前臂假肢相同，前臂筒与上臂筒也多用塑料制成，上臂假肢的肘关节增设了带锁的屈肘机构，故可进行主动屈肘，但牵引装置较复杂。适用于残肢长度保留50%～85%的上臂截肢病人，由于病人上肢功能丧失严重，使用上臂假肢效果远不如前臂假肢。

> **电动手和气动手的基本工作原理**
>
> 电动手是以可重复充电的镍镉电池为电源，以微型直流电机为动力，通过机械减速传动装置带动手指开闭的假手。气动手是以压缩气体为力源，它是将压缩成液态的二氧化碳装在便于携带的钢瓶内，通过管道与手部机构连接，依靠患者的关节运动控制微动气阀，利用气压推动假手动作。
>
> 链　接

(3) 肩关节离断假肢：目前多装配有被动屈肘装置的装饰性上肢假肢，主要由塑料制的上、前臂筒和装饰手构成，能起到一定的装饰和平衡身体的作用。适用于上臂残肢长度小于上臂长度30%者或肩关节离断患者。

(二) 上肢假肢的装配要求

1. 长度的确定

(1) 从医学角度：假肢的长度应在两肩保持水平状态，使假手拇指末端或钩状手的末端与健手拇指末端平齐。

(2) 假肢装配角度：在前臂假肢，自肘关节到假手拇指末端的长度，应比健侧短1cm；在上臂假肢，肘关节轴与肱骨外上髁的位置一致，上臂长度比健侧短1～2cm。

2. 接受腔的要求　除了装饰手对接受腔要求不严外，各种安装能动的上肢假肢，其接受腔必须与残肢很好地吻合，并且要符合运动解剖学要求。

> **什么是接受腔？**
>
> 假肢中接纳残肢的部件，将假肢与截肢者结合为一体，对假肢的装配质量和功能代偿的效果起重要的作用。
>
> 链　接

(1) 前臂接受腔：接受腔的四周应和残肢全面接触，但根据残肢的长度，接受腔上线的高度不同，残肢短时接受腔的上线要高些，残肢长时其上缘要低些。

1) 前臂短残肢：残肢短时前臂的回旋功能已丧失，肘的屈曲功能残存50%左右，这时宜采用倍增式肘关节铰链。接受腔要比普通残肢的深，使尺骨鹰嘴完全纳入接受腔内；前侧也要比肱骨内上髁高出5mm，同时为了防止屈肘时软组织被嵌入，口缘应翻边处理。

2) 前臂中长残肢：为了不妨碍屈肘，接受腔的前侧要从肱骨上髁处起削出约 10cm 深的凹形口。后侧壁做成平坦状。为避免假肢动作时，肘头部分的骨组织触及接受腔，肘头部分接受腔要空出 5mm 的间隙。

3）前臂长残肢（含腕关节离断）：为了使接受腔能充分发挥残肢尺、桡骨的回旋功能，接受腔的前端需制成扁形截面，同时要避免接受腔触及尺、桡骨的茎突。

（2）上臂接受腔：同前臂接受腔，其上线高度随残肢长度而不同，残肢越短，接受腔的上缘越高。

1）上臂短残肢：上缘高度要包过肩峰 2.5～4cm，以保证接受腔的稳定性，腋窝部接受腔的壁要尽可能高，但不能使病人感到疼痛。

2）上臂中长残肢：为了避免影响肩关节的外展，接受腔的上部要略低于肩峰，但要包住三角肌，外壁部应为肩关节的屈曲运动留出少许空间。

3）上臂长残肢（含肘关节离断）：与中长残肢的要求基本相同，对于肘关节离断术后时间较久的患者，因上臂肌肉的废用性萎缩而形成球状，为避免接受腔中部松动，通常采用皮制接受腔，在前面开口，穿戴时用绷带或皮带束紧。

二、下肢假肢

人体下肢主要功能是站立、步行、跑、跳。目前多数下肢假肢仅能代偿部分功能。功能良好的下肢假肢应具有以下要求：合适的长度，一般应与健侧等长；有较好的承担体重的功能；有良好的悬吊功能，步行中残肢在假肢内上下移动很小；有类似下肢生理性关节功能的仿生机械关节及正确的假肢承重力线；重量轻等。以保证截肢者步行稳健，步态近似正常和良好的步行能力。

（一）下肢假肢的分类

1. 按截肢部位分类　有踝部假肢、小腿假肢、膝部假肢、大腿假肢和髋部假肢等。

2. 按装配时间分类　有术后即装的临时性假肢和长久性假肢等。

3. 按接受腔材质分类　有木腿、皮腿、铝腿、玻璃钢腿等。

（二）各部假肢特点

1. 踝部假肢　适用于踝关节附近截肢的患者使用。

（1）假半脚：假半脚都不设踝关节，有带支架和不带支架两种。带支架者适用于跗关节离断和跗骨关节面截肢的患者；不带支架者适用于足部截去较少部位的患者。

（2）赛姆假肢：对于踝离断和跗部截肢的患者可以装配赛姆假肢。

2. 小腿假肢　适用于膝关节间隙下 8cm 到内踝上 7cm 范围内截肢的患者。

（1）传统型小腿假肢：根据接受腔用材不同，常用的有铝小腿假肢和皮小腿假肢。设有金属的膝铰链和皮革制作的大腿上环带。穿带时依靠大腿上环带勒紧，易影响血液循环，但负重能力强，运用范围广。

（2）髌韧带承重小腿假肢：该假肢去掉了金属膝关节铰链和大腿上环带，接受腔是在取自残肢的石膏型上，用树脂复合材料抽真空成型的，以髌韧带为主要承重部位。根据悬吊方式又分为 PTB 小腿假肢、PTES 小腿假肢和 KBM 小腿假肢。PTB 式适用于小腿中部截肢的患者。PTES 和 KBM 式适用于小腿残肢过短的截肢患者。

（3）TSB 全接触式小腿假肢：小腿假肢接受腔具有全表面接触，承重合理的特点，适用于各部位小腿截肢的患者。

（4）PTK 小腿假肢：它综合了髌韧带承重小腿假肢和 TSB 全接触式小腿假肢型假肢的特点，承重合理，悬吊力强，活塞作用小，穿脱方便。适用于小腿残肢过短的截肢者。

3. 大腿假肢　一般由假脚、踝关节、小腿、膝关节、接受腔、悬吊装置等几部分组成。适用于从膝关节间隙上 5cm 至坐骨结节下 10cm 范围内的截肢患者。常用品种有：

（1）传统式大腿假肢：膝关节为简单的铰链式结构，需要装在膝部的两侧，接受腔为圆锥形插入式，分带锁的和不带锁的两种。带锁的在步行中能确保膝关节的稳定性，但步行时只能直腿走，步态差。不带锁的多附加有伸膝辅助装置，故步行时有伸膝的动作。

（2）骨骼式大腿假肢：模拟人的下肢，假肢内部装有支撑件和人工关节，外部套以柔软、富有弹性且外形和颜色近似健肢的泡沫外套，承重合理，穿脱方便。

4. 膝部假肢　适用于膝离断，大腿残肢过长（离膝关节间隙 8cm 以内）和小腿残肢过短（距膝关节间隙 4cm 以内）的截肢患者。分为：

（1）传统式膝离断假肢：带有起悬吊作用的腰带。

（2）骨骼式膝离断假肢：采用四连杆机构，末端承重，膝部外观较好。

5. 髋部假肢：适用于股骨粗隆以上的截肢，髋关节离断和半侧骨盆切除的患者。有传统型结构和骨骼型结构两种。

（刘海霞）

第 2 节　矫　形　器

矫形器疗法作为治疗的手段之一，在康复医疗中占有重要地位。矫形器是装配于人体外部，通过力的作用，以预防、矫正畸形，治疗骨关节及神经肌肉疾患并补偿其功能的器械。使用矫形器的目的是：保护关节、限制异常活动、矫正或预防变形、代偿功能、增强能力。

什么样的病人需要装配矫形器？

装配矫形器的适应证主要有：需要对某个（或数个）关节加以制动；代偿身体某个部位失去的功能；矫正身体某部位的畸形；改善异常步态；减轻肢体承重；骨折愈合不良；手术后对肢体的保护；减少由于长期卧床而导致的各种并发症，以及在等待手术期间短期内使用等。

链 接

制作矫形器的常用材料有金属（钢材、铝合金等）、塑料、皮革、橡胶和纤维五大类。近年来各种高温和低温热塑性塑料板材广泛应用于制作矫形器，不仅增加了许多矫形器新品种，同时也使矫形器在结构上、外观上以及作用力的合理分布等方面有了较大的改进。

一、上肢矫形器

上肢矫形器主要用于保持不稳定的肢体于功能位，提供牵引力以防止挛缩，预防或矫正肢体畸形，以及补偿失去的肌力。按其功能分为固定性上肢矫形器和功能性上肢矫形器两大类。

（一）固定性（静止性）上肢矫形器

固定性上肢矫形器主要是固定肢体于功能位，常用于辅助治疗上肢骨折、关节炎、腱鞘炎等。其种类有：

1. 手指矫形器（HO） 常用的是手指制动器，用于固定一个或多个指间关节。有防止指间关节屈曲性挛缩或过度伸展，增加关节稳定性的作用，见图 4-2（A）。

2. 腕手矫形器（WHO） 可保持腕关节于功能位，防止腕关节掌侧脱臼和手指屈肌挛缩等作用。常用的固定性腕手矫形器有护腕和螺旋形腕关节支具，见图 4-2（B）。

3. 肘腕手矫形器（EWHO） 固定肘关节于 90°功能位，用于辅助治疗肘关节结核等慢性关节炎症。

4. 肩肘腕手矫形器（SEWHO） 固定性肩肘腕手矫形器主要有两种：一种是肩关节外展矫形器俗称飞机架，见图 4-2（C），主要适用于肩关节融合术后、臂丛修补术后肩关节的短期固定；另一种是翼状肩胛矫形器，适用于前锯肌麻痹所致的翼状肩胛畸形。

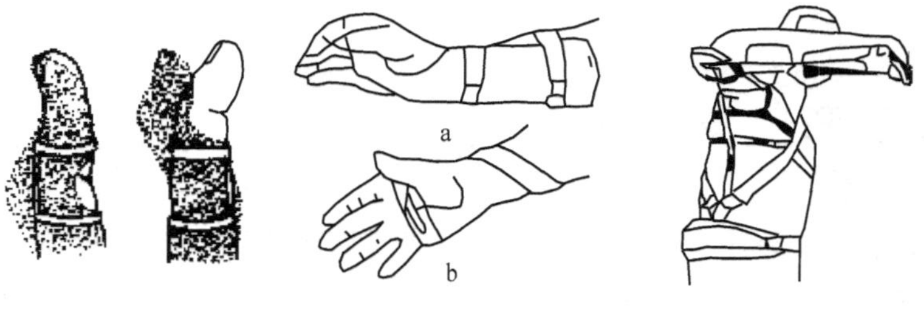

A B C

图 4-2 固定性（静止性）上肢矫形器

A. 手指制动器；B. 腕关节矫形器（a 护腕，b 螺旋形腕关节支具）；C. 肩关节外展矫形器

(二) 功能性(可动性)上肢矫形器

此类矫形器用弹簧、橡皮筋等材料制成,允许肢体有一定程度的活动,用于矫正关节或软组织挛缩畸形。

1. 手指矫形器(HO) 常用的功能性手指矫形器有六种,见图4-3。

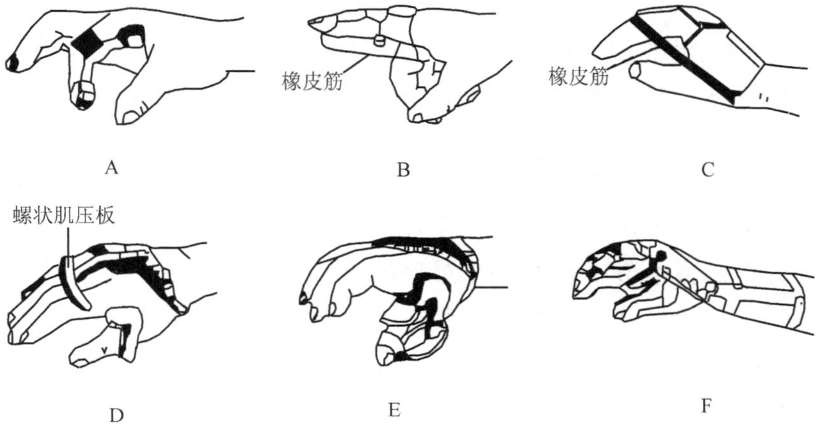

图4-3 功能性手指矫形器

A. 伸指矫形器;B. 橡皮弹力屈指矫形器;C. 屈掌指关节矫形器;D. 伸掌指关节矫形器;E. 短对掌矫形器;F. 腕驱动式握持矫形器

2. 腕手矫形器(WHO) 功能性腕手矫形器有三种:腕关节伸展矫形器、防尺侧偏斜矫形器及用于偏瘫的腕手矫形器。

3. 肘腕手矫形器(EWHO) 常用的功能性肘腕手矫形器见图4-4,多用于肘关节不稳定的病人。

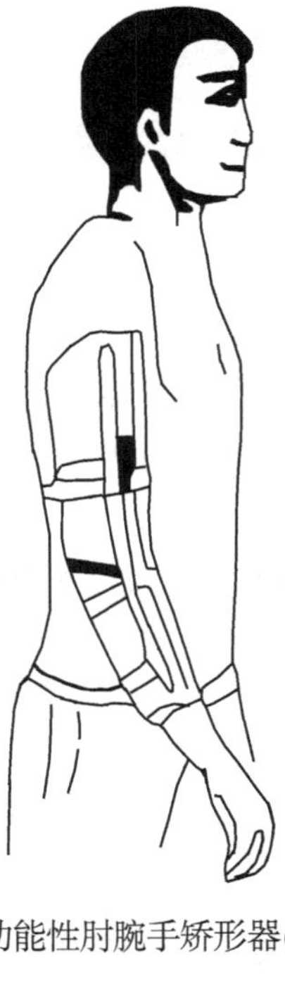

图4-4 功能性肘腕手矫形器(EWHO)

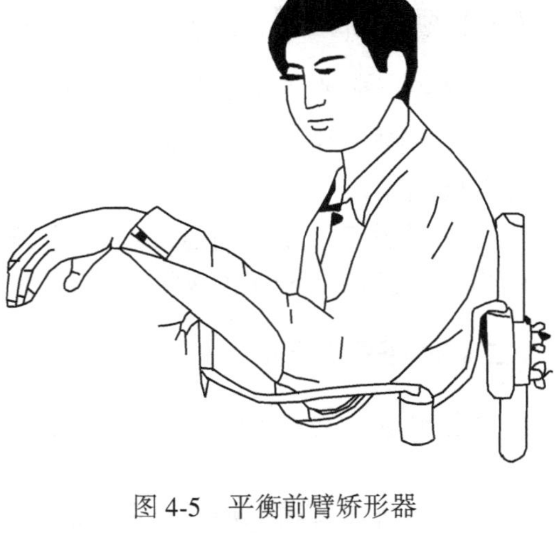

图4-5 平衡前臂矫形器

4. 平衡前臂矫形器　见图4-5,是为使用轮椅的患者设计,用来承受麻痹上肢的重力,以获得平衡,从而使患者便于进食和完成一些日常生活活动,要求肩、肘关节仍有1~3级的肌力。

二、下肢矫形器

下肢矫形器根据其结构特点和不同的适用范围,分为限制性和矫正性下肢矫形器,也可分为用于神经肌肉疾患和用于骨关节功能障碍的两大类矫形器,目前较常用的是按照矫正的部位来命名。

1. 踝足矫形器(AFO)　主要用于矫正足下垂。品种有金属结构AFO和塑料结构AFO,后者重量轻,易清洁,美观,穿着无响声,便于换鞋。在塑料结构AFO中,以后侧弹性塑料AFO使用最普遍。

2. 膝踝足矫形器(KAFO)　主要作用是稳定膝关节,避免无力的膝关节承重时突然弯曲,矫正屈膝畸形,用于下肢不能站直的患者。分为金属、塑料、金属-塑料KAFO三种。

3. 膝关节矫形器(KO)　是在不需要控制踝足关节的运动,只需控制膝关节的运动时应用。常用的有三种:软式膝关节矫形器、传统式膝关节矫形器、瑞典式膝反屈矫形器。

4. 髋关节矫形器(HO)　常用来防止因大脑瘫痪而引起的股内收肌痉挛造成的髋关节内收畸形,及保持髋关节的正确位置,其固定范围包括整个骨盆及患侧大腿部分。

三、脊柱矫形器

脊柱矫形器主要用于限制脊柱运动,辅助稳定局部,减轻疼痛,减少椎体承重,支持麻痹的肌肉,预防和矫正脊柱畸形。

(一) 颈椎矫形器(CO)

颈椎矫形器适用于颈椎病、颈椎挫伤或颈椎骨折术后的制动。

1. 围领　常用的有软式围领、硬式可调式围领,分别用于控制颈椎的屈伸和旋转运动。

2. 颈椎牵引带　通过枕-颌牵引,矫正颈椎不良曲度,拉宽椎间隙,解除肌肉痉挛,减轻对神经根的刺激和压迫。

(二) 躯干矫形器

躯干矫形器适用于椎间盘突出、胸腰椎压缩性骨折、胸腰椎术后的制动。

1. 软性脊柱矫形器　常用的有围腰,使用时围腰下端要紧贴骨盆,才能有效限制腰的伸展、屈曲和侧屈，增减围腰上的金属支柱数量可调整脊柱的活动度。

2. 硬性脊柱矫形器　胸腰椎术后需用硬性矫形器固定，应根据术后要求，分别选择限制屈曲和伸展躯干的各种躯干矫形器。

(三) 脊柱侧弯矫形器

脊柱侧弯矫形器多用于脊柱侧弯保守治疗，对抑制侧弯进展，矫正伸屈动作有一定治疗作用。适用于侧弯小于40°、年龄在16岁以下的少年。

四、矫　形　鞋

矫形鞋是治疗足部疾患的足垫、足托、靴、鞋的总称。主要用来矫正扁平足或补充下肢长度以改善步态，减轻足部疼痛，维持身体平衡，以及在站立和行走时改善足的功能。这些目标的实现可以通过：①将体重压力敏感区转移到耐压区；②减少压力敏感区的摩擦和切应力；③改变体重的传递方式；④矫正足部功能性畸形；⑤适应足部固定性畸形；⑥限制不稳定、疼痛和存在炎症的关节运动；⑦补偿一侧缩短的下肢。此外，矫形鞋也是下肢矫形器的基础部分，如果矫形鞋未能正确装配，那么下肢矫形器也就不能发挥应有的作用。足部矫形器一般包括鞋与鞋垫两大类：图4-6为内侧纵弓托和鞋衬套。

A　　B

图4-6　内侧纵弓托和鞋衬套
A. 内侧纵弓托；B. 鞋衬套

（杨玉南）

第3节　轮　　椅

轮椅是康复治疗中常用的重要工具之一，许多残疾人步行能力往往降低或丧失，为了进行各种活动就需要借助交通工具，这种工具就是轮椅。随着社会文明的进步与发展，轮椅已不仅是肢体伤残者的代步工具，伤残人借助轮椅还可以进行身体锻炼和参与社会活动，使他们在生活和工作中实现自理，且有助于心理方面的平衡。

一、普通轮椅结构

普通轮椅主要由轮椅架、轮、座靠、刹车装置和踏脚板五部分构成,见图4-7。

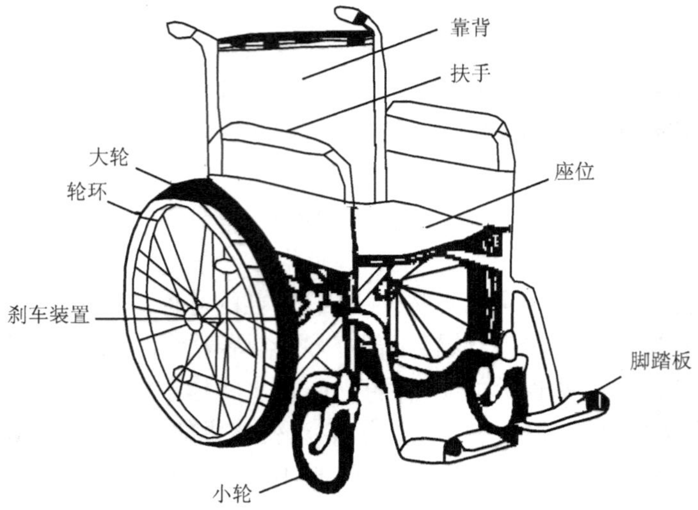

图4-7 普通轮椅结构

1. 轮椅架 轮椅架是轮椅的核心部分,有固定式和折叠式两种。固定式轮椅架的强度好,结构简单。折叠式轮椅架便于携带,两侧扶手可以装卸。为确保乘坐者安全,在脚踏板及座位处均配有束带。

2. 轮 轮椅上装有大轮、小轮各一对。每个大轮的外侧均装有轮环,使用者驱动轮环可使轮椅前进、后退或转向。大轮是轮椅的主要承载部分,轮轴的强度必须可靠。大轮多用充气轮胎,主要是行进功能。一般轮椅速度为0.5~5m/s。小轮用于越障碍和辅助支撑,在转弯时有导向作用,载重较轻,多为实心轮,一般可越过3cm高的障碍物,上抬后可越过15cm高的障碍物。

3. 座靠 轮椅椅座的坐垫和靠背直接与乘坐者的臀部和后背接触,应具有良好的均压性、防湿性和透气性。通常多使用泡沫塑料制成坐垫,外层包有透气和吸潮作用较好的棉、皮制品。目前已研制成胶状液体物的均压垫,对防止压疮有明显作用。

4. 刹车装置 即车闸,大轮每轮均有一车闸,刹车装置多采用手拉扳把。使用者在上下轮椅或在坡道上停用时,均需将轮椅刹住,否则轮椅会自行移动,造成一定危险。因此,对患者进行轮椅训练时,首先要掌握好车闸的使用。

5. 脚踏板 脚踏板除托住脚外,还要承担部分下肢的重量。为了防止脚从踏板滑落而造成损伤,脚踏板上多配有限位带,对脚有保护作用。

二、普通轮椅的适用范围

1. 步行功能减退或丧失者 如截肢、下肢骨折未愈合、截瘫、其他神经肌肉疾患引起双下肢麻痹、严重的下肢关节炎症或疾病等。

2. 中枢神经疾病使患者独立步行有危险者　如严重颅脑损伤、脑血管意外、帕金森病或脑性瘫痪等，这类病人普遍存在着运动共济失调，并伴有意识及精神方面的障碍。

3. 非运动系统本身的疾病，但步行对全身状态会产生不利影响者　如严重的心脏病或其他疾患引起的全身性衰竭等。

4. 高龄老人，步履困难易出意外者。

三、轮椅的选用

轮椅的选用可按照如下原则：

1. 轮椅高度　一般要求下肢放置在脚踏板上时保持膝屈曲 90°，脚踏板距地面 5~6cm 以上的高度，上下移动双足方便。对稳定性不佳者，可配用安全带固定身体。

2. 座宽　乘坐者坐好后，臀部与轮椅侧面挡板两内侧面之间的距离应各有 2.5cm 的间隙为宜。座位过窄，不但使患者上下轮椅不方便，还容易擦伤皮肤，甚至挤压股骨周围而产生压疮；座位过宽，则不易坐稳，且乘坐者驱动轮环十分不便。

3. 座长　乘坐者坐好后，　窝部与座位前缘的间隙以 6.5cm 为宜。座长过长会使座位前缘压迫　窝部小腿的上端，而影响血液循环，并易擦伤皮肤；座长过短又会使坐骨结节承重太大，容易在坐骨结节处产生压疮。

4. 靠背的高度　靠背的高度应根据乘坐者的坐高及上半身功能情况而定。靠背越高乘坐者越稳定，靠背越低上半身及双臂的活动越方便。一般靠背上缘高度应在乘坐者腋下约 10cm 为宜。对于高位截瘫者则选用高靠背轮椅，比较舒适安稳。

5. 坐垫与脚踏板之间的距离　坐垫与脚踏板之间的最佳距离，以双脚放在脚踏板上，　窝处大腿前端底部约有 4cm 不接触坐垫。这样既可使大腿底部与臀部同时承受重量，又不压迫　窝部的血管与神经。

6. 其他要求　包括轮椅折叠是否容易？四个轮子是否均匀着地？推动轮椅时是否呈直线前进？大轮及小轮转动是否灵活？脚踏板开合是否方便？等等。截瘫病人的轮椅双侧扶手应能自由拆卸，便于操作。

原来是这样

如坐垫与脚踏板的距离过小，可使大腿前端与坐垫离开的部分过长，造成坐骨结节承重过大，易产生压疮；坐垫与脚踏板的距离过大，乘坐者的脚不能够踏在脚踏板上，双脚失去依托而自由摆动，易导致碰伤。

链　接

四、轮椅处方

康复工程技术人员应根据康复医生开出的轮椅处方为患者配置轮椅(见表4-1)。

表 4-1 轮椅处方

姓名________ 年龄________ 住址________________

职业________ 电话________ 处方日期________________

临床诊断________________

残疾诊断________________

使用者类型:成年人,未成年人,儿童,普通人,截肢者,单臂者,四肢麻痹者

使用者体型参数:座宽________ cm 座高________ cm 座长________ cm

座位臀足平面距离________ cm 体重________ kg

驱动方式:手动(双轮、单轮:左、右)

电动(手控、颊控、颏控、气控)其他________________

大轮尺寸:50.8cm ________ 61cm ________ 66cm ________

小轮尺寸:12.7cm ________ 20.3cm ________

轮胎:普通硬橡胶________ 一般充气________ 低压充气________ 驱动环________

座位:硬________ 软________ 特殊要求________

靠背:普通________ 有靠头枕________ 靠背可倾________

扶手:一般________ 可拆________ 可装小型书桌________

脚踏板:普通固定________ 趾圈式________ 跟圈式________ 跟带式________

特殊附件:手托或手带支承架

多用托盘

便桶

医师/治疗师________

(杨玉南)

第4节 助行器与自助具

一、助行器

助行器是辅助人体稳定站立和行走的工具和设备。对于各类截瘫患者、下肢肌肉功能损伤和肌力衰弱的老年人,如果下肢长期不活动,将导致肌肉萎缩,影响血液循环及其他生理功能,为使他们能自由站立和行走,助行器是不可缺少的康复工具。根据助行器工作原理和功能大致分为三大类:无动力式助行器、动力式助行器、功能性电刺激助行器。

（一）无动力式助行器

这一类助行器包括各种拐杖和移动式助行架，主要用途是辅助下肢肌力衰弱者，以及残存部分肌力和行走能力损伤较轻的截瘫患者，作为站立和行走的工具。

1. 拐杖　根据不同类型病人的需要，又分为手杖、臂杖和腋杖三种类型，其中手杖和臂杖又有单脚和多脚之分（图 4-8）。

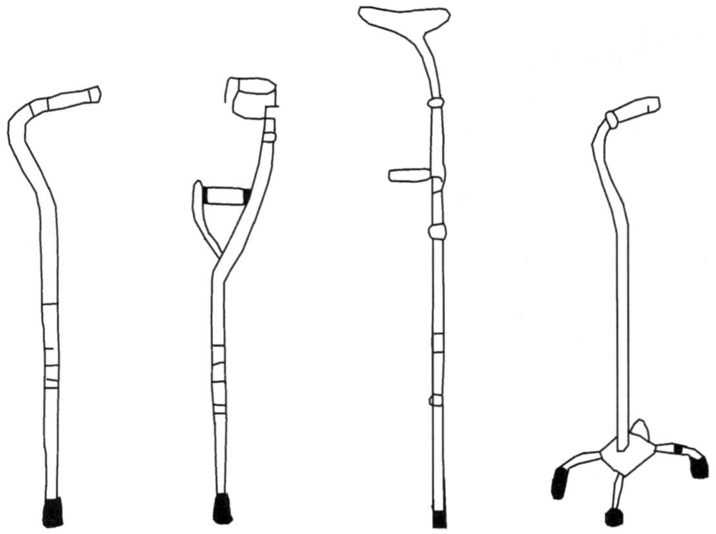

手杖　　臂杖　　腋杖　　多脚杖

图 4-8　助行杖

（1）手杖：用于年老体弱或下肢残疾，但病情较轻者。选择手杖的合适长度，是将上臂自然下垂，屈肘 45°，掌心到地面的垂直距离即为所选手杖的长度。

（2）腋杖和臂杖：适用于下肢功能损害较重的患者。腋杖使用时由于腋下承重，常压迫腋神经并影响血液循环，出现上肢麻痹感。臂杖由于靠前臂承重，且承重面积较大，因此，避免了腋杖的缺点。腋杖选择方法：自然站立，小趾前外侧 15cm 到腋窝的距离即为腋杖的长度，屈肘 30°，腕背处为把手位置。选择臂杖时应注意，由于臂杖是以前臂和手共同承重，在其上端部有臂托，中部有柄杖，柄杖与臂托之间的一段向后倾斜，以使臂托承受一部分体重，故柄杖与臂托之间的距离应小于患者前臂的长度，即应小于掌心到肘关节的长度。

您知道吗？

各种拐杖都须以手握杖柄，由手承担一部分体重，因此，要求使用者手的握力和上肢各关节的功能无异常。对于臂力较弱或上肢有疾病如有帕金森病（震颤麻痹）者，为加强拐杖的稳定性，应选用多脚拐。

链　接

2. 移动式助行架　对于下肢功能严重损害、步行平衡能力较差的患者或长期卧床引起下肢肌力减弱的老人,可采用移动式助行架。

移动式助行架大致分为步行式和轮式两大类(见图 4-9)。步行式适用于上肢功能完善而下肢功能损害不十分严重的患者;轮式适用于上下肢功能均较差的患者,优点是行走时助行架始终不脱离地面,而且轮子的摩擦阻力小,易于推行移动。

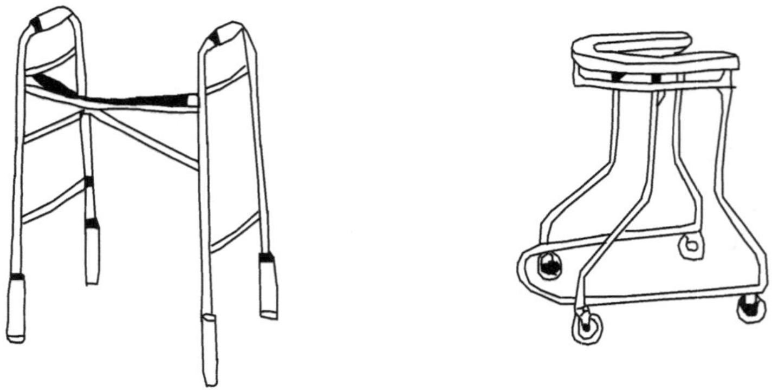

A　　　　B

图 4-9　移动式助行架

A. 步行式;B. 轮式

(二) 动力式助行器

这种助行器实际上是一种可以穿戴在瘫痪下肢上的、装有便携式小型动力源驱动的步行机构。适用于完全性截瘫而且患肢肌肉对电刺激无反应的高位截瘫患者。穿戴这种助行器的患者,需要在移动式助行架或多脚拐的辅助下行走。

(三) 功能性电刺激助行器

功能性电刺激助行器是通过脉冲电流刺激神经纤维,引起肌肉收缩而完成行走功能的步行机构。其中对瘫痪肢体功能恢复的作用称为神经-肌肉功能性电刺激(FNS),利用 FNS 方法治疗的主要对象是上运动神经元障碍引起的瘫痪。在临床上用于脑卒中等引起的偏瘫和由脊髓损伤等引起的截瘫和四肢瘫,同时与现代电子技术结合对脊髓破坏性外伤和早期未能及时治疗而造成的完全性下肢截瘫患者起助行作用,使其站立和行走。

功能电刺激助行的原理

脊髓损伤引起患者损伤部位以下感觉神经系统和运动神经系统功能丧失,以致肢体无感觉而不能随意运动。在一定频率的脉冲电流作用下,瘫痪肌肉能产生强直收缩,形成肌力,使骨骼产生运动。如果瘫痪下肢肌群接受的脉冲电流在时序上和刺激强度上进行协调配合,就能形成下肢的各种运动,这就是功能电刺激助行的原理。

链 接

二、自　助　具

自助具是一类利用患者残存功能,无需外界能源,单凭患者自身力量即可帮助患者独立完成日常生活活动而制造的器具。也被称为自助器或辅助用具。自助具的使用不仅是一种积极的治疗手段,而且还有助于树立患者重返社会的信心。

自助具与矫形器的区别

自助具与矫形器的区别在于前者只用于改善功能,后者则以稳定、支持和矫正畸形为主。有时自助具也需要在矫形器的配合下使用。

链　接

(一) 使用自助具的目的

使用自助具的目的有以下几方面:①更好地进行各种功能活动;②帮助患者从依赖向自立过渡;③逐步提高日常生活活动的能力;④增强患者的自立活动能力和信心。

(二) 自助具的种类

衣食住行是人们维持生活的基本条件,也是参与各种形式社会活动的基础,据此可将自助具分为以下几类:

1. 抓握自助具　应用具有抓握功能的C形夹自助具,如截瘫患者坐在轮椅上,需拣拾掉在地上的东西时,可使用各种C形夹来抓握、拣拾物品,其构造有折叠式、便携式和勾状式等多种式样(图4-10)。取物器的手柄多为手枪样,使用时只要用手指扣压扳机,由扳机牵动控制顶端勾的连线,即可打开取物器顶端的勾,将掉在地上的东西夹住取到手中。

2. 进食自助器　使用各种改良的日常餐具,对进食动作提供方便或防止倾倒、滑漏。常用的进食自助具有:

(1) 自助匙:根据患者残疾程度和要求的不同,以及手部大小的不同,在匙把上安装尼龙搭扣,便于患者抓握匙柄,为使用匙、叉等餐具进食提供便利(图4-11)。

(2) 自助杯、碗、盘:对杯、碗、盘等餐具加以适当改造,或一侧加高以防止倾漏,或在底部加防滑处理,防止滑翻、倾倒,为进食提供便利。

3. 装饰和梳洗自助具

(1) 自助牙刷:用一根直径3cm、长12cm左右的木棍,用钻在木棍中心打一孔洞,其直径与牙刷柄相适应,孔深约3~4cm,将一把普通牙刷插入木棍内固定牢固后即可使用。

(2) 洗澡洁身自助具:取一直径3~4cm、长75~80cm的塑料圆棍,经热处理后弯成一"U"字形半圆环,一端固定成适合患者手部大小的长方形闭环,另一端连接一长方形毛刷或软塑料刷子即可使用。患者洗澡时,手插入一端的方形环内,便可比较容易地擦洗背部。

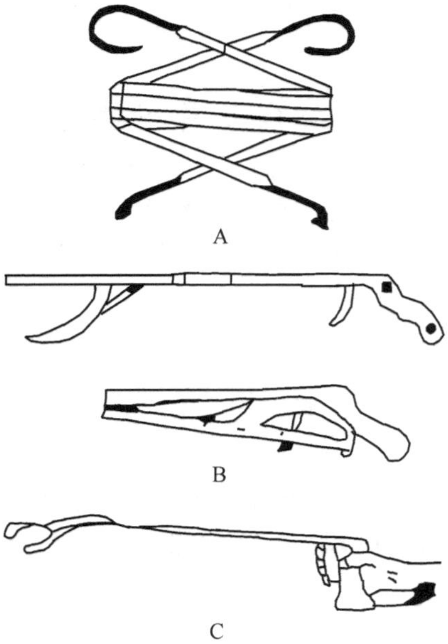

图 4-10 截瘫患者的取物器

A. 折叠式;B. 便携式;C. 钩状式

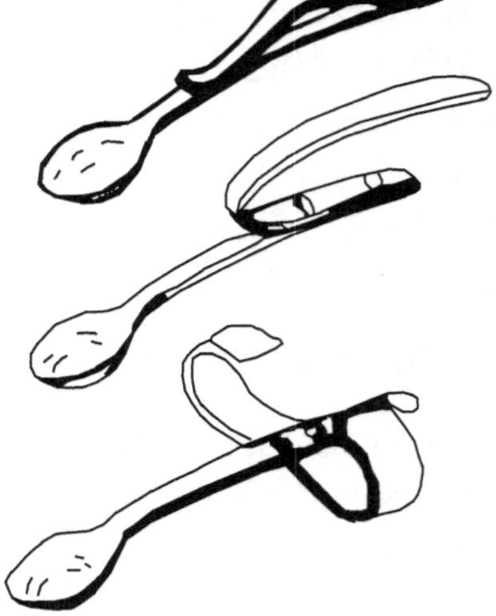

图 4-11 自助匙

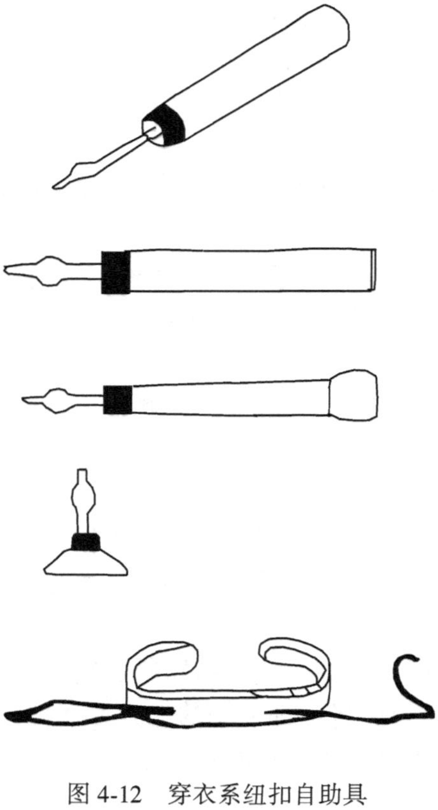

图 4-12 穿衣系纽扣自助具

(3) 自助镜装置:此装置可使患者正面对镜时观察到自己背部或头后部的形象。具体做法是取一块约 40cm×60cm 大小的镜子,固定于墙壁上。然后另取一块较小的镜子,一般约 10cm×15cm 大小,将其与一根直径 1~2cm、长约 80cm 的金属棍相连,棍的另一端装于 10cm 大小的吸盘上,将吸盘固定于大镜子表面一上角处。患者坐于两镜之间,正面对小镜子时通过反光照射,即可观察自己背部及头后部形象。

4. 更衣、穿着自助具

(1) 穿衣、系扣自助具:采用弹簧钢丝、木棒或塑料棒加工制成。制作方法如图 4-12 所示,用一根直径 0.6mm 左右的细钢丝,弯成"凸"字形封闭环,另取一根 3~4cm 粗的木棍或塑料棒,用钻打小孔约 5~6cm 深,将弯好有弹性"凸"字形环插入,固定牢固即可。

(2) 穿袜自助具:取一块宽 6cm、长

15～20cm、厚 3mm 的金属或塑料板，经热处理后，弯成“U”字形，将其一端的侧面与一根粗 1.5～2cm、长 60cm 左右的金属管相连接，最后将金属管的另一头装上木手柄即可。当患者穿袜子时，只要将袜子撑开套在“U”字形板上，再将其套在脚上后，以双手握着手柄向上拉即可将袜子穿上（图 4-13）。

（3）穿鞋自助具：用一个普通的鞋拔子与一根直径约 2cm、长 80cm 的木板或木棍连接即可。使用时，患者坐着不需弯腰便可将鞋穿上（图 4-14）。

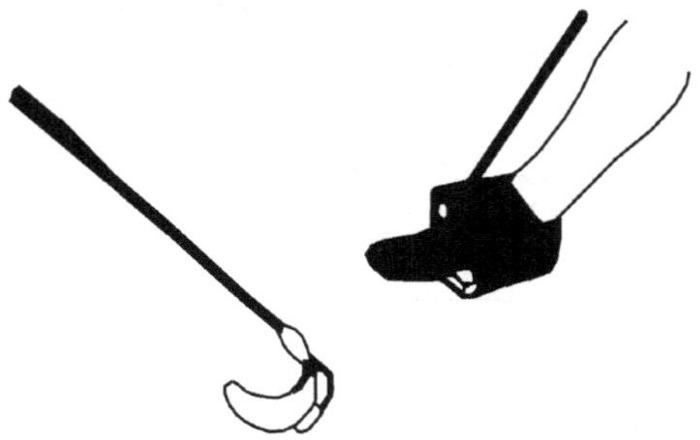

图 4-13　穿袜自助具

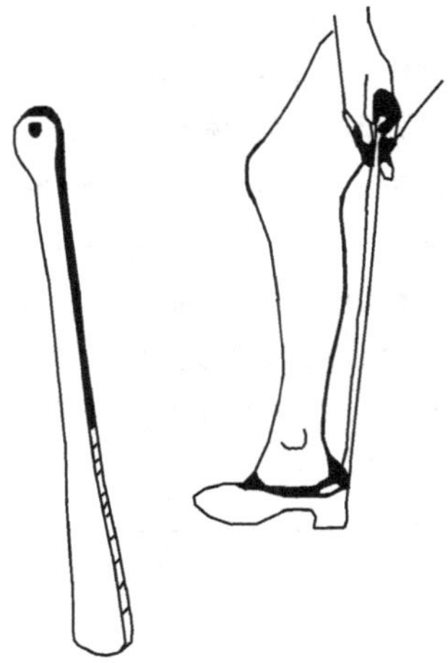

图 4-14　穿鞋自助具

5. 阅读、书写、打字自助具　阅读、书写、打字用的支架是供高位截瘫患者使用的自助具。制作方法是先加工一块 35cm×45cm、厚约 2cm 的木板，再取两根约 1cm 粗的长铁丝或铁条分别变成 65cm×30cm 和 75cm×65cm 的长方框，然后将此两铁长方框与前面准备好的木板组合成一支架（图 4-15）。可将此支架放置于床头桌上或轮椅上使用。

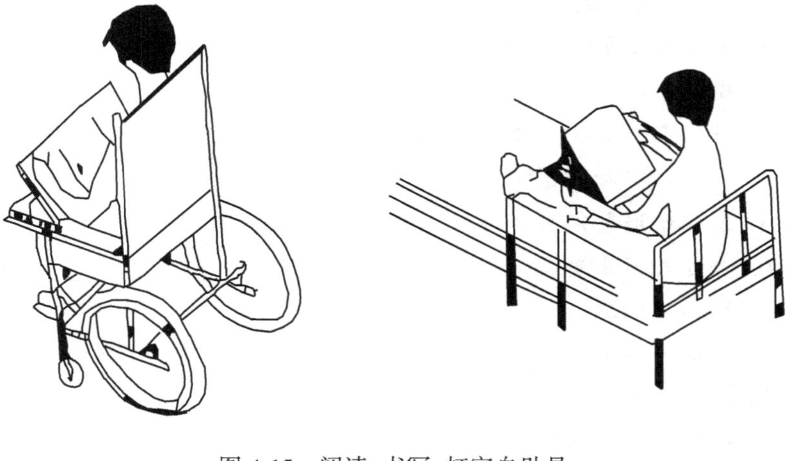

图 4-15　阅读、书写、打字自助具

小结

假肢按截肢部位分类：上肢假肢分为前臂假肢、上臂假肢、肩关节离断假肢。下肢假肢分为踝部假肢、小腿假肢、膝部假肢、大腿假肢和髋部假肢等。使用矫形器的目的是保护关节，限制异常活动，矫正或预防畸形，代偿功能，增强能力。上肢矫形器按其功能分为固定性上肢矫形器和功能性上肢矫形器两大类。下肢矫形器根据其结构特点，分为限制性和矫正性下肢矫形器。选择轮椅的原则是轮椅高度：脚踏板距地面5~6cm以上；座宽：臀部与轮椅侧面挡板两内侧面之间的距离应各有2.5cm的间隙；座长： 窝部与座位前缘的间隙以6.5cm为宜；靠背：一般靠背上缘高度应在乘坐者腋下约10cm；坐垫与脚踏板之间的距离： 窝处大腿前端底部约有4cm不接触坐垫。助行器分为无动力式助行器、动力式助行器、功能性电刺激助行器。常用自助具有抓握自助具、进食自助器、装饰和梳洗自助具、更衣和穿着自助具、阅读书写和打字自助具等。

目标检测

一、名词解释

1. 康复工程　2. 假肢　3. 矫形器
4. 助行器　5. 自助具

二、填空题

1. 最常用的康复工程产品有________、________、________、________等。
2. 对上肢假肢的基本要求有：________，________，________，轻便耐用，穿脱方便。
3. 假手按功能可分为________、________、________、________四种类型。
4. 下肢假肢按截肢部位分类，可分为________、________、________、________和髋部假肢等。
5. 上肢矫形器按其功能分为____________和____________。
6. 普通轮椅主要由________、________、________、________和踏脚板五部分构成。
7. 拐杖可分为________、________和________三种类型。

三、选择题

1. 按功能假手分为下列类型，但除外
   A. 机械手　B. 工具手
   C. 装饰手　D. 前臂假肢

E. 外部动力手

2. 对前臂接受腔的要求下列哪项是正确的?
   A. 接受腔的四周与残肢端的大部分能够接触
   B. 残肢的长度与接受腔上缘的高度无关
   C. 短残肢时接受腔的上缘要高些
   D. 短残肢时接受腔的上缘要低些
   E. 长残肢时接受腔上缘要高些

3. 下列哪一项不属于安装上肢假肢的基本要求?
   A. 外观逼真　　B. 操纵随意
   C. 轻便耐用　　D. 穿脱方便
   E. 悬吊功能良好

4. 使用矫形器的目的哪项有错?
   A. 保护关节　　B. 限制异常活动
   C. 矫正或预防变形　　D. 代偿功能
   E. 代替步行

5. 下列哪项不属于下肢矫形器?
   A. WHO　　B. AFO
   C. KAFO　　D. KO
   E. HO

6. 选用轮椅时,臀部与轮椅侧面挡板两内侧面之间的距离为
   A. 1.5cm　　B. 2.5cm
   C. 3.5cm　　D. 4.5cm
   E. 5.5cm

7. 选用轮椅的要求哪项有错?
   A. 臀部与轮椅侧面挡板的距离为 2.5cm
   B. 　窝部与座位前缘的间隙为 6.5cm
   C. 靠背上缘高度应在乘坐者腋下约 10cm
   D. 　窝处大腿前端底部约有 4cm 不接触坐垫
   E. 脚踏板距地面 3cm

8. 选择手杖长度的方法下列哪项有错?
   A. 病人站立　　B. 上臂自然下垂
   C. 屈肘 45°　　D. 掌心到地面的垂直距离
   E. 肘部到地面的垂直距离

9. 下列哪项不是使用自助具的目的?
   A. 更好地进行各种功能活动
   B. 帮助患者从依赖向自立过渡
   C. 逐步提高日常生活活动的能力
   D. 增强患者的自立活动能力和信心
   E. 可作为代步工具

10. 上下肢功能均较差的患者应选用下列哪种助行器?

A. 手杖　B. 腋杖

C. 肘杖　D. 步行式助行架

E. 移动式助行架

11. 赛姆假肢属于

A. 踝部假肢　B. 小腿假肢

C. 大腿假肢　D. 膝部假肢

E. 髋部假肢

四、简答题

1. 请写出上肢假肢的分类情况?
2. 使用矫形器有何目的? 哪些病人需装配矫形器?
3. 如何正确选用轮椅?
4. 如何正确选用手杖和腋杖?

(杨玉南)

参考文献

胡永善. 2000. 康复医学. 北京:人民卫生出版社
李茂松. 2002. 康复医学概论. 北京:人民卫生出版社
缪鸿石. 2000. 康复医学理论与实践. 上海:上海科学技术出版社
南登昆,郭正成. 2000. 康复医学临床指南. 北京:科学出版社

第 5 章

社区康复

学习目标

1. 正确解释社区康复的概念
2. 说出社区康复的目标和任务
3. 列出社区康复的特点
4. 简述社区康复的组织机构
5. 叙述社区康复的服务方式

第 1 节　社区康复的概念、目标和任务

一、社区康复的概念

社区康复(community-based-rehabilitation, CBR)是指在社区层次上采取简单、有效、易行的康复措施,使病、伤、残者在自己的生活区域内获得全面康复服务的系统工程。社区康复是急症医院早期康复治疗的延续,使伤病后及残疾者在社区内继续得到康复服务。社区康复的实施有赖于残疾人自己及其家属所在的社区,以及相应的卫生、教育、劳动、就业与社会服务等部门共同努力。

急症医院出院的患者除了一小部分进入康复中心以外,其余都返回了社区。因此,他们中的多数人仍需要社区康复机构的康复服务。1976 年,世界卫生组织(WHO)提出以社区为基础的康复服务,要求通过社区为伤残者提供基本的康复服务和训练。由于各国、各地在运行中产生了许多不同的理解和模式,因此,在 1994 年由联合国三大机构:世界卫生组织、世界劳工组织(ILO)和联合国教科文组织（UNESCO）联合讨论，共同制定了关于社区康复的联合意见书，提出社区康复的定义、目标、方法、持续发展的条件、加强部门间的合作等要点。联合意见书对社区康复所下的定义为：社区康复是社区发展的一项策略，使所有残疾人得到康复、具有平等的机会和达到社会一体化。社区康复被纳入社区发展计划之中，强调残疾人参与，残疾人受益，其目标是："确保残疾人能充分发挥其身心能力，能够获得正常的服务，能够完全融入所在社区中"。

我国从1986年开始社区康复的试点工作。同时还建立了有利于开展社区康复工作的法律法规。1991年5月，我国颁布了《中华人民共和国残疾人保障法》。在卫生部、民政部和残疾人联合会的共同推动下，到1994年底全国已经建立了6000多个社区康复站，这些康复站在对伤残人员的普查、康复功能训练和建立健康档案等方面发挥了一定作用，同时也摸索出了一些符合我国国情的社区康复工作模式。

在我国，社区康复由社区来领导，主要依靠社区本身的资源，由卫生、民政、社团、教育、劳动就业等部门人员和志愿人员，残疾人及其家属参与的社区康复系统，在本社区内进行残疾的普查、预防、医疗康复、教育康复、职业康复和社会康复的工作，使社区内的残疾人得到基本的康复服务。近年来，随着全社会对康复医学的重视，社区康复事业已走上蓬勃发展的道路。

社区康复资源有哪些？

社区康复资源是指一切可以为社区康复提供帮助和技术支援的社会力量和机构，包括管理资源、技术资源、信息资源和经济资源。

链 接

二、社区康复的目标

社区康复的总目标是按照全面康复的原则，为社区内的功能障碍者提供综合性康复服务，包括医学的、教育的、职业的和社会的康复服务。社区康复的主要目标有以下四个：

普通教育与特殊教育有何不同？

普通教育是指为正常学生开设的九年义务教育、中高等教育及职业教育。而特殊教育是针对各种残疾学生的残疾情况开设的教育，如对盲人的盲文教育，对聋哑人的手语教育等。

链 接

1. 残儿教育　主要通过社区康复服务，实行早期干预，解决残疾儿童的上学问题，使社区内的肢体残疾儿童能接受普通教育，视力残疾、听力残疾、智力残疾儿童接受特殊教育。

2. 残疾人就业　通过社区职业康复服务，解决青年和成年残疾人的就业问题，使他们有劳动机会，自食其力，参与社会活动，融入社会，成为国家建设的一分子。

3. 残疾康复　通过社区康复治疗，使残疾人的生理和心理功能得到改善，尽可能做到生活自理，适当活动，能与他人交往沟通。特别是老年残疾人的康复问题，目前人口老龄化已经成为当今很多国家的突出问题，满足老年人生理、心理和社会各方面需求，提高老年人的生活质量，已经成为全世界普遍关注的问题。

4. 残疾预防　通过残疾预防工作，防止或减少残疾的发生。

三、社区康复的工作任务及特点

（一）社区康复的工作任务

1. 建立社区康复领导小组　社区康复是我国医疗卫生计划和国家社会保障计划的一部分，应在各级政府统筹领导下，有计划地进行安排。从国家到地方，也就是由国家卫生部、民政部和中国残疾人联合会等部门合作，建立社会化的社区康复服务网络和社区康复各级领导小组。

2. 加强社区康复专业技术人员的培训　在各级社区康复领导小组的领导下，培训康复技术专业指导员，包括物理治疗、作业治疗和语言治疗方面的治疗指导员以及康复护理人员、志愿者等，使他们具备社区康复所必须的专业知识，掌握一定的康复技术，通过各方面的力量有效地帮助功能障碍者康复。

3. 完成康复普查与评估及预防残疾工作　通过普查和功能评估，了解社区内的功能障碍者的情况，建立康复对象的专门档案，以此作为开展社区康复的基础，并为每一个康复对象制定适合自身特点的康复治疗方案。在社区开展残疾的预防工作，如预防接种、环境卫生、保健咨询、营养卫生、心理保健咨询、安全防护、优生优育和各种形式的卫生宣传教育。

4. 建立各种形式的社区康复场所　在社区现有的条件下，因时、因地、因人制宜，并尽可能创造条件，建立社区康复场所，配备一定的康复设施，以适应残疾人群的实际需要。在社区卫生服务中心建立康复工作指导站，居委会（村）里的基层康复站等。

5. 设立社区特殊康复及职业康复机构　设立社区特殊康复机构，为残疾人康复创造最基本的条件，但是，此项工作需要在上级有关部门的支持配合下进行。如建立特殊教育学校，解决弱智儿童的教育问题；设立聋哑人学校，解决聋哑人的特殊教育问题，实现教育康复。设立假肢、支具训练班解决截肢者支具安装与训练问题；设立残疾人再就业机构，用来解决伤残者学习新技术和再就业等问题，实现职业康复。

6. 做好社区医疗康复及发挥转诊中心的作用　对本社区的残疾人进行以家庭为基地，或以镇（街道）、乡（区）为基地的康复医疗，改善其生活自理能力和劳动能力，逐渐适应家庭及社会生活。同时，对需要转到专科医院或康复中心求医者，能够及时转诊出去，并随时接诊那些从专科、综合医院或康复中心转来的患者。

7. 营造助残的良好社会风气，实现社会康复　社区康复的成功最终需要全社会的支持与关心，因此，必须在社区范围内，努力营造一个助残的良好社会风气，使社区居民都能以实际行动来关心、帮助、扶持及尊重残疾人，形成一个和谐的社区环境。可以组织本社区残疾人的文艺活动、体育比赛等,为残疾人参与社会生活创造条件。还可以帮助残疾人改建家居环境及社区内生活环境,以便利他们的生活和工作。

8. 建立自负盈亏的经济核算体制　社区康复站与社区医疗卫生服务中心一样,实行的都是自负盈亏的经济核算体制,因此,在保证优质社区康复服务的同时,必须进行经济成本核算。当然还可以争取社会慈善机构的援助,经常添置康复训练器材。

(二) 社区康复工作的特点

社区康复工作的服务对象主要是社区内的功能障碍者。基于我国目前的国情,结合社区的情况,社区康复工作的主要特点如下:

1. 立足社区,以人为本　社区康复是社区发展计划中的一项策略,受社区政府中有关职能部门管理以及社区康复领导小组的指导。政府在人员的安排、适量资金的提供、低价或无偿的场地保障方面给予积极帮助。社区康复的最终受益者是社区的人民群众,充分体现了以人为本的观点,体现 WHO 倡导的"人人健康"的卫生工作的根本宗旨。

2. 充分利用有限的医学资源　我国目前是发展中国家,无论是国家还是人民群众都不富裕,尤其是广大的农村。因此,投入社区康复的资金不可能很多,这就需要我们充分利用有限的医学资源,包括人力资源、经济资源和技术资源,制定适合实际的个体化康复方案。

3. 广泛动员多方面的力量　社区康复除了需要医护专业人员的积极性,同时还需要残疾人及其家庭、护理员和志愿者的大力支持。因此,要广泛动员各方面的力量,最大限度的发挥他们的积极性。

4. 社区康复治疗与社区宣教相结合　宣教可以激发伤残者生存的强烈愿望和回归社会、回归家庭的信心,进而转化为积极主动参加康复的行动。宣教还可以在预防残疾的发生方面产生积极的作用,因此,社区康复治疗与社区宣教具有同等重要的意义。

5. 社区康复以康复治疗组为最基本的康复实施形式　社区康复治疗组以社区医生为组长,包括物理治疗师、作业治疗师、心理治疗师、语言治疗师等。以保证功能障碍者得到全方位的、综合的康复服务。必要时,社区康复组还可以邀请康复专家来会诊,或将伤残者转诊去专科医院。

链接

社区康复的工作程序是怎样的?

社区康复的工作程序是:①成立领导机构;②选拔、培训基层康复组组长;③培训基层康复员;④进行残疾普查;⑤医疗康复训练;⑥全面康复;⑦总结评估。

(蔡菊敏)

第2节 社区康复的组织机构和服务方式

一、社区康复的组织机构

我国的社区康复是在社区政府领导下进行工作。基层卫生部门是开展社区康复的主要专业技术力量,医疗康复是全面康复的前提。社区康复的组织机构是政府领导下的医疗保健网与民政部门、残疾人联合会密切协作的组合。其组织机构分为以下三级组织结构:

第一级组织机构为区(县)社区康复领导小组:由该区(县)主管卫生或民政工作的区(县)长担任组长,成员包括区(县)各有关方面负责人以及残疾人代表,负责本区(县)社区的领导、组织、建设、管理和协调工作。该级领导小组的职责是:

(1) 制定本区(县)的康复工作计划。

(2) 协调本区(县)内社区各种康复力量。

(3) 管理与指导本区(县)第一、第二级社区康复组织机构。

(4) 组织好本区(县)内社区康复资源中心。

(5) 抓好本区县社区康复专业技术人员的培训和提高。

(6) 计划与筹措对基层社区康复提供的部分资源。

第二级组织机构为街道(乡)级社区工作指导站:由主管卫生或民政工作的街道办事处主任(乡长)担任组长,成员有街道(乡)卫生科、民政科相关负责人、卫生服务中心社区医生代表、医疗保险局代表和残联代表等组成。指导站可以附设在社区卫生服务中心内。该中心的职责是:

(1) 根据上一级社区康复工作领导小组意见,结合本地区的特点,制定相应康复工作实施计划,向下传达到第三级社区基层康复站。

(2) 指导和培训第三级社区康复工作。

(3) 筹措本街道(乡)社区康复工作所需资源。

第三级组织机构为居委会(村)级社区基层康复站:由居委会主任(村委会主任)担任组长,成员有全科医生、卫生员、康复治疗师、残疾人家属或残疾人代表等组成。基层康复站可以附设在居委会(村委会)社区服务站内。基层康复站的职责是:

(1) 负责制定本居委会(村)康复计划并组织实施。

(2) 指导和咨询本居委会(村)的所有

社区康复工作制度是什么?

社区康复工作制度包括:①社区康复各级工作人员的岗位责任制;②医疗康复训练制度;③社区康复站工作制度;④病历档案书写与管理制度;⑤基层康复员工作报表管理制度;⑥转诊及康复咨询制度;⑦征集社区赞助和支持制度;⑧社区康复领导小组会议制度。

链 接

康复对象,为他们建立康复档案资料。

(3) 管理基层康复站的工作,包括房屋设施、器械、经费收支等。

(4) 培训和指导患者、患者的家属或护理员、志愿者,加强康复训练,指导家庭居所康复。

二、社区康复的服务方式

不同的国家因政治、经济、文化、社会结构等背景不同其社区康复服务也有差异。我国的社区康复工作,从战略上讲,是社会主义精神文明建设的一个重要组成部分;从工作体系上讲,是初级卫生保健和基层社会保障的一个重要组成部分。我国地域辽阔,人口众多,各省市地区之间、城市与乡村之间发展也不平衡。因此,可以推行的社区康复的服务模式也有不同。大致有以下几种:

1. 社区服务保障模式　这是一种以民政部门为主的模式,即建立一种由民政部门负责,综合起本社区各种服务资源,对社区内功能障碍对象实施收容和康复的服务保障模式。如社区内的养老院、托老所、临终护理院、老年护理援助中心、精神病康复站、民政局福利厂、儿童福利院等。这种模式强调社会基本福利照顾与服务,适当开展社区康复。

2. 社区卫生服务模式　这是一种以卫生部门医疗护理服务为主的模式,以乡(街道)一级的卫生院或地段医院为基础,改造成为社区卫生服务中心,实行为本地区的人群防病治病的同时,也指导本社区功能障碍者的康复。有些条件好的社区卫生服务中心也可设立康复病床。

3. 家庭病床模式　是一种以医疗护理服务为主的模式,所不同的是病床建立在家庭,由乡(街道)一级卫生院或地段医院建立本地区病人-病史档案,实行医护人员专业指导,开展家庭居所康复训练,使医疗服务工作走进家庭,方便家庭,更有利于开展因地制宜的家庭康复训练。

4. 社会化综合康复服务模式　是一种由政府起主导作用并动员起社区内多种力量的综合康复服务模式。社会化综合康复服务模式集中了以上三种模式的优点,将医疗任务与康复工作紧密结合,充分发挥社区医护人员的骨干作用,综合多种措施使功能障碍者康复,并最大限度提高其生活质量和重归社会。社会化综合康复服务模式更加适合我国的国情,更加有利于社区康复的开展。

小结

社区康复是指在社区层次上对所有功能障碍对象采取综合康复服务。社区康复的总目标是按照全面康复的原则，为社区内的功能障碍者提供包括医学的、教育的、职业的和社会的综合性康复服务。社区康复需要建立社会化的社区康复服务网络和社区康复各级领导小组，完成社区康复专业技术人员的培训、康复普查与评估及预防残疾工作，建立各种形式的社区康复场所和特殊康复机构，最终使康复对象达到全面康复。社区康复的组织机构是政府领导下的医疗保健网与民政部门、残疾人联合会密切协作的组合，其组织机构由区（县）、街道（乡）、居委会（村）级三级机构组成，其服务方式有四种，其中社会化综合康复服务模式更加适合我国的国情，更加有利于社区康复的开展。

目标检测

一、名词解释

社区康复

二、填空题

1. 我国从________年开始社区康复的试点工作。
2. 社区康复的总目标是按照全面康复的原则，为社区内的功能障碍者提供综合性康复服务，包括________、________、________、________康复服务。
3. 社区康复的服务方式有________、________、________、________四种，其中最适合我国国情的是________。

三、简述题

1. 简述社区康复的原则。
2. 请写出社区康复的任务及特点。
3. 居委会（村）级社区基层康复站的人员组成及责任有哪些？

（蔡菊敏）

参考文献

胡永善. 2001. 康复医学. 北京：人民卫生出版社

谭维溢，戴 红. 1999. 全科医疗中的康复医学. 北京：科学出版社

第 6 章

常见伤病的康复

学 习 目 标

1. 能用 Brunnstrom 法对脑卒中偏瘫患者的运动功能进行康复评定
2. 描述脑卒中偏瘫患者的康复治疗方法
3. 初步学会颅脑损伤、小儿脑性瘫痪、糖尿病患者的康复评定和康复治疗方法
4. 简述脊髓损伤、冠心病、COPD、精神病患者的康复评定和康复治疗方法

第 1 节　脑卒中偏瘫的康复

脑卒中又称脑血管病或中风，是一组急性起病的脑循环障碍性疾病。临床表现为头痛、头晕、意识障碍和偏瘫、失语等局灶性症状。该病为常见病、多发病，而且死亡率、致残率、复发率高。在脑卒中的幸存者中约 70%～80%有不同程度的残疾。

一、疾 病 概 述

脑卒中的发病因素很复杂，在众多的病因中以血管壁病变、心脏病变和血流动力学改变、血液成分改变为常见。如高血压、心脏病、糖尿病、高血脂、吸烟、酗酒等均为脑卒中的易发因素，同时也是脑卒中复发的因素。脑卒中可分为出血性和缺血性两大类。出血性脑卒中包括脑出血、蛛网膜下腔出血；缺血性脑卒中包括一过性脑缺血发作、脑梗死。脑出血好发于 50 岁以上的中老年人,多在过度兴奋、劳累、情绪激动、用力排便时突然出现剧烈头痛,反复喷射状呕吐和血压增高,病情进展迅速。由于出血部位不同,可出现感觉减退、语言障碍、偏瘫、偏盲等症状。脑梗死多见于 60 岁以上有高血压、冠心病或糖尿病病史者,常在安静休息或睡眠状态中发病。病前可有头痛、头晕等前驱症状,但无意识障碍或意识障碍较轻。发病后病人表现出偏瘫、失语、吞咽困难等神经症状。

脑卒中发生后,引起的功能障碍是多种多样的,而且病变部位不同,引起的功能障碍也不同。在众多的表现中以偏瘫最常见。为此,开展脑卒中偏瘫的康复,对改善患者运动功能障碍,提高其生活自理能力,使他们在生理、心理、社会功能上的残疾尽可能达到理想的水平具有重要意义。本节重点介绍脑卒中偏瘫患者的康复评定和康复治疗。

二、康 复 评 定

目前有许多关于偏瘫运动功能的评价方法。常用的有 Bobath 法、Brunnstrom 法、上田敏法、Fugl-Meyer 法等。其中在临床上用的最多的是 Brunnstrom 法。Brunnstrom 把偏瘫患者恢复的过程分为六个阶段(见表 6-1)。从该过程可看出偏瘫的发展过程就是异常运动模式恢复到正常运动模式的过程。但恢复过程可因病情不同,有些患者可能会停留在某个阶段而不再进展。但一般会遵循这样的规律:先下肢后上肢、先近端后远端、先屈曲模式后伸展模式,反射先于随意运动,粗大运动先于分离的、有选择的运动。

表 6-1　Brunnstrom 运动恢复阶段

阶段	上　肢	手	下　肢
Ⅰ级	弛缓,无任何运动	弛缓,无任何运动	弛缓,无任何运动
Ⅱ级	仅出现协同运动模式	出现轻微屈指动作	仅有极少的随意运动
Ⅲ级	痉挛加剧,可随意引起协同运动或其成分	能全指屈曲,钩状抓握但不能伸展,有时可有反射性伸展	痉挛加剧,在坐和站位上,有髋、膝、踝的协同性屈曲
Ⅳ级	痉挛开始减弱,出现脱离协同运动的活动 (1) 手能置于腰后 (2) 上肢前屈 90 度(肘伸展) (3) 肩0 度,肘屈 90 度的情况下,前臂可旋前、旋后	能侧捏及松开拇指,手指能半随意、小范围伸展	痉挛开始减弱,开始脱离共同运动出现分离运动 (1) 坐位,在足跟不离地情况下踝能背屈 (2) 坐位,足可向后滑动
Ⅴ级	痉挛减弱,共同运动进一步减弱,分离运动增强 (1) 上肢外展 90 度 (2) 上肢前平举并能上举过头 (3) 肘呈伸展位,前臂能旋前旋后	(1) 可做球状和圆柱状抓握,但不熟练 (2) 能随意全指伸开,但范围大小不等	痉挛减弱,共同运动进一步减弱,分离运动增强 (1) 健腿站,患侧腿可先屈膝,后伸髋 (2) 站立位在伸直膝的情况下,足稍向前踏出,踝能背屈

续表

阶段	上　肢	手	下　肢
Ⅵ级	痉挛基本消失，运动协调基本趋于正常，手指指鼻无明显辨距不良，但速度比健侧慢（≤5 秒，或Ⅴ级动作的运动速度达健侧 2/3 以上）	（1）能进行各种抓握 （2）全范围的伸指 （3）可进行单指活动，但比健侧稍差	协调运动大致正常，下述运动速度达健侧 2/3 以上 （1）站立伸膝位髋外展 （2）坐位，髋交替地内、外旋，并伴踝内外翻

Fugl-Meyer 评价法

该方法是 Fugl-Meyer 等人创立的专用于脑卒中偏瘫的评定方法。它根据患者上下肢的各种功能分别按照运动、平衡、感觉、关节活动及疼痛等几个方面来评定。上肢 33 项，下肢 17 项，每项满分 2 分，共计 100 分。总分小于 50 分为严重运动障碍；50～84 分为明显运动障碍；85～95 分为中度运动障碍；96～99 分为轻度运动障碍。

链　接

您知道吗？

传统的说法“健侧”实际上是不存在的，因为现代医学证明大脑并不完全由对侧神经支配，约有 10%的神经纤维是同侧支配的。一侧大脑的病变不仅可以导致对侧肢体的功能障碍，同时也影响同侧肢体的运动功能。所以准确地应称“受累侧”和“非受累侧”，但这里我们仍按传统说法。

链　接

脑卒中偏瘫患者肢体的痉挛是上运动神经元损伤的表现，患者僵硬的姿势和运动均由患侧各肌群不同程度的痉挛引起（图 6-1），其中上肢表现为典型的屈肌优势，下肢表现为典型的伸肌优势。

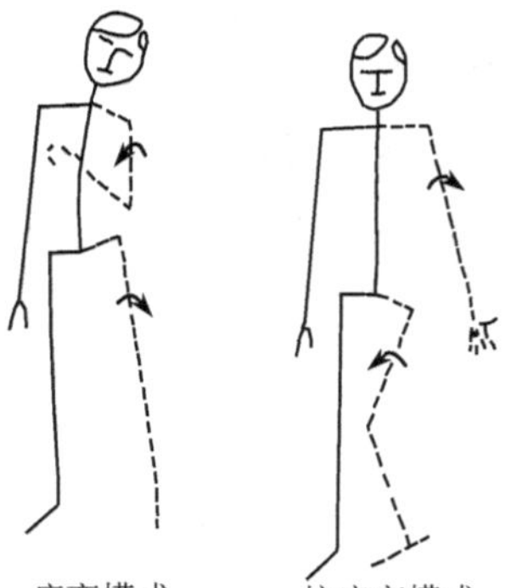

图 6-1　脑卒中偏瘫痉挛与抗痉挛模式

三、康复治疗

（一）早期康复

脑卒中偏瘫患者运动功能的恢复应从急性期开始，主张患者应尽早开始主动训练，早离床。目前认为应在生命体征稳定，神经学缺陷不再发展后 48 小时开始，不要求患者完全清醒和有完好的交流能力，但患者应有警觉性，对疼痛有不适反应，有一定的交流能力。在不引起异常反应的前提下，逐渐增加活动量，以尽可能地减轻失用综合征。对患者的肢体进行康复训练时，不能仅局限于患侧，对于健侧和全身功能的维持和强化同样应受到重视。因为许多研究表明，不仅在患侧甚至健侧也存在不同程度的失用，成为预后不良的原因。

1. 保持正确的卧姿 床上良好的体位是早期治疗的重要措施，能预防或减轻以后易出现的痉挛模式。正确的卧姿有仰卧位、健侧卧位和患侧卧位（图6-2）。

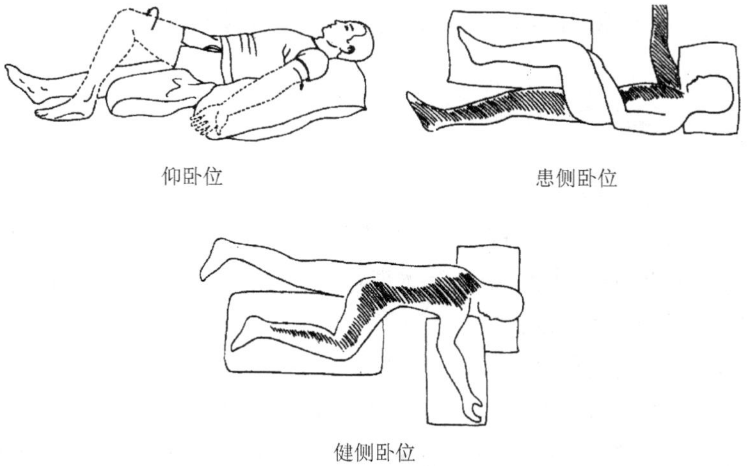

图6-2 正确的床上抗痉挛体位

（1）仰卧位：头枕在枕头上，患肩用一软枕垫起，患侧上肢伸直外旋，并放与该软枕上，掌心向上，手指稍分开，骨盆前挺，大腿稍向内夹紧并稍内旋，膝关节稍弯曲并放于软枕上。本体位是护理上最容易采取也是患者最舒适的体位，但此体位易发生患肢的伸肌痉挛。

（2）健侧卧位：患者侧卧于健侧，胸前放一软枕，患侧肩前伸，肘关节、腕、指关节伸展放在软枕上，患侧髋、膝屈曲似踏出一步置于身体前面的软枕上，足不能悬空，健侧肢体自然安置。此体位可避免仰卧位时的伸肌紧张，预防痉挛，同时也有利于呼吸道分泌物的引流，但健侧肢体的活动受限。

（3）患侧卧位：患者侧卧于患侧，躯干稍向后仰，避免患肩被直接压于身体下，患侧肩充分前伸，肘伸展，前臂旋后，患髋伸展，膝轻度屈曲。健侧上肢放于身体上，健腿屈曲置于前面的软枕上，足底不放任何支撑物，手不握物品。此体位可增加偏瘫侧的感觉输入，有利于神经功能的恢复，同时健侧可自由活动，但患者感觉不太舒适。

以上三种卧位我们可以根据患者的情况具体选择。为了预防压疮和肺部感染，另外由于仰卧位强化伸肌优势，健侧侧卧位强化患侧屈肌优势，患侧侧卧位强化患侧伸肌优势，所以只有不断对患者进行体位转换，才能使肢体的伸屈肌张力达到平衡，预防痉挛模式的出现。一般情况下每1~2小时为患者更换体位一次。但有下列情况之一时则不能进行体位转换：①病灶侧瞳孔散大，对光反射消失；②头部轻屈即出现瞳孔散大；③呼吸不规则；④频发全身痉挛；⑤频发呕吐；⑥收缩压小于90mmHg；⑦双侧弛缓性瘫痪；⑧发病1小时内进入深昏迷状态。

2. 肢体被动运动　如患者昏迷时间过久或因其他原因,数天后仍不能开始主动床上训练,为了预防关节活动受限,促进肢体血液循环和增加感觉输入作用,需对患者进行被动的关节活动。一般按先健侧后患侧,由大关节到小关节的顺序进行,动作应轻、慢。被动运动时,应多做与痉挛相反的活动:如肩关节外展、外旋;肘、腕关节、指关节伸展;髋关节外展和伸展;膝关节伸展;足背屈。

(二) 恢复期康复

翻身和关节被动活动只能预防褥疮和关节痉挛,并不能有效地防止失用性肌肉萎缩和其他失用征的出现,也不能直接促进肢体功能的恢复。所以应尽早对患者进行主动训练。当患者生命体征稳定,意识清楚并无进行性加重的临床表现时,就可以开始主动活动。

1. 翻身训练　仰卧位易引起伸肌痉挛,也易加重肩胛骨后突。所以患者应尽快从仰卧位向两侧翻身,这也是最基本的训练躯干功能的方法。患者双手手指交叉并握在一起,上肢伸展,先练习上举,再练习伸向侧方。翻身时,患者手保持该姿势并将手臂举起,同时屈曲的双腿倒向翻身侧,借助惯性作用翻身(图 6-3)。向患侧翻身患者感觉较容易,向健侧翻身时需他人帮助患者转动骨盆或肩胛。但应注意,不管是翻于健侧或患侧,头一定要先转向同侧。

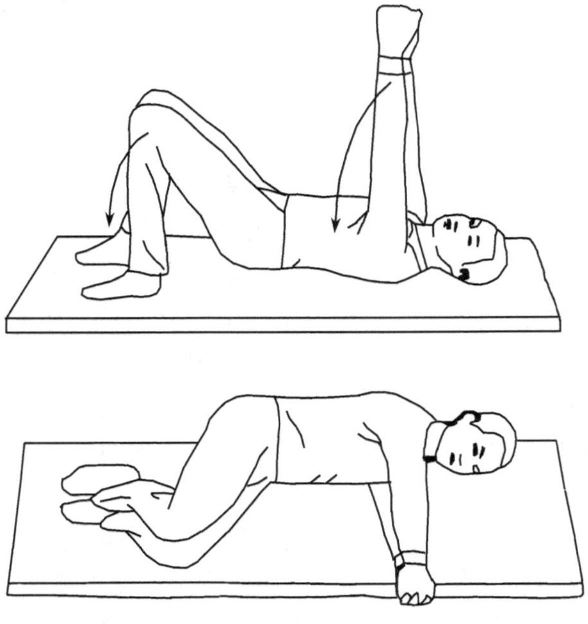

图 6-3　翻身训练

2. 桥式运动　目的是训练腰背部肌群和伸展髋关节,为站立做准备。患者仰卧,双上肢置于身体两侧,双腿屈曲,足踏床,慢慢地抬起臀部,后慢慢地放下即所谓的双桥运动(图 6-4)。当患者能容易地完成双桥运动,再让患者的健侧悬空，患肢支撑，患臀抬离床面，我们称为单桥运动。该种训练能有效地防止站立位时髋关节不能充分伸展而出现的臀部后突。

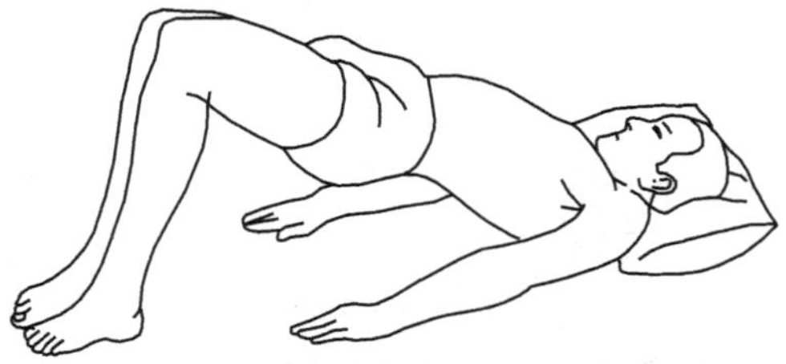
图 6-4　桥式运动

3. 坐位训练　尽早让患者坐起，可防止肺部感染，改善心肺功能，但对于老年人和卧床时间较长的患者易出现直立性低血压。故应从半坐位开始（依次为30°、45°、60°、80°坐位）。如果前一种体位能坚持30分钟且无明显头晕等不适症状可过渡到下一项。

（1）坐起方法：从健侧坐起时，先向健侧翻身，健侧上肢置于身体下，双腿远端垂于床边后，头向患侧上方侧屈。这样在健侧上肢的支撑下缓慢坐起。若从患侧坐起则困难大些，要求躯干有较大的旋转至半俯卧位，同时也需健侧上肢的支撑。

（2）坐位平衡训练：患者在无支撑物下在床边或椅子上静坐，髋关节、膝关节、踝关节均屈曲成90°，两足踏地且分开一脚宽，两手放于膝关节上。坐位时患者有向患侧倾倒的趋势，训练者应协助患者调整躯干和头至正中位。当感到患者能自己保持端坐位时则松开双手。此时，患者可保持该位置数秒，然后慢慢倒向一侧。随后要求患者自己恢复原来位置，必要时给予帮助，来回反复练习。当患者完成静态坐位平衡训练后，让患者双手手指交叉并握拳，分别向上、下、前、后、左、右不同方向伸展，同时伴有重心移动（此称为自动态坐位平衡训练）。如此时患者仍能平衡的坐于床沿或椅子上则完成了自动态坐位平衡训练。最后让患者再受到突然的推、拉外力作用下仍能保持平衡（称为被动态坐位平衡训练），则可认为已完成了坐位平衡训练。进行坐位训练时要求患者双脚踏地或踏在支持台上，这样能有效地预防足尖内翻。另外，要在无支撑、无扶助下练习，否则效果不明显。可以看出，在反复对患者进行坐位平衡训练的同时，患者的耐力也得到了训练。

4. 站位训练　一般在进行自动坐位平衡训练的同时开始站位训练。

（1）站起训练：从坐位到站位时，患者双足分开约一脚宽，也可让患者把患足放在健足之后，以使患足能承担一部分体重。双手手指交叉握拳，上肢前伸，同时躯干在髋关节上向前倾，慢慢站起。但要防止仅用健腿支撑站起的现象。患者重新坐下时，起初常沉重地跌坐在椅子上，所以开始训练要用较高的椅子，以后再逐步降低其高度。

（2）站位平衡训练：患者站起后，松开两手，使其下垂于身体两侧。训练者逐渐除去支撑，让患者自行保持站立，然后使重心转移到患腿上，训练患腿的静负重能力。如患者能平稳地保持站立，可抬起健腿让患腿单独负重，随后用健

屈膝、屈踝训练的方法

在 Brunnstrom Ⅰ～Ⅱ期即可开始对患者进行屈膝、屈踝训练。屈膝训练：患者仰卧，训练者使其髋关节和膝关节屈曲，同时保持足背屈外展，注意下肢不能外旋外转。开始时可有一定阻力，当阻力消失后，可缓慢略伸患者的腿，让患者自己控制使腿不自然滑落。成功后可让患者主动地做小范围的屈膝运动。屈踝训练：患者屈膝仰卧，训练者一手在患者踝关节前用力向下向后压，另一手将足前部提起，使足处于背屈位，开始有一定阻力，阻力消失后，可在足背上轻施压力，训练患者坚持不让足跖曲。

链 接

腿小步地向前向后移动，以加强患腿的负重和进一步训练患腿的平衡。也可让患者健侧上肢（或双手交叉的上肢）伸向不同的方向，同时伴随重心的相应摆动，训练其自动态站位平衡。如患者在受到突发外力的推拉时仍能保持平衡，则证明已达到被动态站位平衡。

5. 步行训练　一般在患者达到自动态站位平衡，患腿负重达体重的一半以上，并可向前迈步时开始步行训练。

步行训练早期患者常有膝过伸或膝打软现象，应继续加强膝关节的控制训练。当能屈膝后，可让患者在步行双杠内练习行走（患者移动时先伸健侧手扶在前方健侧杠上——患足迈出——再迈健足的顺序），成功后离开双杠，用手杖进行行走练习至最终脱离手杖。患者可独立行走后，进一步练习上下楼梯（健腿先上，患腿先下）、走直线、绕圈、上下斜坡等实用步行训练。有条件者还可采用吊带支持（减重）跑台上行走训练。

6. 手功能的训练　当患者能取坐位后就可以进行手的基本动作的练习，这样能锻炼指关节的功能，促使手功能的恢复，同时有利于躯干、肩、臂、手的综合训练。当进入 Brunnstrom Ⅴ～Ⅵ期，患者的肌张力降低或基本恢复正常，分离运动已明显，可以控制技巧性运动，但顺序和速度较差时，就要对患者进行作业治疗以训练手和手指的精细功能。

（1）手的基本动作训练：①伸腕：患者取坐位，前臂放于桌面上，手腕伸出桌前沿，手握一杯子。训练者固定其前臂，让患者用手腕举杯向上，然后放回原处，反复练习。或者让患者前臂和手腕都放于桌面上，在手腕背侧置一杯子，让患者伸腕推动杯子。②旋后：让患者前臂和手腕均放于桌面上，虎口向上，手握一长塑料瓶的底部，前臂旋后，使瓶盖触及桌面或用瓶盖敲击桌面。③拇指外展和其他各指的对掌：患者前臂固定于中位，伸腕，让患者拇指外展推动放在拇指背侧的小物品。当拇指外展功能良好时，就可让患者用拇指外展和对掌握住一杯子，但应防止患者伸拇指来代替外展或屈掌指关节来代替对掌，还可以进一步让患者连续用拇指分别和其他各指拾起桌面上的小物品。④手指在肩胛上的控制训练：在患者健侧肩上放小纸片等物品，让其用患手伸到健侧肩上拿起，可锻炼患者手指的自由利用。

（2）手的抓握、放松和手指的精细功能训练：可因地制宜，让患者练习开关各种水龙头，用钥匙开锁，也可用打算盘、打字、编织、螺栓配螺母等治疗方法进行手的精细动作训练。最终目的要让患者有日常生活活动能力，能自行进行吃饭、穿衣、个人卫生及家务活动。在训练中，针对患者出现的习惯性失用（即患者在初期用患手失败后，逐渐学会用健手而不用患手）采用强迫法，用吊带固定健手，限制其使用，而让患手从简单动作开始训练逐渐过渡到对进食、穿衣、写字等针对某种功能的作业。

（三）后遗症期的康复

此期多数患者已出院，在家中，由于活动空间的限制，家属过多照顾或无暇顾及，患者主动性差等原因，对老年和移动能力较差的患者易出现功能退化。所以根据患者的病情和体力，参照原来的训练，来进行维持性练习是很重要的。对于那些仍不能恢复步行者，可每日练习翻身、坐位，能有效地防止压疮、肺炎等并发症。那些可以步行的患者，可继续通过上下楼梯的练习，远距离行走使活动耐力不断提高。但所有的活动均要确保患者的安全，活动量也应逐渐增大。

什么是后遗症期？

后遗症期指瘫痪肢体的运动功能不再有进一步恢复的时期。在对患者经过积极地治疗和训练后，一般在发病3~6个月后进入该期。此期若对患者进行合理的训练，其运动耐力和日常生活活动能力仍可进一步提高。

链　接

（四）常见合并症的康复

1. 肩关节半脱位　肩关节半脱位的表现是患者在放松坐位时可在患侧肱骨头和肩峰间触及明显凹陷，X线下可见肱骨头，肩胛盂间的间隙增宽。其发生的原因是肩胛骨周围肌肉瘫痪、痉挛导致肩胛骨下旋，或肩关节囊、韧带松弛、破坏及长期牵拉所致的延长而引发的。所以对患者进行训练时可使用吊带、他人扶持等方法，给患侧上肢必要的支撑，能有效地预防肩关节囊及韧带的松弛延长，同时可采用按摩法，对肩关节周围起稳定作用的肌肉，予以足够的刺激及维持全关节活动度的无痛性被动运动范围，防止关节挛缩，能有效地预防和治疗肩关节半脱位。

2. 肩痛　多在脑卒中后1~2个月出现。发生的原因是在肩关节正常运动机制受损的基础上，不恰当地活动，导致患肩的局部损伤和炎性反应。如不及时处理可累及整个患肩、上臂和前臂。初期为运动痛，后期就表现为休息痛。严重影响患者的休息和训练。为了预防和治疗肩痛，所以患者在卧位时，应对其患侧上肢进行合理的体位摆放。在帮助和训练患肩外展的同时使上臂外旋。对其进行主动和被动活动，以增加关节活动的范围，必要时可应用消炎镇痛药物、解痉药物或局部理疗。

（王　虹）

第 2 节 颅脑损伤后的康复

颅脑损伤又称为脑外伤,是指头颅和脑受到外来暴力撞击所遭受的外伤,除颅骨和脑组织直接受到损伤外,还常常并发颅内血肿、脑水肿、颅内压增高等继发性损伤。颅脑损伤病情严重而复杂,死亡率高,即使存活下来常常遗留不同程度的功能障碍,如意识、运动、言语、认知等。按损伤方式,颅脑损伤分为闭合性与开放性两大类。本节主要介绍闭合性颅脑损伤的康复。

一、疾病概述

颅脑损伤由于损伤的部位、程度不同表现多种多样,但伤后常见症状及体征仍有一定的共性,具体表现为:①意识障碍:绝大多数颅脑损伤患者有不同程度的意识障碍,通常表现为嗜睡、浅昏迷及深昏迷等;②头痛、呕吐;③眼部症状:眼部症状和体征对伤情判断和预后估计有重要意义,常有瞳孔大小改变,眼球位置改变,光反应改变等;④锥体束征:可出现单瘫、偏瘫、四肢瘫或去大脑强直等;⑤脑疝:最常见的是小脑幕切迹疝和枕骨大孔疝等。

二、康复评定

颅脑损伤病情复杂,损伤后康复评定的内容较多,如损伤严重程度、运动功能、认知功能、行为、性格、情绪障碍和器质性精神障碍、言语吞咽障碍、失认症、失用症、日常生活活动能力等,本节主要介绍以下几个方面的评定:

(一) 损伤严重程度的评定

1. 意识障碍期损伤程度的评定 通常采用格拉斯哥昏迷量表(Glasgow coma scale,GCS)进行评定。格拉斯哥昏迷量表是颅脑损伤中最常用的国际性评定量表(表 6-2),既可以区分严重程度,还可估计预后。睁眼、运动及言语三项分数相加为 GCS 得分。根据昏迷时间和得分情况分为:轻度:13~15 分,伤后昏迷在 30 分钟内;中度:9~12 分,伤后昏迷在 30 分钟至 6 小时;重度:3~8 分,伤后昏迷在 6 小时以上,或在伤后 24 小时内意识恶化再次昏迷在 6 小时以上。

表 6-2 格拉斯哥昏迷量表(GCS)

活动	反应	评分
睁眼	自发睁眼	4
	呼唤睁眼	3
	疼痛刺激睁眼	2
	对任何刺激不睁眼	1

续表

活 动	反 应	评分
运动反应	能执行简单命令	6
	刺痛时能指出部位	5
	刺痛时肢体能正常回缩	4
	刺痛时躯体出现异常屈曲	3
	刺痛时躯体出现异常伸展	2
	对刺痛无任何运动反应	1
言语	回答正确	5
	回答有错误	4
	用词不恰当,但尚能理解含义	3
	言语无法理解	2
	无任何言语反应	1

2. 连续记忆恢复后损伤程度的评定　患者意识清醒后可以通过伤后遗忘评定损伤程度。伤后遗忘(post-traumatic amnesia,PTA)是指受伤后记忆丧失到连续记忆恢复所需的时间。患者是否恢复了连续记忆可以通过 Galveston 定向遗忘试验(Galveston orientation and amnesia test,GOAT)(表 6-3)进行检查。该试验通过提问方式了解患者的记忆情况,患者回答错误时按规定扣分,100 分减去总扣分为 GOAT 分。100 分为满分,100~75 为正常,74~66 为异常边缘,低于 66 为异常。一般认为达 75 分才能看做脱离 PTA。根据伤后遗忘时间可以评定脑损伤严重程度。损伤后 PTA 在 5 分钟以内为极轻度;5~30 分钟为轻度;1~24 小时为中度;1~7 天为重度;1~4 周为很严度;大于 4 周为极严度。

表 6-3　GOAT 内容及评分

问 题	答错扣分
1. 你姓什么? 叫什么名字	-2(姓-1,名-1)
你何时出生	-4
你住在哪里	-4
2. 你现在在哪里	
答不出城市名	-5
答不出在医院	-5
3. 你哪一天入院的	-5
你怎么到医院的	-5
4. 伤后你记得的第一件事情是什么	-5
你能描述一下你伤后记得的第一件事情吗	-5
5. 伤前你记得的最后一件事情是什么	-5
你能描述一下你伤前记得的最后一件事情吗	-5

续表

问 题	答错扣分
6. 现在是几点几分	至多-5(与准确时间每相差0.5h-1)
7. 现在是星期几	至多-5(与准确时间每相差1日-1)
8. 今天是几号	至多-5(与准确时间每相差1日-1)
9. 现在是几月	至多-15(与准确时间每相差1月-5)
10. 今年是哪一年	至多-30(与准确时间每相差1年-10)

(二)认知功能的评定

认知是知觉、注意、记忆、思维、言语等心理活动,是大脑皮质的高级活动。颅脑损伤时认知功能极易受损。

1. 认知障碍的筛选　应先用较简单的方法确定患者有无认知障碍,一般可通过认知功能筛选检查(cognitive capacity screening examination,CCSE)(表6-4)进行初步评定。提问表中的问题,每答对1题得1分,总分为30分,≤20分为异常。

表6-4　认知功能筛选检查(CCSE)

问 题	问 题
1. 今天是哪一年	16. 复述:四十是四十
2. 现在是什么季节	17. 按卡片上书写的指令"闭眼睛"
3. 现在是几月份	18. 用右手拿纸
4. 今天是星期几	19. 将纸对折
5. 今天是几号	20. 放在大腿上
6. 你现在在哪个省(市)	21. 说一句完整的话
7. 你现在在哪个县(区)	22. 55-7=?
8. 你现在在哪个乡(街道)	23. 再减7
9. 你现在在哪一层楼上	24. 再减7
10. 这里是什么地方	25. 再减7
11. 复述:篮球	26. 回忆:篮球
12. 复述:红旗	27. 回忆:红旗
13. 复述:森林	28. 回忆:森林
14. 100-7=?	29. 辨认:手表
15. 辨认:铅笔	30. 按图样画图

2. 认知障碍的分级　目前常用的分级标准是美国麻省Braintree医院的和美国加州Ranchohs Amlgo(RLA)医院的(表6-5),尤以后者著名。根据表中标准评出患者目前认知障碍的程度,拟定治疗计划,也可以作为评定疗效的依据。

表 6-5　RLA 认知功能水平分级

水平	特　点	表　现
Ⅰ	无反应	对任何刺激均无反应
Ⅱ	笼统的反应	有限的、不恒定的、无目的的反应，往往只对疼痛才发生
Ⅲ	局部反应	有目的的反应，可遵循简单的命令，由于不适可能拔去维持生命的管子
Ⅳ	错乱、焦躁的反应	活动增强状态；错乱、失定向；攻击性行为；不能自理；不认识当时的事
Ⅴ	错乱、非焦躁但不合适的反应	表现警觉、不焦躁，对命令有反应；但注意力不能集中在作业上；对外部刺激反应急躁；言语不恰当，不能学习新信息
Ⅵ	错乱但合适的反应	行为有良好的针对性，需要提示，能学习旧的熟练的活动技能，有严重的记忆障碍，有一定的自知力
Ⅶ	自动的、合适的反应	外表恰当，能定向、机器人样正确而机械的行为；错乱没有或极少；记忆肤浅，自知力增强；判断和解决问题能力降低
Ⅷ	有目的的、合适的反应	警觉，有定向力，可回想和综合过去的事情；能学习新的作业；不用监督；在家中和生活技能方面能独立；缺乏对应激的耐受；判断、抽象推理的缺陷仍存在

(三) 行为障碍的评定

行为障碍的评定主要通过行为记录。行为记录的目的主要是发现病人不恰当的行为及其发生频率，以便为行为治疗制定目标。方法如下。

1. 测定行为基线　先观察和记录至少在12小时内患者做的每一件事情，从中找出不恰当行为。不恰当行为有三个特点：①违反常理因而显得不恰当；②反社会性，为社会所不容；③出现频率异常地高。然后选出出现频率最高、持续时间最长的不恰当行为作为首先要处理的靶行为。

2. 行为评分　应用表6-6对靶行为进行评分，通过评分的改变可以观察靶行为在治疗中的变化。

颅脑损伤患者可出现哪些行为障碍？

颅脑损伤患者的行为障碍是多种多样的。其原因一部分是受伤后信息加工能力降低，不能对正常的刺激做出合适的反应；一部分是由于失语，视、听障碍，伤后癫痫，脑积水及认知障碍，使他们理解正常需要、预测动作的后果和抑制冲动的能力下降，常出现行为异常。表现为有攻击性、易冲动、幼稚、反社会性、持续动作、丧失自知能力、无积极性、无自动性、抑郁、类妄想症、强迫观念、情绪不稳定等。

链接

表 6-6　行为出现频率的评分方法

每小时出现次数	评分	每小时出现次数	评分
0或难得见到一次	1	14～16	6
2～4	2	17～19	7
5～7	3	20～22	8
8～10	4	23～25	9
11～13	5	>25或任何时候均有	10

三、康复治疗

颅脑损伤患者不论损伤程度如何,经过训练均可不同程度提高其功能,因此,康复过程实质是再学习的过程,主要是让患者学会代偿的方法而不是完全恢复已缺失的功能。颅脑损伤患者的康复目标是多方面的,主要是恢复病人的意识,改善其感觉运动功能、生活自理功能、认知功能、言语交流功能和社会生活技能,提高其生活质量。颅脑损伤的康复治疗一般分为急性期康复治疗和急性期以后康复治疗。目前国际上一直强调颅脑损伤的康复治疗应从急性期就介入。

(一)急性期的康复

一般认为当颅脑损伤患者的生命体征(呼吸、心率、血压)稳定,特别是颅内压持续24小时稳定在2.7kPa(20mmHg)以内即可进行康复治疗。

1. 定时变换体位　翻身可以改变血管内压,促进血液循环,预防发生压疮、关节挛缩及静脉血栓形成,也可以改善呼吸功能,有利于呼吸道分泌物的排出。通常每两小时变换1次体位。

2. 保持良肢位　良肢位指患者在卧位或坐位时躯干及四肢所处的一种良好的体位或姿势。昏迷状态使患者的体位及肢体长期固定,良肢位能使肢体处于功能位置,具有预防压疮及肢体畸形挛缩的作用。

3. 关节被动活动　颅脑损伤的昏迷多数呈持续状态,加上去大脑强直产生的异常肌张力增高,很容易发生肌挛缩及关节挛缩。因此,关节被动活动训练,保持关节活动范围是必要的。一般每次可被动活动全身肢体各关节3~5次,每日1~2次。活动时手法要轻柔,避免疼痛。

4. 呼吸功能管理　呼吸管理是颅脑损伤全身管理的重要一环。脑外伤患者常常发生呼吸障碍,需要做气管插管或气管切开,实施人工呼吸或机械呼吸,这就要求对呼吸障碍进行严格的管理,定时变换体位,进行体位引流,拍打背部等都是有效的保持呼吸道通畅、防止肺部感染的措施。

5. 坐位训练　对病情重、昏迷深、合并症多、颅内压持续高于3.3kPa(25mmHg),应严禁坐位;病情轻、昏迷浅、合并症少、颅内压稳定在2.7kPa(20mmHg)以内,可在严密监视下逐步坐起,头部的位置可由15°、30°、45°、60°、75°、90°分阶段进行。在坐起过程中一旦意识障碍加重,颅内压增高应立即停止。

早期坐位训练的争议

颅脑损伤后进行早期坐位训练是一个有争议的问题。反对者认为脑外伤患者因为有颅内压增高,应绝对卧床,过早坐起有发生脑疝的危险;赞同者认为脑外伤伴昏迷患者长期卧床易导致直立性低血压。因此,是否进行早期坐位训练,应根据患者的病情而定。

链　接

(二)急性期后的康复

脑外伤的患者经过神经外科的积极处

理，病情稳定，颅内压维持在2.7kPa(20mmHg)以内，持续24小时以上，患者可转入康复病房进入急性期以后的全面康复，应根据意识水平及认识水平设计康复治疗的流程。

1. 昏迷阶段的康复　昏迷阶段相当于RLA水平的Ⅰ～Ⅲ级，此时应继续进行急性期的康复治疗，还需进行感觉刺激以促进患者觉醒及诱发运动。感觉刺激的催醒作用虽然在临床实践中尚未得到证实，但在理论上还是得到了支持。目前常用的感觉刺激有以下几种方法：①听刺激：治疗上或家庭可用正常交谈方式、专题讨论形式、逻辑推理方式，也可以用收音机或电视机的声音，但要注意防止噪声或多种声音混杂。②视刺激：可以给患者看家属或朋友的照片，要在全部视野范围内进行系统刺激。③嗅刺激：把患者平时喜欢的香水或咖啡放在患者鼻子前随呼吸吸入，每次10～15秒钟。④味觉刺激：用棉球蘸调味汁涂在患者的口唇或舌上，也可用带有调味汁的冰块放在患者的口腔内。有吞咽障碍的患者不宜进行。⑤触觉刺激：可以通过给患者翻身、洗澡、穿衣服等，也可用按摩法接触患者身体的各个部位。⑥前庭刺激：进行颈部运动，在垫上做旋转或轮椅上做摇摆式推进运动。以上刺激最有效时间是15～30分钟，在一次训练中可运用1～2种。刺激时应密切注意观察患者的反应，如心率、血压、呼吸等的变化以及是否出现眼球运动、面部怪样表情、头转动等。

2. 昏迷阶段后的康复　昏迷阶段后相当于RLA水平的Ⅳ～Ⅷ期，认知障碍成为最突出的问题。此外，患者可能会出现行为障碍。具体康复训练方法如下：

(1) 认知障碍的康复：认知康复是指在脑功能受到损伤后，通过训练和重新学习，使患者重新获得较有效的信息加工和执行行动的能力，以减轻其解决问题的困难和改善其日常生活能力的康复措施。

1) 记忆训练：①视觉记忆训练：将3～5张患者熟悉的日常生活用品的图片放在其面前看5秒钟，然后收回卡片，让患者说出看到物品的名称，反复进行，成功后再增加卡片的数量。②彩色积木块排列：取6块2.5cm×2.5cm×2.5cm不同颜色的积木块和一块秒表，以每秒一块的速度向患者展示木块后，让患者按上述展示的顺序向治疗师展示木块，正确的记“+”，不正确的记“-”，反复10次，连续两天均10次完全正确时，加大难度进行(如增多木块数量或缩短展示时间)。③地图作业：在患者面前放一张大的、有街道和建筑物而无文字标识的城市地图，治疗者用手指出从某处出发，沿其中街道走到某处停住，让患者从停止处沿路线回到出发点。反复10次，连续两日无错误，再增加难度。除此之外，在日常生活中还应建立恒定的日常活动规律，让患者不断重复和排练。充分利用视、听、触、嗅和运动等多种感觉输入配合训练，每次训练时间要短，记忆正确及时给予鼓励，多利用记忆辅助物如记事本、时间表等，并养成经常记录和经常查阅记录的习惯。

2) 注意力训练：出现注意力障碍可以用以下方法进行训练。①猜测游戏训练：取两个透明玻璃杯和一个弹球，在患者注视下把弹球放入其中一个杯子中，让患者指出有弹球的杯子，反复数次；正确后改用不透明的杯子操作同上。

随着患者的进步不断增加难度，如增加杯子的数量或球的数量。②删除作业训练：在16开白纸中部写出几个大写汉语拼音字母如WETCOUWP（也可根据患者的文化程度选用数字、图形），让患者用铅笔删去指定的字母W；成功后改换字母的顺序和规定要删的字母。逐渐缩小字母完成上述训练。③时间感训练：让患者按照要求启动秒表，并在10秒钟内停止，反复数次。成功后逐渐延长时间至1分钟，当误差小于1～2秒时改为不让患者看表，启动后让患者心算到10秒时停止，然后将时间延长，到2分钟停止。当每10秒钟误差不超过1.5秒时再改为一边与患者交谈，一边让患者进行以上训练，患者尽量控制自己不受交谈分散注意力。

> **什么是注意力？**
>
> 注意力是指在某一段时间内人的精神活动集中指向一定对象的心理过程。
>
> 链 接

3）思维训练：常用方法有：①指出报纸中的消息：取一张当地报纸，先问患者有关头版的信息如报纸的名称、大标题、日期等；如果正确，再请他指出报纸的专栏如体育、商业、分类广告等；如果无误后再训练他寻找特殊信息如当日的天气预报、两个球队比赛结果等。②排列数字：让患者把三张数字卡按照从小到大的顺序排列，然后每次给他一张数字卡，让他按照其数值大小插入已排好的3张卡之间，正确后再给他几个数字卡，询问数字之间的关系如奇数、偶数或倍数关系等。③分类：给患者一张上面有30项物品名称的清单，并告诉他这些物品分属于三大类（如食品、服装、文具），让他分类，如不能进行可帮助他。训练成功后让他进行更细的分类。在成功后再给他一张上面写有成对的、有某些共同之处的物品名称的清单，如猪肉—鸡蛋，上衣—裙子，钢笔—橡皮等，让患者答出它们的共同之处。

> **什么是思维障碍？**
>
> 思维是认知过程的最高级阶段，思维的过程极为复杂，包括推理、分析、比较、综合、抽象等过程。思维障碍常表现为解决问题的能力降低。
>
> 链 接

4）多维训练：这是一种环境治疗，即治疗不仅仅针对某一种认知障碍，而且将患者的性格、情绪、生活和社会等诸多因素都考虑到康复计划中。此法包括两个阶段：第一阶段（20周）可分为三个时期：①初期评定：第1～2周，评定患者损伤的和完好的功能；患者的反应和预后；患者的人际交往能力；患者的自知能力；患者的社会网。②强化训练：第2（3）～19周，每周安排4天活动，每天5小时。方法是10名患者分为一组，有小组治疗及个人治疗。首先熟悉情况，然后按一定的课程表进行认知训练、人际交往技能训练、社团性聚会等活动。认知训练的方法可以参考前述的方法。人际交往技能训练以个人形式进行，患者从工作人员那里接受指导，决定要表达的内容，应用合适的情感声调和身体姿势进行表达，并接受反馈。社会性聚会以小组形式进行，由小组成员、工作人员、患者家属和来访人员参加。③再评定：最后一周，再评定患者的情况，向患者和家庭汇报治疗结果并介绍下一阶段的活动。第二阶段：持续3～6个月，有指导地进行就业尝试，内容有加强个人就业前试探性训练；现场有指导的工作试验（在康复机构内）等。

（2）行为障碍的康复：确定靶行为进行评分后，可采取以下措施给予治疗。

1）强化与惩罚：强化是在行为出现之后采取的任何一种能促使该行为重复出现的措施；惩罚则是在行为出现之后采取的任何一种能使该行为尽量少出现的措施。两者是行为治疗的重要手段。日常生活中最常见到的强化是表扬，如某人做了好事受到表扬会激励他继续做好事。但不正确的强化也会使错误的行为不断出现，如一个孩子哭闹时就会得到他想要的东西，会促使他经常哭闹。在强化与惩罚中，实践证明最重要的是正强化和负惩罚。对行为障碍的患者，当他出现恰当行为或很长时间没有出现不恰当行为时，可以给予患者喜爱的实物（如巧克力、饮料、香烟等）或活动，并同时予以表扬。当患者出现不恰当的行为时，系统地撤销过去给予他的所喜爱的强化物是常用的一种惩罚，例如某患者原来得到的优惠是每周看一次电影，当他对别人进行人身攻击时，取消其优惠直到恢复正常为止。

你知道吗？

颅脑损伤患者昏迷阶段后的康复分为单维法和多维法。单维法是针对某一种认知障碍为患者进行训练，如记忆训练、思维训练、注意力训练；多维法是一种环境治疗，它是将患者的性格、情绪、生活和社会等诸多因素都考虑到康复计划中，全面为患者进行治疗，实践证明后一种方法常取得较好的治疗效果。

链　接

2）消除：消除是行为得不到强化而自动减弱或消失。临床上常用的为暂停，有下列形式：①暂停室：暂停室是一间空房，可处在医务人员密切观察下，当患者出现不当行为时，把他带入空房子（暂停室）停留2～5分钟，常有效。②就近暂停：与暂停室目的相同，不同的是无特殊房子可用时，在保证安全的前提下将患者带到走廊中或房子的另一端。③原地暂停：在原地进行，对患者不恰当行为不理睬或继续注意患者而不管其不适当行为。

（张　瑾）

第3节　小儿脑性瘫痪的康复

拥有一个聪明健康的孩子是每一个家庭的幸福，如今身体健康已被人们视为生活幸福的标志之一，疾病则被视为不幸与灾难，小儿脑性瘫痪是严重影响儿童健康的一种顽疾。据有关部门统计，我国小儿脑性瘫痪的发病率为1.5‰～5‰，约有61.8万儿童正受到这种顽疾的折磨，给家庭和社会造成沉重的负担。因此，小儿脑性瘫痪应引起我们的足够关注。

一、疾病概述

小儿脑性瘫痪(cerberal palsy,CP)简称脑瘫,是指小儿出生前至出生后一个月内发育时期的非进行性脑损伤所致的综合征。主要表现为中枢性运动和姿势异常,常伴有智力低下、癫　、视听觉、语言、摄食等障碍。脑瘫发生的常见原因:①妊娠期原因:孕期感染风疹、带状疱疹病毒或患严重高血压、低血压、糖尿病等;②分娩期原因:新生儿窒息、难产及早产等;③出生后原因:脑部感染如脑膜炎、脑炎或头部外伤等。脑瘫根据运动障碍特点可分为痉挛型、手足徐动型、共济失调型、混合型,临床以痉挛型最常见。各型的临床特点为:痉挛型脑瘫主要病变在锥体束,患儿肌张力增高,出现病理性原始反射,上肢肩关节内收和内旋,肘关节屈曲和旋前及手指屈曲,下肢髋关节伸展和内收,膝及踝关节伸展,足及足趾跖屈并略内翻,扶立时足尖着地,大腿内收肌紧张,下肢呈剪刀样姿势。手足徐动型脑瘫主要病变在锥体外系,在新生儿时期常表现为肌张力降低,年龄增长后肌张力呈不断变化,有增强、减低或忽高忽低,有不自主运动、舞蹈样运动、手足徐动、震颤、扭转痉挛等。共济失调型脑瘫主要病变在小脑,表现上下肢动作不协调、辨距不良、步态不稳等。混合型脑瘫提示脑部病变范围广泛,有两种或两种以上症状体征混合出现。

引起脑瘫最常见的原因是什么?

脑瘫通常是两种以上的复合因素造成,尤以围生期的因素影响为大,约占70%~80%。其中围生期引起脑瘫的原因及其发生率分别为:窒息38%~40%、早产24%、用过产钳24%~25%、产程过长或过促15%~20%。由此可见,引起脑瘫最常见的原因是新生儿窒息。

链 接

二、康复评定

(一)运动功能评定

1. 肌张力评定　检查时,检查者缓慢地使患儿的肢体做屈伸等运动,并仔细体会所受到的阻力大小,正常时会有一定阻力,过高或过低均不正常。

2. 肌力评定　让患儿按要求做某一特定的运动,根据其运动情况,对肌力进行评定(参阅第2章第2节)。

3. 运动发育落后的评定　参见表6-7运动发育量表。

表6-7　运动发育量表

项　目	说　明
头部控制	一般是4~6个月正常婴儿已具备良好的头部翻正和控制能力,始终能将头保持在正中位置
翻身	一般是6~8个月正常婴儿能自己单独完成从仰卧位转为俯卧位

续表

项　目	说　明
坐	一般 6~8 个月正常婴儿能稳坐不用支持
跪、爬	7~12 个月时可四点跪,18 个月时可直跪,18~20 个月时可半跪,7~8 个月时能开始腹爬,逐渐进展手膝爬行、高爬
站立	8 个月的婴儿开始拉着栏杆尝试自己站起来,然后逐渐独立站稳
行走	正常小儿 12~18 个月时即具备行走能力
上下楼梯	一般 16~20 个月能独立连续上或下三个台阶

4. 原始反射的评定　小儿发育时期的原始反射有其特定出现和消失时间,如果是反射提前出现或持续不消失、左右不对称、反射亢进或减弱均提示脑部存在病变。

(1) 惊吓反射:患儿半卧位,将头部抬起,然后突然向后方落下,小儿受刺激后,两上肢外展屈曲、内收,手指呈扇形展开,两上肢外展落在床上(出生后至 4 个月消失)。

(2) 非对称性紧张性颈反射:仰卧位使头转向一侧,可见颜面侧上下肢伸直,对侧上下肢屈曲(出生后两个月出现至 4 个月消失)。

(3) 手握持反射:从尺侧刺激小儿手掌可引起握持反射(出生时出现至 6 个月消失)。

(4) 侧弯反射:刺激小儿背部(脊柱旁 2cm)可引起躯干左右侧弯曲(出生时出现至两个月消失)。

(5) 足抓握反射:刺激足趾球部,可引起足趾屈曲(出生时出现至 9 个月消失)。

(6) 自动反应包括:①放置反应:立位抱起患儿,使一侧下肢小腿前方或足背触碰床边,该下肢屈曲自动将足迈到床上(存在时期 0~2 个月)。②平衡反应:让患儿处于站或坐位,然后轻轻摇晃或推他,观察患儿反应,包括倾斜反应(出生后 6 个月出现阳性反应并维持一生)、坐位平衡反应(此反应于 6~10 个月时出现并维持至终生)、立位平衡反应(此反应于 12~21 个月时出现并维持至终生)。③Landau 反应:将患儿身体保持悬空水平俯卧式,然后突然将头抬起时,此时如脊柱、两腿及双臂突然伸展为阳性(阳性反应于出生后 6 个月开始持续存在至两岁半是正常的)。④降落伞反应:支撑腋下将小儿提起,将其头向下由高处落下接近床面,出现两上肢迅速张开,对床面呈支撑状(出生 6 个月出现持续至终生)。⑤自动步行反应:支撑小儿腋下将其提起,使小儿左右前后倾斜,出现自动迈步如步行(出生后至 3 个月消失)。

(二) 其他功能的评定

1. 感知觉功能评定　包括视觉和听觉的测试以及深浅感觉的测定。

2. 言语评定　主要对构音器官检查、构音检查、言语发育检查。

3. 智力评定　智力测验是得知儿童智力发育水平的手段,可了解脑瘫患儿是否合并智力障碍客观指标的参考，以便为康复教育和防治提供客观依据，并可早期发现智力低下合并症，及早开展特殊教育。

4. 日常生活活动(ADL)能力评定　包括饮食、穿衣、洗漱等能力的评估，它可全面反映脑瘫儿童的功能状况，一般应通过实际观察孩子的活动情况进行评估，必要时也可通过询问家长以获得有关情况。

三、康复治疗

脑瘫康复治疗的原则为：①三早原则：早发现、早确诊和早治疗；②综合治疗原则：对脑瘫的治疗不仅限于医学范畴，更应强调教育和整体训练的综合治疗；③促进适应的原则：要理解患儿心理特点，使儿童对治疗感兴趣，活动项目要多变，促进其适应。康复训练的目标是尽量用正常方式运动，使用身体双侧，学会做与日常生活相关的活动，在卧、坐、跪、站位时保持伸直位，预防畸形。

> **各型脑瘫患儿的训练目标**
>
> 痉挛型脑瘫患儿的训练目标：放松僵硬的肌肉；避免痉挛体位的运动；预防畸形。手足徐动型脑瘫患儿的训练目标：学会用手抓握，以稳定不自主运动；如果异常体位变化不定，按痉挛型儿童的目标做。共济失调型脑瘫患儿的训练目标：改善跪位、站立位和行走的平衡能力；稳定站立和行走；控制不稳定的抖动，尤其是双手。
>
> 链　接

（一）运动疗法

1. 异常姿势的训练　姿势异常是脑瘫儿童的主要问题之一，若听任孩子长期处于异常姿势状态下，则会出现畸形，因此应予避免。

(1) 卧位：仰卧位采用的最少，但若出现全身屈曲模式时可用；头后仰，角弓反张患儿可用悬吊床，下肢交叉状可用尿布或硬泡沫予以分开；俯卧位时头保持正中，头不能保持正中的可侧卧位。

(2) 坐位：直坐时头正中，躯干直，保持髋关节、膝关节和踝关节屈 90°，双下肢不交叉，硬泡沫和固定带可帮助维持该体位。

(3) 站位：躯干和四肢应处于伸直位。

2. 运动障碍的康复训练

(1) 头部控制训练：抬头和头部控制能力是正常儿童发育过程中最先需掌握的技能之一，如果儿童不会抬头和控制头部，便很难学会其他活动。该项训练可在坐卧位时分别采用不同的方式进行。

(2) 翻身活动训练：这是在患儿获得较好的头部控制后应立即开始的训练活动。首先，让孩子俯卧，使用能发出声响的玩具在其面前吸引他的注意力，慢慢将玩具移至侧方，鼓励孩子侧向伸手拿玩具，此时再慢慢将玩具高度抬高，吸引孩子转身至侧卧甚至仰卧。如果患儿翻不过来，则可通过手抬患儿的腿来帮助他。同样也要做在仰卧位翻身至侧卧位的练习，也可用玩具达到这一点。

(3) 坐位平衡训练：如果患儿在坐位时不能保持平衡，可先训练其上肢的保护性反应能力。方法：让孩子俯卧在圆筒状物体或球上，缓慢的侧向滚动圆筒，鼓励孩子伸手保护自己，也可让孩子俯卧于训练者的身上做此练习。当孩子获得了较好的保护性反应能力后，可让其坐起，双手在髋部上方扶着孩子，使之向两侧和前后摇晃，训练他的平衡能力。此外，还应训练孩子在坐位时伸手拿物体和抗外力干扰平衡的能力。

（4）抓握和伸手取物的训练：有些脑性瘫痪儿童的手常呈握拳状，可通过以手指叩击其手的外侧缘而使之松开，叩击的顺序是从小指到腕部，这样可使其手部张开并抓握；对于手可张开但抓握有困难者，可将物体放入其手中，帮助他屈曲手指抓握住，注意拇指与其余四指的位置是相对的。慢慢地让孩子自己抓握，并在孩子抓握时，侧向推拉物体以增强其抓握力量，两侧手都应反复做此练习。在孩子能较好地抓握置于其手中的物体后，应鼓励其伸手去抓握物体，可在其伸手可及的距离内悬挂有趣的玩具等，吸引孩子伸手去拿。

（5）爬行训练：在孩子俯卧位能很好地控制头部时，就开始这项训练。方法：让孩子处于四肢跪位，将有趣的玩具置于其前方较远处，鼓励孩子爬过去取该玩具。如果患儿不能向前挪动下肢爬行，则可通过抬高其髋部来帮助他。除了向前爬，还应训练侧向爬行、向后爬行；有下肢痉挛的孩子，还可制作简易的爬行车让其俯卧于上练习爬行。

（6）站立和行走训练：站位训练，刚开始时以双手扶住患儿的髋部，让其双脚分开以便有较大的支撑面而使孩子站立，可侧向轻推患儿，使其学会重心的左右转移，也可前后轻推患儿，锻炼他的站位平衡能力。随着孩子站位平衡能力的改善，可将双手移至患儿的肩部来给予支持，或是仅让其抓住绳索或带子来给予支持；行走训练，可让患儿在简易平行杠中练习行走，也可提供学步车练习行走。当孩子行走能力改善，但仍怕跌倒时，可用宽带系在其胸部，由训练人员牵着跟在患儿后面练习行走。

（二）其他方面的康复训练

1. 物理因子疗法　可采用低频脉冲电疗法、超短波疗法等，促进血液循环，刺激肌肉有节律性运动，降低肌张力等。水疗对于缓解脑瘫儿的全身痉挛状态，改善肌张力，维持正常关节活动度有很大帮助。

2. 作业疗法　主要是进行各种日常生活活动能力的训练：①饮食训练：包括进食时的正确姿势、咀嚼功能及吃饭与饮水能力的训练。②穿衣训练：包括正确的穿衣姿势、穿衣动作的分解与练习，衣服的正确选择。③如厕训练：适用于年满18个月的儿童，定时将患儿放在便器上坐着，两腿分开躯干稍前倾，如大小便解出来应给予及时表扬。④洗澡训练：先让小孩认识自己身体的部位并触摸自己的身体，做洗澡前准备，然后可教孩子用擦了肥皂的手来洗身体。在开始时，先教孩子洗手、脸、胸、腹等，最后过渡到洗背部，洗背部较难做到，可让其使用长柄洗背刷来洗。

3. 矫形器支具的配戴　通过使用矫形器具，可使患儿的关节处于有利的力学位置，改善其对位和排列，帮助预防肌腱挛缩和畸形，增强肌体的稳定性和保持正确的姿势。

4. 言语矫治　脑瘫患儿的语言障碍以构音障碍为主,其主要表现为发音不准、吐词不清、语调节奏异常。根据言语评定的结果,针对性的对不同发育期的患儿进行语言刺激,从汉语拼音、单字、单句到对话,以及应用身体语言,使患儿逐步获得社会交流能力。

5. 心理调整和治疗　脑瘫儿童由于其身体缺陷和周围环境的影响,易造成自我贬低和自我封闭的心理状态,因此,实施心理治疗,提高儿童的自信心,以培养其面对现实积极进取的心态。需强调的是针对不同年龄的患儿,应采取与其心理发育特点相应的心理干预措施。

6. 教育　脑瘫儿童有50%以上合并智力低下,向他们提供有系统、有计划的学习内容,运用适当的技术,使他们学习适应生活的能力,增加他们未来独立生活的可能是必需的。

(孟晓旭)

第4节　脊髓损伤的康复

脊髓损伤(spinal cord injury,SCI)是由于各种原因引起的脊髓结构、功能的损害,造成了损伤水平以下脊髓功能(运动、感觉、自主神经功能)的障碍,常引起截瘫或四肢瘫。脊髓损伤根据致病因素不同分为外伤性及非外伤性脊髓损伤。本节着重论述外伤性脊髓损伤的康复治疗。

一、疾病概述

脊髓损伤的共同表现为损伤平面以下出现感觉障碍、运动障碍、反射障碍、大小便功能失常等改变。临床上常由于脊髓损伤水平和程度的不同,表现各不相同。

1. 不同损伤程度的表现　当脊髓发生横贯性损伤时,损伤水平以下运动和感觉功能全部丧失,两下肢或四肢呈中枢性瘫痪,病损以下各种感觉障碍,同时有自主神经功能障碍,大、小便障碍及营养性障碍。当脊髓半侧损伤时,损伤同侧出现中枢性瘫痪,对侧出现痛、温觉障碍。

2. 不同损伤水平的表现　高位颈段脊髓损伤时,表现为四肢的上运动神经元瘫痪及中枢性尿潴留或间歇性尿失禁。胸段脊髓损伤时,上肢不受影响,下肢有上运动神经元瘫痪和排尿障碍,损伤水平以下全部感觉丧失,神经根痛可表现为束带感。腰段脊髓损伤时,下肢为下运动神经元瘫痪,并出现尿潴留、阳痿、下肢及会阴部感觉丧失。

二、康复评定

1. 损伤水平的评定　可通过感觉和运动平面来判断脊髓损伤平面,其中又以运动平面为主要依据，但 $C_2 \sim C_3$、$T_2 \sim L_1$ 损伤无法评定运动平面，所以主要依赖感觉平面来确定损伤平面，损伤水平的评定见表 6-8。

表 6-8　损伤水平的评定

损伤平面	以运动(Ⅲ级以上肌力)为准	以感觉为准
C_2		枕骨粗隆
C_3		锁骨上窝
C_4	膈肌	
C_5	肘屈肌(肱二头肌和肱桡肌)	
C_6	腕伸肌(腕桡侧伸肌长及短头)	
C_7	肘伸肌(肱三头肌)	
C_8	中指末节指屈肌(指伸屈肌)	
T_1	小指外展肌	
T_2		腋窝顶部
T_3		第 3 肋间隙
T_4		第 4 肋间隙
T_5		第 5 肋间隙
T_6		剑突
T_7		第 7 肋间隙
T_8		第 8 肋间隙
T_9		第 9 肋间隙
T_{10}		脐
T_{11}		T_{10}、T_{12}之间
L_1		T_{12}至 L_2 距离的一半
L_2	髋屈肌(髂腰肌)	
L_3	膝伸肌(股四头肌)	
L_4	踝背屈肌(胫前肌)	
L_5	长伸肌	
S_1	踝跖屈肌(腓肠肌)	
S_2		窝中点
S_3		坐骨结节
$S_{4\sim5}$		肛周围

2. 损伤程度的确定

(1) 完全性损伤与不完全性损伤的确定：以最低骶节($S_{4\sim5}$)有无残留功能

脊髓损伤 Frankel 分级法

A 级为完全损伤：$S_{4\sim5}$无感觉与运动功能；不完全 B 级损伤：损伤水平下保留感觉功能，包括$S_{4\sim5}$的感觉；不完全 C 级损伤：损伤水平下保留运动功能，但其关键肌的肌力<Ⅲ级；不完全 D 级损伤：损伤水平下保留运动功能，但其关键肌的肌力>Ⅳ级；E 级为正常：运动及感觉功能正常。

链 接

为准。残留感觉功能时，刺激肛门皮肤与黏膜交界处有反应或刺激肛门深部时有反应。残留运动功能时，肛门指诊时肛门外括约肌有随意收缩。在完全性损伤时，$S_{4\sim5}$既无感觉也无运动功能。不完全性损伤时$S_{4\sim5}$有感觉及(或)运动功能。

(2) 损伤程度的分类：目前采用修改的 Frankel 分级法，将脊髓损伤分为 A～E 级共五个级别。

3. 运动功能的评定　采用运动指数评分，见表 6-9。评定时左右分别进行，肌力0～Ⅴ级分别评0～5 分。然后将所得的分值相加，正常两侧总积分为 100 分。

表 6-9　运动指数评分

右侧评分	脊神经	代表性肌肉	左侧评分
0～5	C_5	肱二头肌	0～5
0～5	C_6	桡侧伸腕肌	0～5
0～5	C_7	肱三头肌	0～5
0～5	C_8	食指固有肌	0～5
0～5	T_1	小指外展肌	0～5
0～5	L_2	髂腰肌	0～5
0～5	L_3	股四头肌	0～5
0～5	L_4	胫前肌	0～5
0～5	L_5	趾长伸肌	0～5
0～5	S_1	腓肠肌	0～5

4. 日常生活活动(activities of daily living，ADL)能力的评定

(1) 截瘫患者 ADL 评定：采用改良的 Barthel 指数进行(参阅第 2 章第 4 节)。

(2) 四肢瘫患者 ADL 评定：采用四肢瘫功能指数(QIF)评定。对患者达到日常生活自理必须完成的十项内容(转移、梳洗、沐浴、进食、更衣、轮椅活动、床上活动、膀胱功能、直肠功能、护理知识)的各项具体动作进行评分。但由于各项的重要性不同，需将得分乘以或除以权重系数，最后所有得分的总和为 QIF 分数。

三、康复治疗

1. 不同损伤平面的康复治疗　不同损伤平面的患者因其康复目标不同，

治疗方法也有区别。

（1）C_4 完全性脊髓损伤：康复训练方法为：①呼吸功能训练：由于呼吸肌大部分受损，呼吸功能差，可通过深呼吸、大声唱歌、大声说话来加强呼吸肌训练；②训练患者使用头棍或口棍：这类患者头和手仍有一定的活动能力，可训练他们用头棍或口棍来操纵一些仪器和做其他活动，如写字、翻书页、打字、拨电话号码等；③被动运动：为预防四肢关节僵硬，每天应进行被动的关节活动，一般每个关节活动 10～15 分钟，每天至少 1 次；④斜床站立：为减缓骨质疏松、预防泌尿系统感染等并发症，应每天让患者有一定的站立时间，多采用斜床站立。

（2）C_5 完全性脊髓损伤：对患者的训练包括：①学会使用矮靠背轮椅，并在平地上自己驱动，有条件可以使用电动轮椅；②学会使用固定于轮椅靠背扶手上的套索进行前倾减压，以防止压疮发生；③学会使用多种支具，如前臂平衡支具等；④增强肱二头肌的肌力训练；⑤站立、呼吸、关节活动训练同 C_4。

（3）C_6 完全性脊髓损伤：训练包括有：①驱动轮椅的训练：能在平地驱动轮椅，可在手轮圈上缠橡皮条和戴防滑手套，以增大摩擦力；②单侧交替地给臀部减压：用肘勾住轮椅扶手，身体向同侧倾斜，使对侧减压，每半小时进行 1 次，每次 15 秒；③利用床脚的绳梯从床上坐起；④利用一个万能袖带（袖带上可插勺、笔、梳子等）可完成进食、梳洗、写字、打字、打电话等活动；⑤增强二头肌（屈肘）和桡侧伸腕肌（伸腕）的肌力的训练；⑥站立、呼吸、关节活动训练同 C_4。

（4）C_7 完全性脊髓损伤：对患者的训练有：①减压动作训练：坐位或轮椅上每隔

C_4 完全性脊髓损伤功能障碍特点

患者除头部能做自由活动外，四肢和躯干均不能活动，日常生活完全不能自理，完全需要他人帮助。

链接

C_5 完全性脊髓损伤功能障碍特点

患者肩关节能活动，肘关节能主动屈曲，但是缺乏伸肘和腕、手所有功能；肋间肌麻痹，呼吸功能差，躯干和下肢完全瘫痪；不能独立翻身和坐起；自己不能穿戴辅助具，日常生活不能自理，需大量帮助。

链接

C_6 完全性脊髓损伤功能障碍特点

患者手功能丧失，不能伸肘、屈腕，其余上肢功能基本正常；躯干和下肢完全性瘫痪；肋间肌瘫痪，呼吸功能减弱。但这类患者已经可以完成身体的转移，通过训练有可能学会独立生活所需要的多种技巧，日常生活能部分自理，需中等量帮助。

链接

半小时撑起身体一次，每次15秒钟；②利用滑板完成转移训练；③上肢残存肌力增强训练：着重训练三角肌、胸大肌、肱三头肌肌力；④站立、呼吸、关节活动训练同C_4。

（5）$C_8 \sim T_2$完全性脊髓损伤：对患者的训练：①使用哑铃、拉力器等各种器材来加强上肢肌力和耐力的训练；②训练各种轮椅操作技巧；③坐位撑起减压练习；④其他训练，如坐位撑起练习、转移训练（不使用滑板），斜床站立等仍需继续进行；⑤及早开始适宜的就业前训练。

（6）$T_3 \sim T_{12}$完全性脊髓损伤：患者上肢完全正常，肋间肌也正常，因而呼吸功能基本正常，躯干部分瘫痪，双下肢完全瘫痪。此类患者生活完全能自理，可从事一般的家务劳动和坐位的工作，能独立使用标准轮椅和完成转移动作，利用长腿支具、拐、助行器或平衡杠做治疗性步行训练，此种步行虽无实用性，但给患者走的感觉，使患者产生强大的心理支持，并可避免或减缓许多并发症的发生。除继续$C_8 \sim T_2$患者所做的训练之外，患者着重于站立和治疗性步行训练。使用长腿支具、助行器、双腋拐，在步行双杠内练习站立平衡和迈步，$T_6 \sim T_8$训练迈至步，$T_9 \sim T_{12}$训练迈至步和迈越步，在杠外进行同样的练习。

（7）$L_1 \sim L_2$完全性脊髓损伤：患者上肢完全正常，躯干稳定，呼吸功能完全正常，因而身体耐力好，下肢大部分肌肉瘫痪，患者能自理生活，在轮椅上独立，能用短腿支具（能固定踝关节）和肘拐或手杖在家中进行功能性步行。对患者的训练：①四点步态的训练；②从轮椅上独自站起的训练；③上下楼梯的训练；④身体条件优越者应练习安全的跌倒和重新爬起等。

2. 功能训练中的物理治疗

（1）关节活动度的训练：为了预防瘫痪肢体的关节活动范围受限及利于今后日常

C_7完全性脊髓损伤功能障碍特点

患者上臂和前臂功能基本正常，但手的灵活性欠佳，下肢完全性瘫痪，躯干控制无力，呼吸功能较差。患者一般情况下在轮椅上基本能完全独立活动，平地上能独立操作轮椅，在床上能自己翻身、坐起和在床上移动，能自己进食、穿、脱衣服和做个人卫生（自我导尿），能独立进行各种转移。

链　接

$C_8 \sim T_2$完全性脊髓损伤功能障碍特点

患者上肢功能完好，双下肢完全瘫痪，但不能控制躯干，呼吸功能较差。患者能独立完成床上活动、生活自理，能驱动标准轮椅，上肢肌力好者可用轮椅上下马路镶边石及用后轮保持平衡，能独立处理大小便，能进行轻的家务劳动等，可从事坐位工作，可借助长腿支具在平行杠内站立。

链　接

迈至步和迈越步的介绍

迈至步指患者持双拐步行，双拐同时向前着地，然后升起躯干将双足越离地面向拐迈进，直到足的落地点不超出拐的着地点为止，由于双足迈至拐的着地点，故名迈至步。这是一种较稳定的步行。迈越步是一种较快、较雅观，但较难行走的步行。双拐先向前着地，然后抬起身体将双足向前迈离地面越过双拐的着地点，并落在拐的前方，故名迈越步。

链　接

生活动作的完成,从受伤致残开始,对瘫痪肢体的关节进行被动活动,每个关节均应被动活动10~15次,每日至少1次,直至患者可以进行主动活动,应尽量达到关节的最大活动范围。

(2) 增强肌力训练:对未完全瘫痪的肌肉施以充分的训练。四肢瘫患者及不全瘫患者应着重训练残存肌力,以利提高其自理和独立能力。完全性截瘫者应着重训练肩带、背部和上肢的肌肉,尤其降肩胛肌(如斜方肌,背阔肌)和伸肘肌;如截瘫平面较低,也应多训练腹肌和腰背肌。肌力训练可采用徒手抗阻训练,还可利用哑铃、拉力器等,训练强度和时间视患者体力和健康情况而定。

(3) 坐起训练:如患者脊柱稳定性好,允许坐起,可开始坐起训练。为避免直立性低血压,患者从平卧位逐渐增加体位的倾斜度,直至90°直立位。若患者适应困难,可加用下肢弹力绷带、腹带以减轻下肢及腹腔血液淤积。

(4) 坐位平衡训练:患者能直腿立在床旁后,可训练其坐位稳定性,首先从双手支撑开始,然后过渡到不用手支撑保持坐位,逐步过渡到能抵抗一定的外来推力而能保持平衡。这可通过坐位下与同伴或治疗师传球,或用两手轮流向前击拳来提高坐位平衡能力。

(5) 转移训练:在进行这一训练时,应注意把脚放在地板上,让脚与地面垂直,这样在转移中可最大限度地让脚负重。下面介绍由轮椅向床转移的方法:①不用辅助具的转移见图6-5。Ⅰ开始位;Ⅱ头向下,向床的反向摆动,一手撑床,一手撑轮椅(刹住大轮),提起臀部向床上移动。②应用辅助具的转移见图6-6。Ⅰ侧坐于滑板的轮椅侧;Ⅱ扭转臀部并扭离轮椅坐垫,向床方向移动;Ⅲ身体重量压在双上肢完成转移。

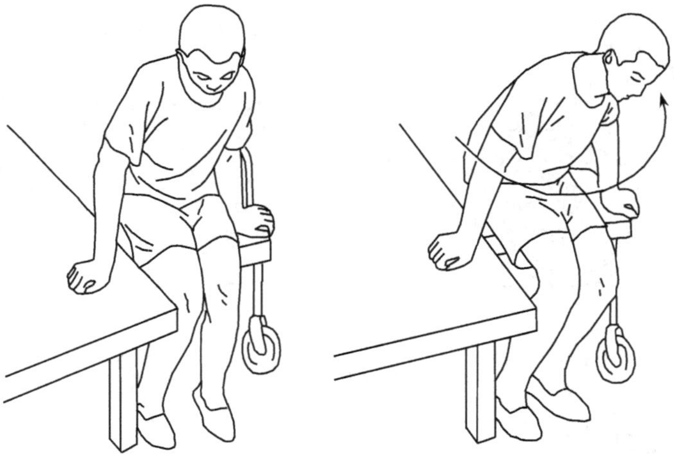

图6-5　不用辅助具的转移

(6) 抬起轮椅前轮,用后轮保持平衡的训练:这是一种使用轮椅技巧训练,指导患者用后轮保持平衡见图6-7。Ⅰ指导患者放在平衡位;Ⅱ向前驱动时,轮椅向后倾;Ⅲ向后拉轮椅时,轮椅回到直立位;Ⅳ非接触性保护让患者反复体会,掌握住平衡要领。

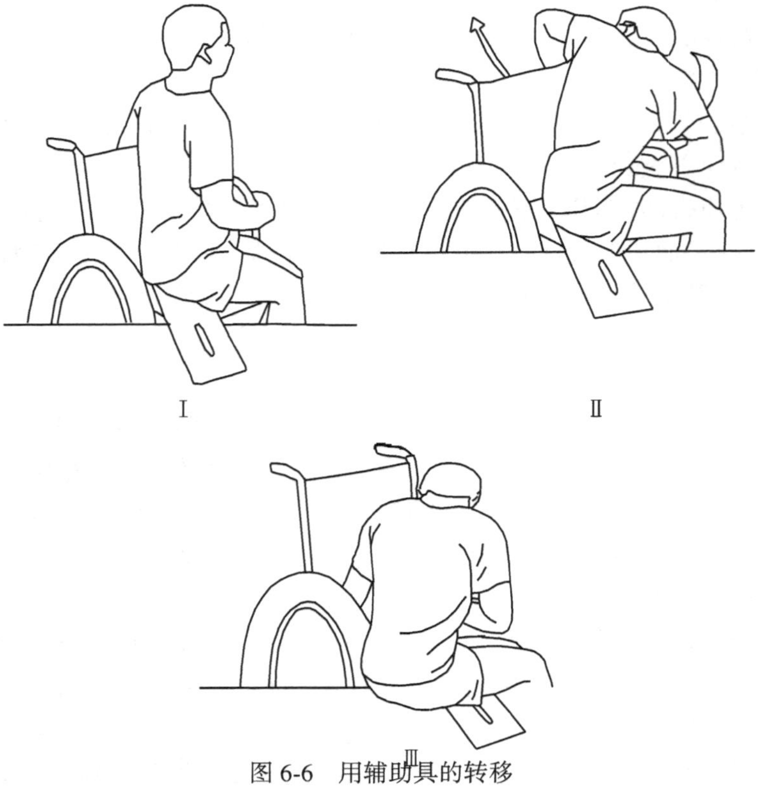

图 6-6　用辅助具的转移

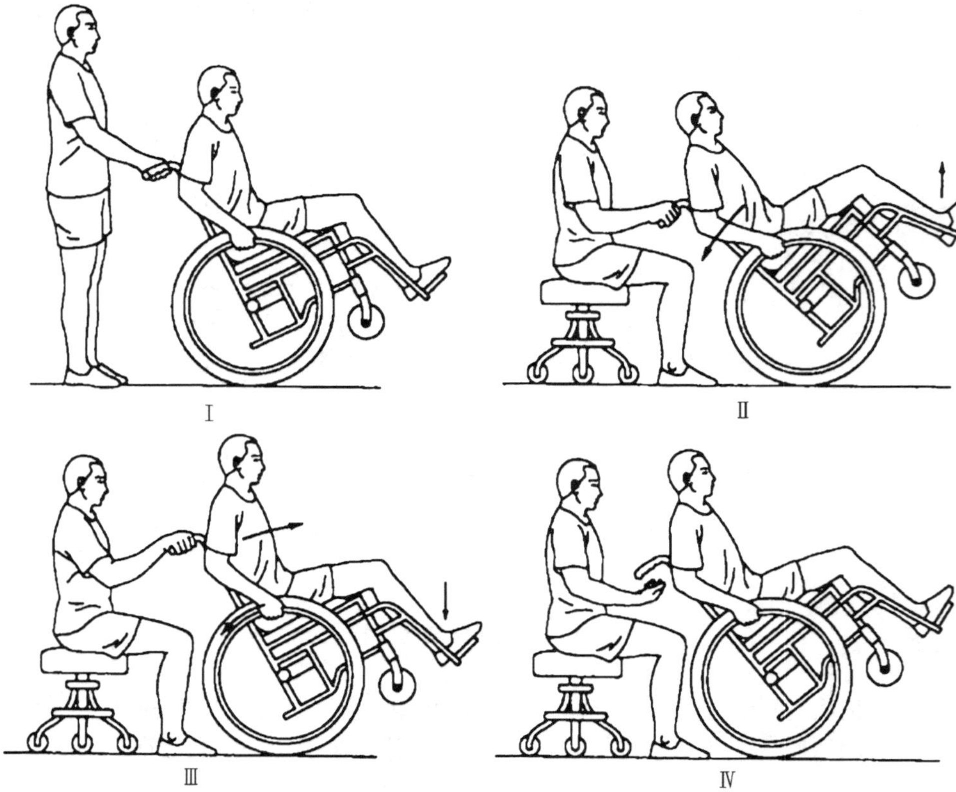

图 6-7　指导患者用后轮保持平衡

（7）地面-轮椅转移的训练：地面-轮椅转移，可使患者移到地上或从地上移回轮椅，这个能力可丰富患者的生活，这项技术也是一个重要的自救措施。地面-轮椅转移的第一步是把轮椅摆好并刹住闸，一旦轮椅放好并刹住后，患者即可从侧面、前方或后方完成此动作。①地面-轮椅侧方转移法见图 6-8。Ⅰ开始位；Ⅱ臀部置于轮椅坐垫上；Ⅲ手在腿上移动；Ⅳ坐直。②地面-轮椅前方转移法见图6-9。Ⅰ开始位；Ⅱ从地上提起臀部；Ⅲ跪在轮椅前面；Ⅳ撑住扶手抬起

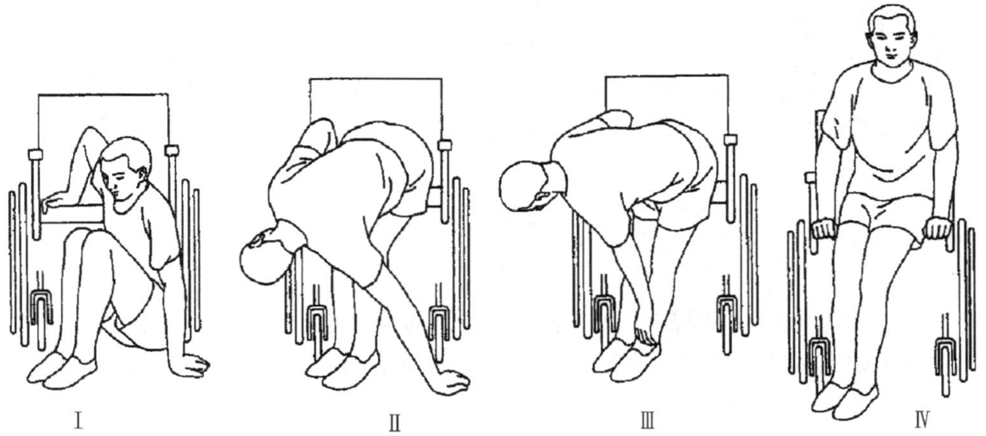

图 6-8　地-轮椅侧方转移法

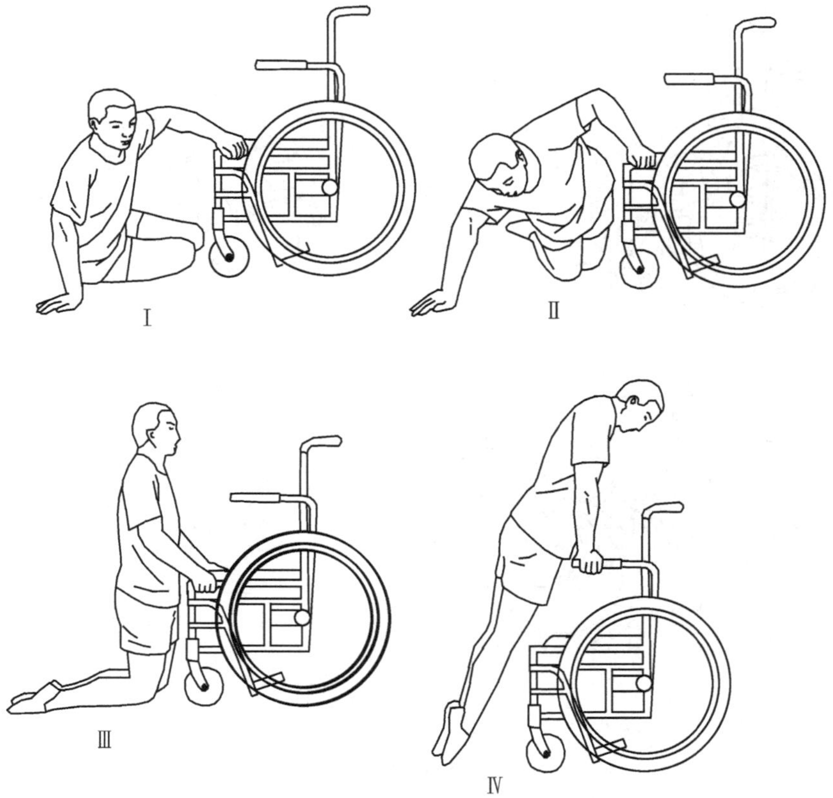

图 6-9　地-轮椅前方转移法

臀部,放松一只手,扭转身体坐在轮椅上。③地面-轮椅后方转移法见图 6-10。Ⅰ开始位;Ⅱ从地板上抬起臀部;Ⅲ向后移动臀部坐到坐垫上。

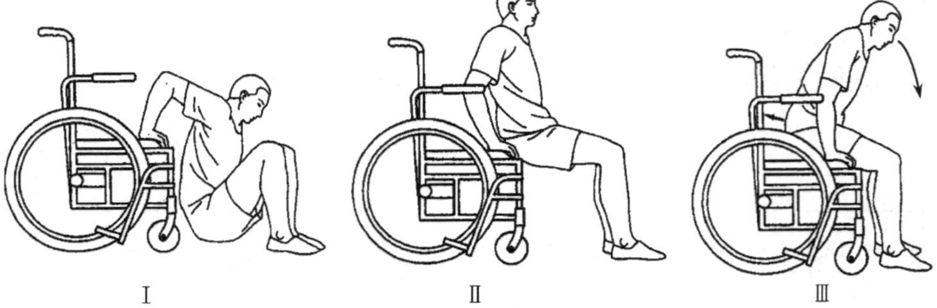

图 6-10　地-轮椅后方转移法

（8）坐轮椅上下楼梯的训练:①坐在轮椅里上楼梯 见图 6-11。Ⅰ用带子把自己绑在轮椅里;Ⅱ把轮椅向后放倒在楼梯上;Ⅲ双手向后放好,准备上台阶;Ⅳ上台阶。②利用后轮维持平衡下楼梯见图 6-12。Ⅰ开始位,用后轮平衡好轮椅,后轮放在最高台阶的边上;Ⅱ控制住轮椅下降;Ⅲ向后拉驱动轮,顶住楼梯而稳住轮椅。

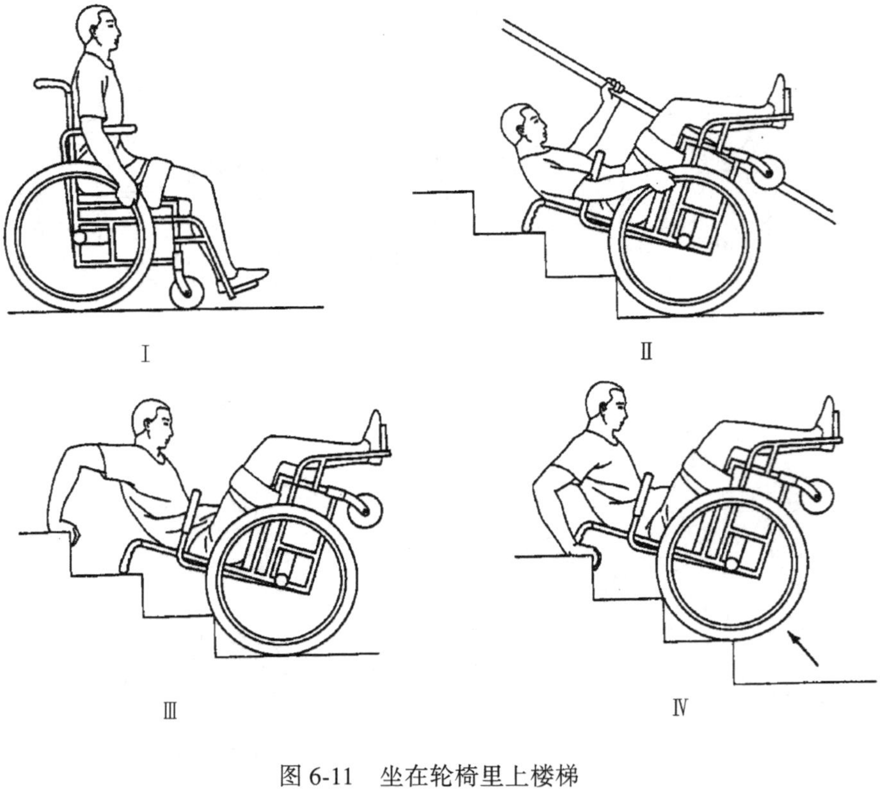

图 6-11　坐在轮椅里上楼梯

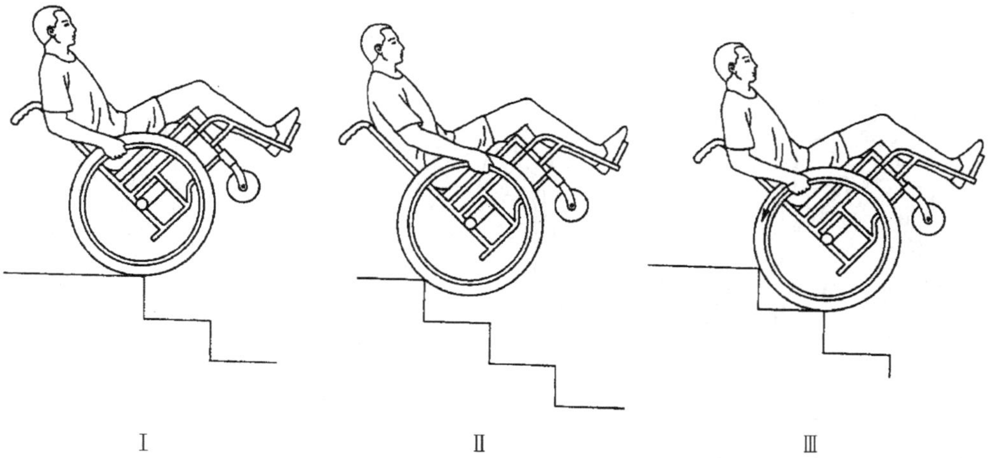

图6-12　利用后轮维持平衡下楼梯

（9）使用双拐上下楼梯的训练：①使用后退法上楼梯见图6-13。Ⅰ离楼梯最低一级台阶数厘米处平衡站立；Ⅱ双拐后置于上一级楼梯上；Ⅲ伸肘，压低肩胛骨，撑住双拐，把双脚提到上一级台阶；Ⅳ重获平衡站姿。②一手扶栏杆，一手用拐下楼梯，另一拐拿在手里。

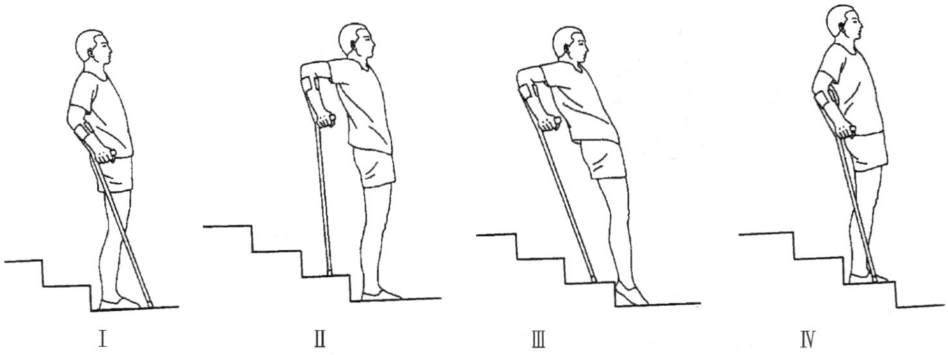

图6-13　使用后退法上楼梯

（10）从轮椅上站起的训练：功能性步行要求患者具有取得站立的能力，从轮椅上站起的技术，也可用在其他一些坐位平面上，如坐便池、汽车和标准椅上。一手扶在扶手上，一手在拐杖上，从轮椅中站起见图6-14。Ⅰ一手放在扶手上，一手扶住拐杖坐在坐垫前缘；Ⅱ转动头部同时撑住拐杖和扶手提起骨盆；Ⅲ平衡站姿；Ⅳ抓住另一根拐杖；Ⅴ第二根拐杖放在地上。

3. 功能训练中的作业治疗　四肢瘫患者通常需各种支具或特殊的装置才能完成穿衣、进食、个人清洁卫生和使用家庭电器等活动。作业治疗师需根据患者上肢功能状况，制作不同的支具，如万能袖带（套在手掌上，其上可插匙、笔、按键杆等）或带支撑把的匙或叉子以及粗柄匙等，并教会其使用。根据患者的经济状况，选用头控、颏控或手控电动转椅，选用气控、颏控、手控的环境控制

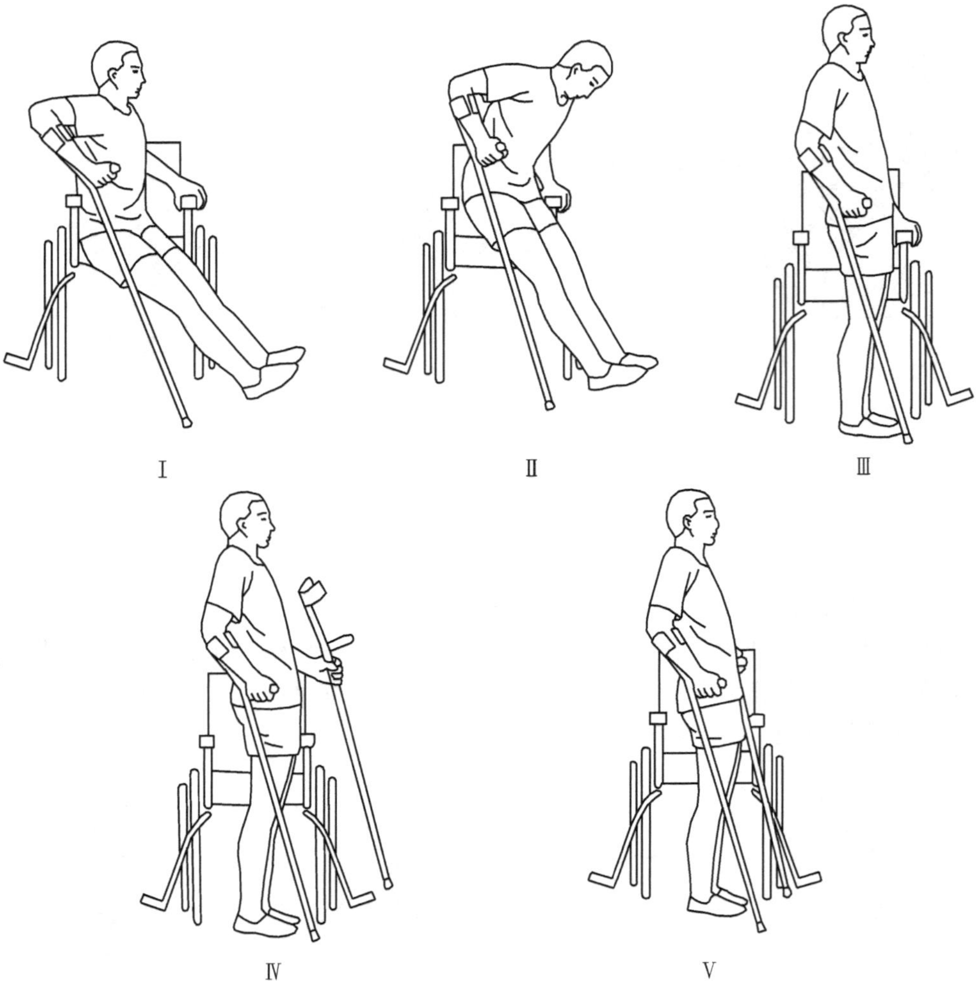

图 6-14 一手在扶手上,一手持拐从轮椅中站起

系统来完成开关电灯与窗帘、看电视、打电话等,以提高患者的生活质量。另外,作业治疗师应根据患者在院内训练的情况,指导完成患者住房的改造,以利于患者回归社会和家庭。

4. 文体治疗 选择患者力所能及的一些文娱、体育活动对患者进行功能恢复训练,如轮椅篮球、网球、台球、乒乓球、射箭、标枪、击剑、轮椅竞速、游泳等,一方面恢复其功能,一方面使患者得到娱乐。文体活动可以增加患者运动系统的活动,提高其功能和改善体质,增加耐力;还能增强患者的自信心和自尊心。此外,参加文体活动可以分散他们对自身残疾的注意,加上许多文体活动可以和健全人一起进行,对他们重返社会,参与社会活动都有好处。

5. 心理治疗 脊髓损伤患者典型的心理反应,从受伤起通常经历震惊阶段、否定阶段、抑郁反应阶段、对抗独立反应阶段和适应阶段。脊髓损伤后多数患者心理适应能力良好,经过一段时间的调整,他们能够形成积极向上的心理状态,总的来说,对伤后的生活较满意。但仍有一些患者难以适应,长期处于悲观的心理状态之中。康复工作者应了解各期特点,同时应注意,患者各期的发展不是一成不变的，经常会出现反复，应根据患者情况，采取认知、行为、支持等心理治疗，使患者尽快进入适应阶段。

6. 社会康复　社会工作者在患者住院时，帮助患者尽快熟悉和适应环境，帮助患者向社会福利、保险和救济部门求得帮助；在出院前，协助患者做好出院后的安排，包括住房调配及无障碍改造。出院后帮助他们再就业，与社会有关部门联系以解决他们的困难并进行随诊。

（张　瑾）

第5节　冠心病的康复

冠状动脉粥样硬化性心脏病简称冠心病，是指冠状动脉粥样硬化使血管狭窄或阻塞，导致心肌缺血缺氧引起的心脏病，也称缺血性心脏病。患者多于40岁以上发病，男性多于女性，脑力劳动者居多，其病死率为所有心脏病之首，也是老年人的主要死亡原因之一。

冠心病的发病情况

该病是临床上最常见的心脏病之一，尤其在欧美国家，冠心病死亡人数占人口死亡数的1/3～1/2，占心脏病死亡人数的50%～75%。该病在我国的发病率虽然低，约占心脏病死亡数的10%～20%，但近年来有增多的趋势。

链　接

一、疾病概述

冠心病的发病原因较多，其中最常见的原因为高血压，据统计，原发性高血压患者患冠心病的几率比血压正常者高四倍。此外，高血脂、肥胖、糖尿病、吸烟、缺少活动等也与冠心病的发生有密切的关系。根据冠状动脉病变的部位、程度及发病形式，冠心病可分为隐匿型、心绞痛型、心肌梗死型、心律失常型、心力衰竭型及猝死型。其中梗死型患者表现出剧烈的、压榨样的胸骨后疼痛，可持续数天。休息、含硝酸甘油片均不能缓解，常伴有出汗、烦躁、恐惧、濒死感。75%～95%的患者出现心律失常，严重者可出现休克或心力衰竭。心肌梗死患者的心电图有特征性改变：如宽而深的Q波，ST段提高，弓背向上，T波倒置，而且心电图呈有规律的动态改变，成为诊断急性心肌梗死的重要依据。

冠心病的康复效果

由于积极推行康复治疗，美国20世纪70年代末，65岁以下无并发症的急性心肌梗死的患者，住院天数已缩短到两周，目前仅住院5天。我国20世纪80年代后对冠心病的康复也逐渐开展。那些开展冠心病康复较好的医院，患者的住院天数已经缩短到3周，甚至两周。

链　接

在各种心血管疾病中，冠心病对人类健康的危险是最大的，同时冠心病的康复治疗也是开展最早,效果最好的。对冠心病患者的康复治疗不仅促进了病人的康复,同时也影响着健康人群,提高了他们对冠心病危险因素的认识,从而有利于人群改变不良的生活方式和饮食结构,达到预防疾病的目的。

二、康复评定

冠心病的康复评定最重要的是运动实验,能定量地了解患者在进行不同强度的运动时身体和心肌的需氧代谢能力,以及在心率、血压增加时机体的耐受能力。从而为制定正确的训练计划,指导患者恢复日常生活活动及其病前所从事的工作提供客观依据。

(一) 运动试验

1. 负荷方式　可供选用的负荷方式有平板运动、功率自行车、上肢功量计或臂-腿功量计。多数情况下应选用功率自行车进行试验,如间歇性跛行患者(若对该患者使用平板运动,可能在没有达到运动量之前,因为下肢疼痛而不得不终止试验)、需要限制胸部活动的患者(可在仰卧位或直立位踏车时做运动超声心电图检查)、偏瘫患者(可保证患肢踏在踏板上,以确保躯干的平衡和稳定)。但对于比较虚弱的老年女性,在休息状态下用速度缓慢的平板运动相对容易些。截肢患者为使踝关节有效地活动以适应坡度的变化,也适合使用平板运动,但注意速度应适中,使下肢有充分的摆动时间。

在对患者进行运动试验时,为了增加试验的安全性,应从最小强度开始。每级增加较小的负荷,且每级之间有一定的休息时间,分阶段逐渐增大负荷至患者的耐受负荷。仔细观察各级负荷患者的表现,并精确地测定心脏功能和体力活动能力,以此制定康复计划和对患者进行康复治疗。

2. 禁忌证　①急性或近期心肌梗死,急性心肌炎及不稳定性心绞痛的患者;②急性心力衰竭或正在加重的慢性心力衰竭的患者;③严重动脉狭窄,血压高于26.6/13.3kPa(200/100mmHg)的患者;④凡能引起临床症状加重的剧烈运动。

3. 停止试验的指征　①重要器官系统出现缺血体征和症状的:如心脏缺血引发心绞痛和心律失常;外周循环障碍引起面色苍白、皮肤湿冷、血压下降等症状;中枢神经系统缺血引起头晕,动作不协调等;胃肠道缺血患者表现出恶心、呕吐;冠状动脉缺血导致心电图严重失常等。②高血压患者运动早期血压上升太快或剧烈下降,也应停止试验。

代谢当量的概念

代谢当量(METs)指静息状态每公斤体重每分钟的代谢率(耗氧量)[即 $1METs = 3.5mlO_2/(kg \cdot min)$],它是心脏康复中的一个重要指标。常规用其表示康复运动方案中运动强度的大小,来评定康复心脏功能水平及日常生活活动能力。

链 接

(二) 恢复工作时的评定

不同的工作种类对身体的要求不同,

常以代谢当量作为特定工作时能量需求的客观标准。如办公室工作,体力消耗少,其能量需求多在3METs以内,几乎所有的患者均可恢复此类工作,但对心功能有明显损害者则不适合恢复室外重体力劳动,所以在出院前还应对患者进行运动实验,使他们对出院后需要经常进行的活动限度有一定的了解,并找出危险因素,以防该病的复发。

三、康复治疗

冠心病康复治疗必须在无并发症(心力衰竭、心律失常、心源性休克)的基础上进行。早期康复的标准是:无明显心绞痛、气短;安静状态下心率小于110次/分;活动时ST段变化不超过1mm;血压基本正常。

1. 冠心病Ⅰ期康复(即急性心肌梗死发病之后住院阶段)　目标是争取尽早生活自理和尽早出院,并且从监视下的活动过渡到家中无监视和安全的活动。对冠心病患者Ⅰ期康复可分七个阶段进行,具体内容见表6-10,当患者顺利完成了七个阶段的训练后,让患者在心电监护下步行,确认患者可连续步行200米,无心电图异常和其他症状即可安排出院(无合并症者一般需两周左右的时间),进而转入Ⅱ期康复。

表6-10　急性心肌梗死七阶段康复程序

场所	阶段	日期	开始程序医师	护士/理疗师记录	监护下的活动	冠心病室/病室活动	宣传和文娱活动
冠心病室	1				主动和被动活动卧床患者所有肢体关节,病人醒时踝跖屈伸每小时1次	部分自理:自行进餐,将腿垂于床边取坐位,15分钟,2次/日或能使用床旁坐便桶	介绍冠心病室个人事宜,危重患者需要的社会帮助
	2				坐床边主动活动所有肢体的关节	坐椅子15~30分钟,2~3次/日	介绍康复医疗小组的康复程序,停止吸烟,必要时给宣传材料,准备转到一般病室
	3				准备运动(热身),运动量2METs,伸展体操,慢步12.5m后返回	随时坐椅子,乘坐轮椅至病房教室,在病室内走步	介绍心脏的解剖、生理、冠心病和急性心肌梗死的机制

续表

场所	阶段	日期	开始程序医师	护士/理疗师记录	监护下的活动	冠心病室/病室活动	宣传和文娱活动
一般病室	4				活动关节,体操量2.5METs,中速步行22.8m后返回,教会数脉搏的方法	情况允许时可以下床步行至浴室,病房教室,以上均需监护	冠心病易患因素及其控制
	5				活动关节,体操量3METs,检查患者自行数脉搏情况,试行走几步楼梯,步行91.5m,2次/日	步行至侯诊厅,随时在病房走廊散步	膳食,能量转换简化的劳动技巧(需要时)需2~3METs的手工艺活动
	6				继续上述活动下一层楼后乘电梯再上来步行152.5m,2次/日	监护下淋浴或盆浴,步行去作业治疗室,心脏检查室,以上均需监护	心脏病发作后的症状、用药、回家后的调整等,手工艺劳动活动
	7				继续上述活动下一层楼梯步行152.5m,2次/日指导在家如何活动,现况调整,活动程序等	继续以前在病室的各种活动	准备出院用药,膳食,活动表,检查日程,恢复工作宣教标准,服药卡片,手工艺活动

2. 冠心病Ⅱ期康复(自患者出院开始,至病情稳定性完全建立为止,时间为5~6周) 因为心肌梗死后梗死部位的修复和瘢痕形成约需6周时间,在这期间患者进行强度较大的运动仍有很大的危险性。所以患者在该期应保持适当的体力活动,逐步适应家庭活动,为第Ⅲ期的康复奠定基础。

(1) Ⅱ期康复程序:当患者的运动能力达到3METs,病情稳定时,即可逐步恢复一般的日常生活活动,除自理生活外,可以安排其从事较轻的家务活动和训练,如室外散步、家庭卫生、厨房活动等。具体的康复程序见表6-11。

表6-11 冠心病Ⅱ期康复程序

活动内容	第一周	第二周	第三周	第四周
门诊宣教	1次	1次	1次	1次
散步	15分钟	20分钟	30分钟	30分×2次
厨房工作	5分钟	10分钟	10分钟×2次	10分钟×3次
看书或电视	15分钟×2次	20分钟×2次	30分钟×2次	30分钟×3次
降压舒心操	保健按摩学习	保健按摩×1次	保健按摩×2次	保健按摩×2次
缓慢上下楼	1层×2次	2层×2次	3层×1次	3层×2次

（2）Ⅱ期康复注意事项：步行训练是出院后最简单易行的康复方法。但应注意患者在采用该种方法进行康复训练时应：①遵循循序渐进的原则，活动时以不出现气喘和疲劳现象为度；②所有上肢超过头顶的活动均为高强度运动，应尽量避免；③每周应门诊随访一次；④凡出现任何不适均应暂停运动，及时就诊。

3. 冠心病Ⅲ期康复（指病情长期处于稳定状态，包括陈旧性心肌梗死、稳定性心绞痛和隐性冠心病、安装心脏起搏器、冠状动脉分流术、腔内成行术后等患者）康复程序一般为2~3个月，自我锻炼应保持终身。此期患者坏死的心肌已经愈合，心功能已充分得到改善。为提高体力，去除各种易患因素，将心血管病残疾降到最低限度，防止复发，提高生活质量，应制定以临床康复（营养、药物等）为基础，以运动治疗为主要内容的康复训练程序。

（1）Ⅲ期康复禁忌证：对于那些病情不稳定的各种情况：如未控制的心力衰竭，严重心律失常，不稳定性心绞痛，严重未控制的高血压，全身性炎症及发热均属运动康复的禁忌证。

> **你知道吗？**
>
> 心功能减退、室壁瘤等疾病以前被列为康复的禁忌证，但现在则认为患者病情稳定时也可以适当的进行康复治疗。
>
> 链　接

（2）运动量的确定：在进行运动训练的时候，为保证患者的安全，同时又能达到训练效果，应选择合适的运动量。运动量的基本要素包括强度、时间和频率。运动强度可采用不同的测定方式，现在使用范围最为广泛的是METs方式：取运动实验最大METs的40%~85%作为训练强度。运动时间指每次运动锻炼的时间，在额定运动总量的前提下，训练时间与强度成反比。训练频率指每周训练的次数。国际上多采用每周3~5天的频率。合适运动量的标准是：运动时稍出汗，轻度呼吸加快但不影响对话，早晨起床时感到舒适，无持续的疲劳感和其他不适应感。

（3）训练程序：每次的训练都必须包括准备活动、训练活动和结束活动。准备的目的是预热，让肌肉、关节、韧带和心血管系统逐步适应训练期的运动应激。此期的活动量小，一般采用医疗体操、太极拳等方法。训练活动是指达到预定训练强度的活动，中低强度的训练是为了达到最佳的外周适应，高强度训练的目的是刺激心肌侧支循环的生成。结束活动的目的是冷却，让高度兴奋的心血管应激逐步降到最低，患者采用的运动方式可与训练方式相同，但强度应逐渐减少。

训练时75%的心血管意外发生于准备期和结束期。因此，在这两期充分合理的活动是相当重要的，同时也对预防运动损伤有积极作用。

（王　虹）

第 6 节　慢性阻塞性肺疾患的康复

慢性阻塞性肺疾患(chronic obstructive pulmonary disease,COPD)是老年人常见的呼吸道疾患,它严重影响老年人的呼吸功能和运动能力。据美国统计慢性呼吸系统疾病是活动受限的第 4 位原因,是致残而退休的第 6 位原因,是死亡的第 5 位原因。在我国,慢性阻塞性肺疾患对健康的威胁仅次于心血管病和癌症。慢性阻塞性肺疾患常发展为肺心病,其死亡率在心血管疾病中居第 2 位,肺气肿中 80%由慢性支气管炎所引起。1978 年,我国部分地区调查,慢性支气管炎的发病率是 3000~5000/10 万人口,因此,帮助老年人解决这种疾病是迫切需要的。

一、疾 病 概 述

慢性阻塞性肺疾患(chronic obstructive pulmonary disease,COPD)是一组以气道阻塞为特征的活动后出现呼吸困难的临床综合征,它包括慢性支气管炎、慢性支气管哮喘、肺气肿,部分患者是其中两者的混合。主要临床表现为呼吸困难和乏力,从而限制日常生活、家务、职业和社会活动。

COPD 是一种反复发作、病情不断恶化的慢性疾患,在每次急性发作之后,尽管临床症状有所缓解,但往往肺功能继续恶化,并且随时可能复发,最终还可能导致肺心病。因此,在 COPD 缓解期内积极进行康复治疗,常可很好控制病情的发展,延缓其功能下降的速度。

二、康 复 评 定

1. 呼吸困难分级　根据 ADL 能力进行初步分级,见表 6-12。适用于最初建立预期目标和制定康复计划。

表 6-12　呼吸困难分级法

分级	功能能力
Ⅰ	正常活动无明显受限,但用力时有呼吸困难,可就业
Ⅱ	基本 ADL 或平地行走无呼吸困难,上楼或爬坡时呼吸困难,通常限于坐位职业
Ⅲ	基本 ADL(如淋浴、穿衣)时呼吸困难,可以用自己的速度走一个街区,但跟不上同龄人,一般只能从事完全坐位职业
Ⅳ	部分 ADL 需依靠他人,休息时无呼吸困难,但稍出力就有呼吸困难
Ⅴ	家居且常卧床或坐在椅中,休息时也呼吸困难,大部分 ADL 依靠他人

2. 肺功能测定　主要进行肺功能检查,包括肺容量测定、通气功能检查、换气功能检查、呼吸力学检查、小气道功能检查、血气分析等(表 6-13)。

表 6-13　肺功能检查项目

检查项目	变化情况	说　明
肺活量(VC)	-或↓	最大吸气后,能缓慢呼出的最大气量
用力肺活量(FVC)	-或↓	尽力吸气后,尽力最快呼出的气体容量
肺总量(TLC)	↑	深吸气至最大限度时肺内气体容量
残气量(RV)	↑	充分呼气后留在肺中的气量
功能残气量(FRC)	↑↑	当所有呼吸肌放松时,平静呼气后留在肺内的气量
一秒钟用力呼气量(FEV_1)	↓↓	用力呼气时,第一秒内呼出的气量
最大自主通气量(MVV)	↓↓	患者以最大潮气量和呼吸速度呼吸 12 秒时的总气量
最大吸气压(MIP)	-	通过与压力表相连的接口管用力吸气的压力
最大呼气压(MEP)	-	同上但为呼气
一氧化碳弥散量(DL_{CO})	↓	让患者吸入一定量的 CO,屏气 10 秒钟然后呼气,对肺泡气(呼气末)样本进行分析,这次呼吸吸收的量进行计算
动脉血氧分压(PaO_2)	↓	
动脉血二氧化碳分压($PaCO_2$)	-或↑	

3. 运动试验　通过运动试验可评估患者的心肺功能和运动能力,是为 COPD 患者制定安全、适量、个体化的运动训练计划的基础,常用的有步行试验、活动平板试验和功率自行车三种。第一种较为简单,只需测量病人在规定时间内行走的距离及行走时的心率、血压等;后两者较为复杂,要测量的参数包括 VO_2、心率、ECG、血压、呼吸速率、PaO_2、$PaCO_2$、SaO_2、呼吸商、无效腔气量与潮气量比值等。

你知道吗?

近年来推荐将运动试验作为 COPD 的一个重要评定方法,并主张把心肺作为一个功能单元来考虑,因为一个系统的障碍必然影响另一个系统的功能。运动试验是一种支气管激发试验,以运动作为刺激源,肺在静息状态下有着巨大的储备,在运动时其通气量、血流、氧气和二氧化碳的交换及弥散量均可增加好几倍,在疾病的早期,患者的肺功能在静息状态下处于正常范围,而在运动时往往出现异常现象。运动试验通常需测定静息状态下、试验结束时及结束后十分钟内每间隔两分钟的肺功能参数。

链　接

活动平板试验方案

（1）方案1：坡度为零情况下，按3.2km/h速度运动，以后每分钟递增3.5%的坡度。（2）方案2：在零坡度时，按5.3km/h速度运动，以后每分钟递增3.5%的坡度。（3）方案3：在零坡度时，按2.5km/h速度运动，以后每分钟递增4%的坡度，若FEV_1小于1L/s，则每两分钟递增2%的坡度。

链接

三、康复治疗

（一）呼吸训练

指导患者掌握正确的呼吸技术，须在开始运动锻炼之前进行，并融入日常生活活动中去。

1. 腹式呼吸

（1）体位：仰卧位训练，头垫薄枕呈水平位，可屈双膝，此阶段约6~7周；侧卧位训练，头垫薄枕，两膝稍屈；坐位训练，双手置上腹部，上身稍前倾；立位训练，两腿稍分开，上身稍前倾，每阶段约1~2周。按上述体位顺序，进行各阶段腹式呼吸训练，并使呼吸频率逐渐减少，呼吸深度逐渐增大至接近正常，并成为固定的自发呼吸方式。

（2）步骤和方法：首先放松全身肌肉，特别是胸部辅助呼吸肌。先让拟放松的肌群紧张收缩或做节律性运动，可助达到该肌群的放松。先闭嘴，用鼻吸气，同时鼓腹；然后嘴略张开呼气，同时收腹。可将左手放在胸部，呼吸过程中原位不动；右手放在脐上部，吸气时随腹壁上抬，呼气时向上后方用力按压，加强腹部回缩。

2. 缩唇呼吸练习　用鼻吸气用口呼气，呼气时将口形缩小，缓慢呼气并发出轻微声响，可与吹蜡烛火苗结合练习，与蜡烛的距离从20cm开始，逐次延长距离至90cm，并逐渐延长呼气时间。

（二）呼吸道分泌物的清除

1. 体位引流　一般在雾化吸入稀释痰液后，主要采用各种姿势下的体位引流法清除呼吸道内存积的分泌物。在引流时，可同时用叩打或震颤手法增加引流的效果，患者本身要尽量采用腹式呼吸，并主动咳嗽排痰。

（1）方法：体位引流是指通过适当的体位摆放，使患者受累肺段内的支气管尽可能的垂直于地面，利用重力的作用，使支气管内的分泌物流向气管，然后通过咳嗽等方法，将分泌物排出体外的方法。

（2）叩打与震颤排痰：治疗师教会患者家属用手握空拳，用指尖或掌侧部叩打患者的胸背部,或一手压在另一手上在胸背部振动,或用电按摩器也可。叩打与震颤宜轻而有节奏,主要用腕力,不得引起疼痛。从胸背下部向上方移动,避开肩胛与上腹部。操作时嘱患者缓慢用腹式呼吸,呼气时进行叩打与震颤,反复数次。

2. 训练咳嗽反射　教给患者咳嗽前先缓慢深吸气,然后屏气片刻,躯干前倾,将两臂屈曲用肘部轻轻向两下肋部加压,突然咳嗽时腹壁内陷,连续咳嗽2~3声,停止咳嗽后,缩唇将余气量尽量吐尽,休息时平稳呼吸数次,准备再次咳嗽动作。咳嗽时由医护人员或家人用双手挤压下胸廓几次,以增加排痰的效果。

3. 雾化吸入　现多采用超声雾化吸入。雾化剂可用抗生素、黏液溶解剂等,由于雾化吸入的颗粒有时可刺激气道诱发支气管痉挛,故对有支气管痉挛倾向的患者,可加入支气管扩张剂。雾化吸入每次20分钟,每天3~4次,至少在起床后及临睡前各做一次,雾化吸入后做体位引流,排痰效果更好。

(三)放松训练

一般徒手的放松训练,可教会患者鉴别紧张与放松体验的感受,通过练习加强对放松的控制。方法是:取舒适坐位或仰卧位,头与膝下垫枕;使上臂、前臂紧张并握拳,同时数数至2;然后放松,再数数至4;四肢轮流如此数遍,并配合缩唇腹式呼吸。放松练习时配合图像或音响,效果更好。

(四)氧气吸入疗法

休息时 PaO_2 小于6.7kPa(50mmHg)时应予以吸氧,可减轻呼吸困难,改善组织供氧状况,另可减轻肺动脉高压,从而缓解或预防肺心病,延长COPD患者的生存期。可采用鼻管法、面罩法、气管插管给氧。可持续给氧、间歇给氧或夜间给氧。

(五)运动训练

运动训练也是COPD康复治疗的重要内容之一,主要训练内容是有氧的耐力训练(常用的有步行和慢跑)和增强呼吸肌的训练。训练中要掌握好运动量和运动时间,以运动后轻度呼吸短促,并在10分钟内恢复平静状态为宜。

片段

康复方案举例

诊断:COPD

预后:病情稳定,按医嘱用药,预后良好。

目的:改善呼吸耐力和效率,调节氧需要量,控制分泌物,增加独立活动和自我照顾能力,减轻忧虑,改善自觉症状。

注意事项:运动时出现严重气短或早搏较多时应停止练习,看医生,患者自己检查脉搏,控制脉率在120次/分以下,运动后恢复情况。

呼吸练习：指导患者学会腹式呼吸和缩唇呼吸。

体位引流：教会患者和家属体位引流方法。

运动疗法：行走、上下楼梯，逐渐增加运动量，以改善耐力，开始5分钟一组，组间休息2~3分钟，每天能完成4组时，维持1~2周，每天练习，第3~4周时，每周练习3次，维持下去。

气功：学会放松功。

作业疗法：训练上肢活动为主。

心理治疗：患者分组，集体进行，配合运动疗法气功等。

药物治疗：遵医嘱，正确使用吸入剂等。

营养：COPD患者中约50%营养不良，影响肺组织修复，呼吸肌耐力和免疫系统功能，应少量多餐并控制糖类摄入量，因吃糖过多时产生较多的CO_2。

戒烟：吸烟可通过直接的物理性刺激和烟雾中化学成分，如焦油、尼古丁、CO、HCN等损害小气道黏膜，降低局部防御功能，因此，戒烟是任何呼吸系统疾病康复方案中重要组成部分，停止吸烟可减轻症状、改善肺功能及减少呼吸道感染危险。

预防感染：注意防寒保暖，避免在受污染环境下长期停留及运动。

体力训练：在医生指导下参加各种体育运动，运动量要适宜。

（孟晓旭）

第7节 糖尿病的康复

一、疾病概述

糖尿病是一种有明显遗传倾向的疾病，由遗传因素和环境因素长期交互作用而导致的一种慢性、全身性代谢性疾病。患者体内胰岛素绝对和相对不足，临床可出现因高血糖和糖尿所致的多尿、多饮、多食、消瘦三多一少的症状及各种急、慢性合并症。1997年，美国糖尿病协会专家会议，将糖尿病分为1型糖尿病、2型糖尿病、妊娠期糖尿病、糖耐量减低四种类型。糖尿病的病程长，特别是高血糖长期得不到控制的患者容易导致眼、肾、神经以及心脏和周围血管等组织器官的并发症，成为糖尿病致死和致残的主要原因。康复治疗可有效地改善糖尿病患者周围组织对胰岛素的敏感性，辅助降低血糖。同时康复治疗还能提高糖尿病患者的心肺功能和体力活动能力，改善生活质量。

链接

你知道吗?

与非糖尿病病人相比，糖尿病患者的心脑血管病发生率高3倍；下肢坏疽的发生率高5倍；肾功能衰竭高17倍；双目失明高25倍。

二、康复评定

糖尿病患者在进行康复治疗之前,必须充分询问病史,进行详细的体检,同时要注意与下肢溃疡有关的问题,如感觉异常、足部畸形等。了解血糖检测的结果、目前诊断的情况及合并症的情况。常规对患者进行运动试验,其目的是确定糖尿病患者接受运动疗法康复的潜力,运动试验的方式可由患者自己选择,如运动平板、功率自行车、上肢功量计、二阶梯、平地步行等。试验的具体方法和监测指标见第6章第5节冠心病的康复。

三、康复治疗

糖尿病康复治疗的目的在于控制血糖水平,控制肥胖,控制高血压、冠心病和脑血管病的发生。糖尿病康复的基本方法包括运动疗法、饮食疗法、药物治疗、糖尿病教育和血糖监测。治疗的重点放在糖尿病患者的运动锻炼、饮食控制及糖尿病教育三方面,它与临床治疗相互配合,最终达到控制血糖的目的。

(一) 运动疗法

1. 作用　通过运动锻炼有利于增加周围组织对胰岛素的敏感性,辅助降低血糖;有利于改善脂类代谢,调整体重;有利于调整心、肺、神经及内分泌功能;有利于预防与控制并发症的发生和发展;有利于增加体能,使人精神愉快。

2. 适应证和禁忌证　运动疗法适用于空腹血糖低于16.7mmol/L;2型糖尿病患者,肥胖患者;应用胰岛素治疗后比较稳定的1型糖尿病患者。禁忌证为并发急性感染、活动性肺结核者;合并严重心、肾并发症,酮症酸中毒者;重型糖尿病人,在清晨没有注射胰岛素时不要进行体育锻炼,以防发生酮症;应用胰岛素治疗的病人,在胰岛素发挥作用最强的时刻,如上午11时不要进行体育锻炼,以防发生低血糖,在注射胰岛素后吃饭以前也要避免体育活动,以防低血糖发生。

3. 运动处方的制定　对糖尿病患者进行的运动疗法,可根据患者运动试验的结果而制定的运动处方进行,运动处方应包括以下内容:

(1) 运动强度:通常多采用运动中的心率作为评定运动强度大小的指标,因此,通常将能获得较好的运动效果,并能确保安全的运动心率称为靶心率。其确定方法最好是通过运动试验获得,即取运动试验中最高心率的60%~70%作为靶心率。

> **靶心率的公式计算法**
>
> 若无条件进行运动试验,可参考下列计算公式:
>
> 最高心率=220-年龄(岁),然后取其60%~70%。
>
> 靶心率=安静时心率+安静时心率的50%
>
> 靶心率=170-年龄(岁)
>
> 链　接

(2) 运动时间:通常每次运动的时间,可自10分钟开始,逐渐延长至30~40分钟,其中可穿插必要的间歇时间,但达到靶心率的时间一般以20~30分钟为佳。

(3) 运动频数:即每周运动的次数,一般认为每周锻炼3~4次是最适宜的。也可根据每次运动的运动量大小而定,如果每次运动量大,间歇宜稍长,但运动间歇不能超过3~4天,否则难以产生疗效。

(4) 运动方式:是一种低等或中等强度的有氧运动,或称为耐力运动。比较适合糖尿病患者的运动方式有步行、慢跑、游泳、划船、阻力自行车、有氧体操等,可根据患者的兴趣和爱好加以选择。

(5) 运动方法:每次运动锻炼的内容分准备、训练、结束三部分。一般准备性热身运动约10分钟左右,训练部分可控制在30分钟或稍长些,结束部分为缓慢整理部分约10分钟,整个过程约30~60分钟。

4. 注意事项　首先要确定患者是否能够接受运动疗法;运动前要检查血糖,特别是在开始执行运动处方前,在运动的最初两周内或增加运动强度和延长运动时间时,每天检查4次血糖水平;身旁有家属或医护人员陪伴;穿戴下肢保护性护具,如护膝;运动前适当增加糖类摄入,如运动前30~60分钟进食15~30g面包或饼干,或在运动强度加大时,每30分钟进食15~30g糖类食品;血糖太高[>16.7mmol/L(300mg/dl)]或有酮症时,不宜运动;为了防止在睡眠中出现低血糖,运动应在上午或中午进行。

> **1型糖尿病康复治疗的实施要求**
>
> 1型糖尿病主要是由于胰岛β细胞被异常的自身免疫反应选择性的破坏,体内胰岛素缺乏,必须依赖外源性胰岛素的补充。因此,1型糖尿病的治疗原则是一旦确诊,首先实施胰岛素治疗和饮食控制,待血糖得到较好控制后,再实施运动疗法。
>
> 链接

5. 运动时低血糖的预防　低血糖是运动时常见的合并症,为此必须反复向患者本人或家属交代清楚,出现下述情况不能进行运动训练:血糖水平低于4.4mmol/L(80mg/dl)或高于16.7mmol/L(300mg/dl);尿酮体阳性或血酮体升高;注射常规胰岛素后即刻或在长效胰岛素的活性高峰期内;傍晚或夜间。

(二) 饮食疗法

糖尿病饮食疗法的目的是减轻胰岛的负担,控制血糖升高,减轻症状和减缓合并症的发生与发展;维持合理的体重,特别是使儿童得到正常的生长和发育;保证患者基本营养素的需求;使患者身心处于最佳状态。具体方法见田桂莲主编《成人护理》中糖尿病的饮食疗法。

(三) 糖尿病教育

对糖尿病患者及其家属进行糖尿病的宣传教育,要让他们不仅了解糖尿病的基本常识,而且还要培养健康的生活方式,具体内容包括:①什么是糖尿病,怎样确诊?②运动疗法的治疗作用,如何执行运动处方,运动中低血糖的预防,运动中应注意的事项；③饮食疗法的重要性和具体方法；④口服降糖药的服用方法和不良反应；⑤胰岛素的种类，胰岛素剂量的计算和调整，胰岛素治疗中可能出现的并发症、不良反应及相应的处理措施；⑥患者自我监测血糖、尿糖的方法；⑦介绍如何进行皮肤护理和足部护理，处理各种应急情况；⑧不健康生活方式的危害及如何养成健康的生活方式；⑨做好心理指导，正确认识疾病，树立战胜疾病的信心。

（孟晓旭）

第 8 节　精神病的康复

一、疾病概述

精神疾病是指在各种生物学、心理学以及社会环境因素影响下，大脑功能失调，导致认知、情感、意志和行为等精神活动出现不同程度障碍的疾病。精神病使患者的日常生活能力、学习能力、社会交往能力及劳动能力受损，甚至丧失，失去了参与和体验正常人类生活的能力，给家庭、亲人和社会都带来了巨大的精神和经济负担。

精神疾病的康复是采用现代医疗方法和技术，帮助精神残疾者恢复或重塑良好的行为能力并使其重返社会；帮助病人在参加日常生活、社会活动和工作就业等方面做好准备；积极进行有关技能的特殊训练，以便在社区生活中发挥适当的作用；逐步训练和提高病人的独立自主性，减少他们对医护人员的依赖以及改进社会交往能力。

精神残疾的主要表现

精神病患者主要有四大方面的改变：生活自理能力的缺陷：包括进食、洗漱、穿衣、两便自理、个人卫生和居室卫生；家庭功能缺陷：包括参加家庭劳动、父母职能和夫妻关系；社交能力缺陷：包括家庭以外的人际交往、对外界事物的兴趣和对未来的打算等；职业能力缺陷：包括工作能力和与同事合作等。

链　接

二、康复评定

精神疾病的康复评定是对精神残疾者的功能状况进行评定，是精神疾病康复的重要组成部分。用于精神疾病康复评价的标准很多，但所用评定标准要尽量统一。原则上每个康复机构都可自设功能评定项目和量表，或自选评定量表，但为了便于经验和效果在不同机构间交流、比较、推广，最好使用统一的或最常用的评定标准。对同一康复对象和同一功能要始终使用同一量表评定，以尽量减少评价误差，增加各评价结果的可比性，为动态观察康复疗效提供可靠依据，更真实地揭示精神残疾的康复效果。

1. 精神病病情评定量表　简明精神病量表是国内外迄今应用最广的量表，最常用者为18项版本，可归纳为5类因子，分为焦虑忧郁、缺乏活力、思维障碍、激活性、敌对猜疑，评定取1～7分（1-无症状，2-可疑或很轻，3-轻度，4-中度，5-较重，6-严重，7-极重）。Krawiecka慢性精神病量表尤其适用于慢性精神病患者，共分为9项指标，评定取0～4分（0-无，即从各实用角度看来都不存在异常；1-轻度，虽有某些迹象但很难考虑病态；2-中度，刚够得上成为病态的程度；3-显著；4-严重）。

2. 精神病康复效果评定　精神病康复效果取决于社会功能的能力和表现恢复的程度。我国目前较通用的有社会功能缺陷筛选量表、WHO精神残疾评估量表、住院精神病患者康复疗效评定量表、住院精神病患者社会功能评定量表等。

（1）住院精神病患者康复疗效评定量表：分为工疗情况、生活能力、社交能力、讲究卫生能力、关心和兴趣五大项，合计36项指标，评定取0～4分（0-正常；1-轻度缺陷；2-中度缺陷；3-较重缺陷；4-重度缺陷）。

（2）住院精神病患者社会功能评定量表：共分10项：参加工疗情况、性角色职能、家庭角色职能、社会性退缩、参加院内社会性活动情况、病室内的活动情况、对周围人的关心与照料、对自己的照料、对外界环境的兴趣与关心、责任心与计划性10项指标，评定取0～2分（0-无异常；1-确有功能缺陷；2-严重功能缺陷）。

社会功能缺陷筛选量表

社会功能缺陷筛选量表是由世界卫生组织提供，它将精神残疾分为四级，一级为极重度精神残疾，二级为重度精神残疾，三级为中度精神残疾，四级为轻度精神残疾。

链接

三、康复治疗

（一）精神疾病康复的原则

1. 认真训练生活、学习、工作等方面的行为技能，尽可能恢复参与社会生活的功能及重建独立生活能力，并且辅以适当的维持性药物使精神活动异常获得控制或缓解，以尽量促进合作程度。

2. 大力调整和改善周围环境和社会条件（包括医院、社区及家庭），积极谋求社会各阶层的同情与支持，并在服务设施及生活条件上尽可能照顾到心理社会功能障碍的需求。

3. 始终贯彻心理支持和心理教育，始终结合有效的心理治疗，从情绪上和理智上支持精神病患者的心理处境，以促进心理康复。

4. 积极采用家庭教育与干预的措施，充分动员家庭成员参与，进一步发挥社区防治康复网络与基层康复工作队伍以及精神病患者亲属联谊组织的作用，促进患者家庭负担起应尽的重要责任。

5. 力争不同途径和方式回归社区，尽可能在社区建立有利的过渡性康复设施以促进重返社会，同时尽量争取社会支持，以逐步解决这类患者的职业康复问题。

（二）精神疾病康复的过程

精神病患者在康复过程中，需要经历医院康复（精神病院）阶段和社区康复阶段，这两个阶段在总体上是相辅相成的。医院康复训练促使患者在行为技能上争取较顺利地从医院环境过渡到社区环境，为重返社会做准备。社区康复是为社区的精神病患者提供中间性或过渡性生活空间及相应的精神卫生与康复服务，尽量安排他们接受适应社会生活的各项训练，从而尽可能促进功能恢复而重返社会。

1. 急性调整期　患者由于急性发作而住院，此期应采用心理治疗、特殊护理及药物治疗控制精神症状，此时医护人员必须持有反复安抚和再保证的姿态，以消除患者的疑虑。然后安排球赛等文体活动、适合其病情的作业疗法及其他活动，通过调整，逐步建立良好的医患关系，为今后的康复过程做好准备。

2. 过渡期（重新估价期）　此时病情已明显改善，需要促使患者更多地参加各项活动，可采用作业疗法、娱乐疗法、教育疗法等；同时可在工作人员的监护下让患者在一定范围内自由活动，实行综合开放管理。需要重新评估患者的康复目标，预见他们回归社区的可能性，一般应由精神病学专家、精神科护士、社会学家（包括社会工作者、心理学家、职业指导等有关人员）共同商讨，具体分析。

3. 恢复期　这一时期患者的生活、工作及社会适应能力已有所恢复，康复工作重点就在于对患者进行社会适应训练和就业技能训练的具体准备，此时经常与社会工作者、职业指导人员商讨有关事宜，如果就业目标已经确立，就应当促使患者更多地投入工艺制作活动、教育活动及各种劳动，安排他们参加就业前职业技能训练。还需协助他们建立良好的工作习惯和协调的人际关系，这是患者今后维持社区生活和工作的必要条件，否则他们即使有较好技能也无法重返社会。

4. 社区康复期　患者回归家庭和社区，在监护人保护下，由社区医生帮助，完成必要的康复治疗和社区社会活动。

（三）康复治疗方法

精神疾病因素是多方面的，而且相互影响，相互作用。为了促进疾病的恢复，保持身心健康，要求采用各种综合方法，以期达到相互补充、增强疗效的目的。

1. 工作行为训练　工作行为训练指劳动作业与职业、工作活动方面的技能训练，是作业疗法的组成部分之一。由于环境条件不一，患者的病情以及其本人的职业、习惯、体力、性别、文化水平、爱好和治疗要求各不相同，工作行为的训练（工疗）方式必须随之做出相应的选择和安排，应根据工疗组织机构的规模和范围，采用由简入繁和不同性质的作业，以适应各式各样的要求，一般分为室内和室外两种形式。

（1）室内工疗：可制作手工艺品，如糊纸盒和纸口袋、编织、刺绣、贴花、雕刻、泥塑、油漆、缝衣、修鞋、制作玩具等等。可根据条件开展多种项目，甚至使用车床进行加工，烘烤面包，制作糕点。

（2）室外工疗：如种植花木、蔬菜、果树，饲养鸡、兔、牛、猪和科学实验用小动物，有条件还可以养鱼，甚至大田劳作、修理花圃。

2. 娱乐治疗　娱乐治疗为精神康复综合治疗中一项重要措施，通常采用听音乐、学歌咏、看电影、看电视、跳舞、做游戏、下棋、玩纸牌、阅读书报杂志，还可做健身操、练气功、打太极拳、各种球赛、田径运动等，在细致准备和妥善组织下可以游公园和访名胜古迹。这样既可丰富患者的生活内容，又可提高患者对生活的兴趣，增强他们对生活的信心和勇气，解除精神苦闷。这类活动本身，能给患者带来一种和正常人一样的平等感受和体验，对患者情绪产生良性影响。

娱乐治疗的作用

娱乐治疗的作用：①可培养精神病患者的社会活动能力，加强社会适应力，提高情趣和促进身心健康；②对于促进精神病患者人际关系，加强与社会环境的联系，克服逃避环境、孤僻、内向、离群独处的倾向有着显著的作用；③将娱乐治疗与药物治疗、心理治疗、作业治疗等相互结合、相互促进，并彼此补充不足。这正是精神残疾与其他疾病在康复医疗上的不同之处，也是精神康复医务人员所不能忽视的。

链 接

3. 心理治疗　心理治疗应贯穿于整个精神康复的过程，也必须与其他各种方法或措施密切结合起来。心理疗法的技术颇为多样化，主要有精神分析治疗、支持治疗、认知治疗、行为治疗。治疗方式上可分为个别性和集体性两种：个别心理治疗是通过医生与患者进行个别交谈，鼓励患者充分地谈出自己的病情。集体心理治疗是将有类似病情特点的患者编成小组，先由医生联系这些患者的实际，讲授精神疾病的防治知识，每次要重点说明患者所关心的某些问题，然后倾听患者的意见和反映，同时需要安排一些较有认识的患者在小组发言，可以起相互影响的作用，从而达到心理治疗的目的。目前认为，在精神病的康复医疗活动中，适当多安排一些集体（小组）交流活动有益于康复过程，这种安排应当是有目的性的，内容可针对患者病情，也可集中于日常生活、娱乐活动、群体交往以及教育训练等方面存在的问题。

4. 职业训练　职业训练是精神康复医疗中一项非常重要的任务，直接关系到患者的工作、生活，掌握技能并能制成产品，可给病人带来欣愉之感并增强其自信心。这种心理上的影响对促进疾病的康复起着很大作用，尤其是对那些带有某种躯体残疾或精神发育不全的病人，其意义更为显著。职业训练为培养病人参加集体活动创造条件，加强与他人之间的联系，可以纠正精神疾病患者与世隔绝的状态，对沉默不语、强迫动作的患者也能产生积极的治疗作用。

5. 社区康复 从国内外的发展趋势来看，精神病康复的工作重点正逐渐地从医院康复向社区康复方向转移，由于尚在研究探索及必须结合实际情况（如经济基础和社会条件等），因而进程比较缓慢。另外，精神病的医院康复与社区康复依然是相辅相成及相互支持的，在目前还不可能大规模发展社区康复的条件下，各级精神病院理应承担一定的社区康复任务，努力加快精神病社区康复服务的进程。

精神病患者职业技能的选择

职业技能的选择应根据患者的躯体状况、缺陷的性质、对生活及工作的影响、病情的需要、患者的兴趣和志愿以及能否学习的可能等情况，来选择相对合适的职业，较好地挖掘患者的潜能，为社会做贡献。

链 接

我国在多年来开展精神病防治康复工作的实践中，根据国情逐步发展康复服务工作，并建立了某些服务设施如工疗站、群众性看护网、康复站、家庭病床以及日间医院等，为社区的精神病患者提供中间性或过渡性生活空间及相应的精神卫生与康复服务，尽量安排他们接受适应社会生活的各项训练，从而尽可能促进功能恢复而重返社会。

（张 瑾）

小 结

本章主要介绍了脑卒中偏瘫、颅脑损伤、小儿脑瘫等常见伤病的康复评定和康复治疗，其中脑卒中偏瘫患者运动功能的评价方法中在临床上用的最多的是 Brunnstrom 法。早期康复主要是保持正确卧姿和肢体被动运动，恢复期应进行翻身训练、桥式运动、坐位训练、站位训练和步行训练等。对颅脑损伤患者主要进行损伤严重程度、认知障碍、行为障碍等的康复评定，其康复治疗的目的是让患者学会代偿的方法，提高其生活质量。对脑瘫的康复评定以运动功能评定最为重要，康复治疗主要采取运动疗法、物理因子疗法、作业疗法、矫形器支具的配戴、言语矫治、心理调整和治疗、教育等综合治疗措施。

目标检测

一、名词解释

1. 双桥运动 2. 动态坐位平衡训练 3. 小儿脑性瘫痪

4. 非对称性紧张性颈反射　5. 迈至步　6. 迈越步
7. 代谢当量　8. 靶心率　9. 体位引流

二、选择题

1. 脑卒中患者早期康复训练中，患者最舒适，也是护理上最容易采取的体位是
   A. 仰卧位　B. 健侧卧位
   C. 患侧卧位　D. 俯卧位
   E. 以上均是
2. 通过对患者进行翻身和关节的被动活动训练能起到的作用是
   A. 预防压疮　B. 预防关节痉挛
   C. 促进肢体血液循环　D. 预防肺部感染
   E. 以上均可
3. 脑卒中患者躯干功能最基本的训练方法是
   A. 站位训练　B. 坐位训练
   C. 桥式运动　D. 翻身训练
   E. 步行训练
4. 可锻炼脑卒中患者患肢静负重能力的训练是
   A. 坐位训练　B. 站起训练
   C. 站位平衡训练　D. 步行训练
   E. 坐位平衡训练
5. 当进入 Brunnstrom 运动恢复的哪一阶段可以对患者进行手和手指精细功能的训练
   A. Ⅰ～Ⅱ期　B. Ⅱ～Ⅲ期
   C. Ⅲ～Ⅳ期　D. Ⅳ～Ⅴ期
   E. Ⅴ～Ⅵ期
6. 颅脑损伤患者进行注意力训练可采用的方法为
   A. 排列数字　B. 删除作业
   C. 地图作业　D. 分类
   E. 积木块排列
7. 李某，车祸损伤头部，入院时呼之可睁眼，压眶时肢体能回缩，不能准确回答医生的问题，不清楚自己在何处。该患者的 GCS 评分为
   A. 9 分　B. 10 分
   C. 11 分　D. 12 分
   E. 13 分
8. 颅脑损伤患者急性期呼吸、心率、血压稳定，颅内压持续 24 小时不超过 2.7kPa(20mmHg)，适宜进行的治疗为
   A. 关节被动活动　B. 感觉刺激
   C. 认知康复　D. 行为治疗
   E. 注意力训练

9. 最常见的脑瘫致病危险因素是

A. 新生儿窒息　　B. 早产

C. 脑膜炎　　D. 脑炎

E. 脑外伤

10. 最常见的脑瘫类型是

A. 痉挛型　　B. 手足徐动型

C. 共济失调型　　D. 混合型

E. 迟缓型

11. 采用脊髓损伤 Frankel 分级法下列哪项为 A 级损伤的改变

A. 运动及感觉功能正常　　B. 关键肌的肌力>Ⅳ级

C. 关键肌的肌力<Ⅲ级　　D. 损伤水平下保留感觉功能

E. $S_{4\sim5}$无感觉与运动功能

12. 脊髓损伤采用运动指数评分，肌力 0~Ⅴ级分别评

A. 0~5 分　　B. 0~4 分

C. 0~3 分　　D. 0~2 分

E. 0~1 分

13. 对冠心病患者进行康复评定最重要的方法是

A. 冠心病危险因素的评估　　B. 心理社会评定

C. 心肺功能的评估　　D. 运动实验

E. ADL 评定

14. 对冠心病患者进行运动训练，运动强度应取运动试验最大 METs 的____作为训练强度

A. 40%~55%　　B. 40%~65%

C. 40%~75%　　D. 40%~85%

E. 40%~95%

15. 下列不适合进行运动疗法的糖尿病病人是

A. 2 型糖尿病患者　　B. 肥胖患者

C. 病情稳定的 1 型糖尿病　　D. 合并酮症酸中毒

E. 空腹血糖低于 16.7mmol/L

16. 靶心率是取运动试验中最高心率的

A. 30%~40%　　B. 40%~50%

C. 50%~60%　　D. 60%~70%

E. 70%~80%

17. 下列哪一项不是精神病康复效果评定量表

A. 社会功能缺陷筛选量表

B. 简明精神病量表

C. WHO 精神残疾评估量表

D. 住院精神病患者康复疗效评定量表

E. 住院精神病患者社会功能评定量表

三、简答题

1. 颅脑损伤患者昏迷阶段后认知障碍和行为障碍的康复治疗方法是什么？
2. 请分别举例说明脑瘫产生的三种原因（产前、产时、产后）。
3. 请为痉挛型脑瘫患儿制定康复治疗方案。
4. 请写出 C_6 完全性脊髓损伤康复治疗的方法。
5. 冠心病患者Ⅰ期康复达到什么程度可安排其出院？
6. 糖尿病患者有哪些合并症，其危害是什么？
7. 说出 COPD 主要包括哪些疾病？
8. 请写出糖尿病人运动疗法的适应证和禁忌证。
9. 对精神疾病康复治疗的方法有哪些？

四、病例讨论

1. 患者，女，62 岁，有 20 余年高血压病史。平时常头昏，但不头痛。入院前两天曾诉说头痛，不伴视力改变，无恶心、呕吐。入院当日早晨突感右侧头部胀裂样剧痛，从椅子上滑跌在地，家人扶起后发现病人左侧肢体活动失灵，口角右歪，左半身知觉丧失，有尿失禁，但意识清楚，语言正常，无抽搐。急诊入院后诊断为脑栓塞，给予正确及时的处理，现患者病情已基本稳定。遵医嘱仍卧床休息。

针对上述病例，你认为患者在卧床休息期间是否需要进行康复训练？为什么？如果需要，请你为其制定一套康复训练计划。

2. 身体已发胖的李某今年 40 岁，最近食欲很好，非常能吃，也经常因口渴喝很多水，因为身体一向很好，所以这样的改变并未引起他的注意，可是时间一长，李某开始觉得身体有些虚弱，无力。吃饭那么多体重反而下降了？于是李某到医院就诊被诊断为：2 型糖尿病。于是李某的脑子里出现了很多的问题：我是怎么得上糖尿病的？这和我父亲患糖尿病有没有关系？什么是 2 型糖尿病？这种病对身体的危害是什么？我应该怎么办？

（1）请为该患者制定健康教育计划。

（2）为李某制定一套完整的康复治疗方案。

参考文献

胡永善 . 2001. 康复医学 . 北京：人民卫生出版社
李忠勤 . 2001. 疾病康复学 . 北京：人民卫生出版社
缪鸿石 . 2000. 康复医学理论与实践 . 上海：上海科学技术出版社
南登昆，郭正成 . 2000. 康复医学临床指南 . 北京：科学出版社
Markh Beers，Robertberkow 主编，薛纯良 主译 . 2001. 默克诊疗手册. 第 17 版 . 北京：人民卫生出版社

《康复医学基础》教学基本要求

（32 学时）

一、课程性质和任务

本课程是一门相关医学类专业共用临床医学课程，主要包括康复医学基本概念、康复评定、康复治疗技术、康复工程简介、社区康复、常见伤病的康复等内容。其主要任务是使学生初步了解康复医学的总体概况，获得康复医学基本理论、基本知识和常见伤病康复评定、康复治疗基本技能，为从事相关医学各专业工作奠定必要的基础。

二、课程教学目标

（一）知识目标

1. 叙述康复医学基本概念。
2. 初步学会康复评定、康复治疗、康复工程的基本方法。
3. 简述社区康复的基本概念。
4. 说出常见伤病康复评定和康复治疗的方法。

（二）能力目标

1. 能用所学知识对常见伤残进行康复评定和康复治疗。
2. 具有指导患者正确使用轮椅、拐杖、假肢、矫形器、自助具等的能力。
3. 具有向个体、家庭、社区提供康复服务和开展健康教育的能力。

（三）态度目标

1. 初步养成自觉地关心、爱护、尊重残疾人，全心全意为康复对象服务的观念与行为意识。

2. 树立爱岗敬业精神，建立与其他人员配合工作的团队意识，具有协作精神。

3. 有学习、尝试康复医学新理论、新方法和新技术的创新意识。

三、教学内容和要求

教学内容	教学要求		
	了解	理解	掌握
一、康复医学基本概念			
(1) 康复医学基本概念			√
(2) 康复医学工作的基本原则和服务方式		√	
(3) 康复医学专业人员的职责和工作方式	√		
二、康复功能评定			
(1) 关节活动度检查方法			√
(2) 肌力测定方法			√
(3) 步态检查与分析	√		
(4) 日常生活活动能力评定			√
三、康复治疗技术			
(1) 物理治疗			√
(2) 作业治疗			√
(3) 其他康复治疗技术	√		
四、康复工程简介			
(1) 假肢		√	
(2) 矫形器	√		
(3) 轮椅			√
(4) 助行器与自助具			√
五、社区康复			
(1) 社区康复的概念、目标和任务		√	
(2) 社区康复的组织机构和服务方式	√		
六、常见伤病的康复			
(1) 脑卒中偏瘫的康复			√
(2) 颅脑损伤后的康复			√
(3) 小儿脑性瘫痪的康复		√	
(4) 脊髓损伤的康复		√	
(5) 冠心病的康复	√		
(6) 慢性阻塞性肺疾患的康复	√		
(7) 糖尿病的康复	√		
(8) 精神病的康复	√		

四、课时分配表

序号	单元	学时		
		理论	实践	合计
一	康复医学基本概念	2		2
二	康复功能评定	2	2	4
三	康复治疗技术	4	4	8
四	康复工程简介	4		4
五	社区康复	2		2
六	常见伤病的康复	8	4	12
合计		22	10	32